JN431032

# 법학 입문

홍 성 방 지음

새문사

## 머리말 _ 6쇄를 펴내며

법학입문은 법과 법학 전반에 걸친 일반적·기초적 지식과 중요한 개념 및 법적 사고방법을 매개하는 것을 그 목적으로 한다. 그런데 법학을 광의의 법학과 협의의 법학으로 나누는 경우, 전자에는 법을 역사적으로 탐구해서 현재에 이르기까지의 발전경로를 규명함을 목적으로 하는 법사학, 법현상을 사회학적 방법에 의하여 역사적인 사회현상의 하나로서 파악하고, 종교·도덕·정치·경제 등의 인접사회현상 및 인접사회제도와의 관련하에 그의 성립·변화·발전·소멸의 법칙을 찾아내려는 법사회학, 법의 본질을 규명하고 법의 이념을 밝히며 나아가서는 법학의 방법론을 확립함을 그 임무로 하는 법철학, 살아 있는 법의식을 찾아내어 미래의 법이 어떠한 것이어야 할지를 제시하려는 법정책학과 법질서를 하나의 체계로 파악하고 무엇이 객관적으로 그리고 법이념에 따라 바른 것인지를 탐구하는 법이론 및 해석의 방법에 의하여 법을 발견하고 인식하는 것을 주된 과제로 하는 법해석학 등이 포함되며, 후자는 이러한 여러 영역들 중에서 법해석학을 가리키는 것이 일반적이다.

일반적으로 법학이라고 할 때 그것은 '실정법질서의 객관적 의미에 관한 과학'(G. Radbruch)인 협의의 법학, 곧 법해석학을 가리킨다. 그리고 법학의 본령은 법해석학에 있다. 만일 법학이 체계적·법해석학적 방법에 의한 규범과학으로서의 고유한 영역을 포기한다면 법학의 고유성과 독자성은 상실되고 말 것이다. 따라서 법학입문은 법해석학 전반에 걸친 일반적·기초적 지식과 중요한 개념을 매개하는 것을 그 과제로 삼는다.

이러한 법학입문의 과제 내지 임무에 대한 경계설정으로부터 이 책은 최근에 ‘법과학’(jurisscientia, Rechtswissenschaft)을 표방하면서 정의라고 하는 법적 윤리를 해체시키고 법적인 작업을 방법론적 기술에 환원시키는 법이론적 방법을 채택하고 있는 법학입문서들과는 다른 체계를 택하고 있다. 이와 같은 입문서들에 대해서는 다음과 같은 말들을 상기시켜 줄 필요가 있을 것이다. 자신의 방법론에 심취한 학문은 병든 학문이 되기 쉽다(G. Radbruch). 중립적인 입장이라는 하수구 밑에 과학의 사회적 책임이 은폐되어 버린다(R. Bendix). 또한 이 책은 이른바 법사회학적 접근을 시도하는 법학입문서에 대해서도 찬성하지 않는다. 그것은 법사회학적 접근방식을 취하는 책들이 의도적이든 비의도적이든 다음과 같은 점을 간과하고 있는 것으로 보이기 때문이다. 누구도 부인할 수 없는 법사회학의 대가인 베버(M. Weber)는 법사회학에 관하여 법적 고찰과 사회적 고찰의 관점을 구별해야 한다고 하였다. 즉 전자는 무엇을 해야 할 것인가, 곧 법률의 규범적 의미를 대상으로 하는 것임에 반하여, 후자는 사실상 무엇을 하는가만을 문제로 한다는 것이다. 또 베버는 법의 근본적인 문제는 ‘정당한 질서’(legitime Ordnung)의 문제라 하고 그 정당한 질서에는 반드시 두 가지 특징이 있다고 한다. 그 하나는 각 규정의 내용으로 그것은 일정한 원칙으로서 나타낼 수 있는 것이며, 다른 하나는 그 규정이 일정한 구속력을 갖는다는 것이다.

그러한 한에서 이 책은 대부분의 국내 법학개론서들이 채택하고 있는 방법을 취하기로 한다. 일반적인 법학개론서들은 대부분 총론 또는 일반론과 각론 또는 개별법학분야에 대한 개괄적인 설명으로 구성되어 있다. 그러나 이 책은 일반적인 법학개론서들의 총론 또는 일반론에 해당하는 것만을 다룬다. 그 이유는 첫째, 개별법학분야에 대한 설명은 개별법학분야에서 다루는 것이 바람직하다는 생각 때문이며, 둘째, 법학입문서에서 각론 또는 개별법학분야까지 다룰 경우 한 학기에 전부 다루는 것이 불가능하지는 않다 하더라도 어렵다고 생각되는 때문이며, 셋째, 경우에 따라서는 법학입문이 특정 개별법학분야에 대한 입문이 되는 경우도 종종 있으며, 넷째, 그 결과 개별법학분야를 공부하는 경우에 법학입문에서 마땅히 다루었기 때문에 다룰 필요가 없는 사항을 반복해서 다룰 수밖에 없고 그럼으로써 반복의 의미는 있을지 모르나 시간을 낭비하게 되는 경우도 있다는 것을 경험을 통해서 알고 있기 때문이다.

그렇다고 해서 법학입문이 전적으르 법과 법학 전반에 걸친 일반적·기초적 지식과 중요한 개념 및 법적 사고방법을 매개하는데 한정될 수는 없다. 왜냐하면 법학입문의 목적은 법에 관한 단편적인 지식이 아닌, 법학의 각 분과를 통하여 상호 연결되어 있는 공통된 지식을 체계적으로 터득하는 것을 도와주는데 있기 때문이다. 따라서 총론과 각론 또는 일반론과 개별 법학분야라는 일반적인 법학개론서의 체계를 따르지는 않았지만 개별 법학분야의 중요사항들은 일반적인 이야기를 하는 가운데 해당 부분에서 설명하였고, 법철학적·법사학적 내용들도 부분적으로 설명하였다.

법학이란 것이 성립하면서부터 법에 대하여 두 가지 근본적인 견해의 차이가 있어왔다. 법실증주의와 자연법론의 대립이 그것이다. 그 근본적 주장은 다음과 같다. 법실증주의는 법률이 정해진 절차에 따라 제정되었다면 그것만으로 법으로 인정된다고 한다. 내용적으로 악법이라 해도 형식적 절차만 정당하면 그것을 법이라고 인정하지 않을 수 없다는 것이다. 이에 대하여 자연법론은 법을 실정화하는 것이 필요하기는 하지만 정당성을 결여한 법은 반드시 법이라고 할 수는 없고, 그러한 법은 구속력이 없다고 주장한다. 법실증주의자들은 자연법의 정당성을 어떻게 객관적이고 과학적으로 인식할 수 있느냐고 반문하면서 그렇기 때문에 자연법은 존재하지 않는다고 한다. "너희들이 시대정신이라고 부르는 것은 근본적으로는 자신의 생각에 불과하다"(Goethe, Faust I). 그러나 법실증주의는 법률이 자의적인 내용을 가질 수 있는 위험에서 안전하지 못하고, 법적용의 구조를 설명하는데 한계가 있으며, 법률만능주의에 빠질 위험성에서부터 자유롭지 못하다. 또한 법실증주의는 현상을 고착시켜 진보에 장애를 설정한다. 더 나아가서 법실증주의는 인간의 인식은 감성과 지성 또는 오성의 작용이 결합함으로써 생겨난다는 것을 부정하고 있다. 부당한 일을 당한 사람은 그것을 정당하지 않은 것이라고 느끼게 된다. 그렇다면 정당성의 내용을 한 마디로 '이런 것이다'라고 정의할 수는 없을지 모르지만 정당성은 존재하는 것이라고 할 수밖에 없다. 그러한 한에서 이 책의 기본적인 생각은 상대주의와 회의주의에 기초하고 있는 실증주의보다는 비실증주의에 가까우며, 완전하지는 못할지라도 진리를 찾는 인간의 이성에 대하여 그리고 진리에 가까워지려는 인간의 선한 의지에 대하여 낙관적이다. 지혜의 꽃은 이성의 나라에서만 만개(滿開)한다.

이 책이 출판된 지 벌써 여러 해가 지났지만 그동안 여러 쇄를 거듭하며 계속 발행되고 있어 기쁘다. 끝으로, 독자들이 이 책을 읽으면서 저자가 대학의 신입생 시절 법학개론을 처음 읽었을 때 느꼈던 실망감을 느끼지만 않는다면 저자로서는 더 바랄 것이 없다.

2021년 1월

저자

## 주요목차

제1장 법학의 학문성
제2장 법의 개념
제3장 법과 그 밖의 사회규범
제4장 법규범의 구조
제5장 법의 이념
제6장 법원(法源)
제7장 법의 분류
제8장 법의 효력
제9장 법의 적용과 해석
제10장 권리와 의무
제11장 법 계

## 차 례

머리말 / 3

### 제1장 법학의 학문성

**제1절 법학의 학문성에 대한 태도** ― 22
**제2절 법학의 대상, 방법, 목적** ― 25
Ⅰ. 법학의 대상 …… 25
Ⅱ. 법학의 방법 …… 25
1. 법학은 개념(槪念)의 학(學)이다 …… 25
2. 법학은 논리(論理)의 학(學)이다 …… 27
Ⅲ. 법학의 목적 …… 30

### 제2장 법의 개념

**제1절 법의 어원** ― 32
**제2절 법을 개념정의할 필요성** ― 34
**제3절 법의 개념** ― 35
**제4절 법개념의 몇 가지 요소에 대한 설명** ― 39
Ⅰ. 인간 …… 39
Ⅱ. 공동선 …… 41
Ⅲ. 국가 …… 42
Ⅳ. 실현이 보증된다 …… 43
1. 실현이 보증된다 …… 43
2. 제재의 종류 …… 44
(1) 강제이행/45 (2) 원상회복/48
(3) 징벌적 제재/49

Ⅴ. 법과 구별해야 할 개념들 ······57
Ⅵ. 법의 기원(생성) ······58

## 제3장 법과 그 밖의 사회규범

**제1절 법과 도덕 —— 62**
Ⅰ. 법과 도덕의 기본적 관계 ······62
Ⅱ. 법과 도덕의 관계의 복잡성 ······63
Ⅲ. 법과 도덕의 구별 ······64
1. 법과 도덕의 관계에 대한 대립되는 두 가지 입장 ······64
2. 법과 도덕의 구별기준 ······66
(1) 관심방향/66 (2) 대상/66
(3) 요청/67 (4) 형식/67
(5) 경험성 여부/68 (6) 실천과 이상/69
(7) 문자화 여부/69 (8) 양면성과 일면성/69

**제2절 법과 관습 —— 70**
Ⅰ. 관습의 의의 ······70
Ⅱ. 법과 관습의 구별 ······70
Ⅲ. 관습과 관습법의 차이 ······71

**제3절 법과 종교 —— 73**

## 제4장 법규범의 구조

**제1절 법규범의 구성과 종류 —— 76**
Ⅰ. 법규범의 구성 ······76
Ⅱ. 법규범의 종류 ······79

1. 행위규범과 재판규범 …… 79
2. 조직규범 …… 81

**제2절 법규범 상호간의 관계 —— 83**
Ⅰ. 켈젠의 법단계설 …… 83
Ⅱ. 법단계설의 내용 …… 83
Ⅲ. 법단계설에 대한 평가 …… 85

**제3절 법전의 형식적 구성 —— 87**
Ⅰ. 전문, 본칙, 부칙 …… 87
Ⅱ. 법조문을 읽는 순서 …… 88

## 제5장 법의 이념

**제1절 법이념의 의의 및 법이념의 구성요소 —— 92**
Ⅰ. 법이념의 의의 …… 92
Ⅱ. 법이념의 구성요소 …… 93
1. 법이념에 대한 학자들의 언급 …… 93
2. 법이념에 대한 라드브루흐의 견해 …… 94
(1) 세 가지 법이념/94 (2) 법이념 상호간의 관계/95

**제2절 정 의 —— 97**
Ⅰ. 법이념의 출발점 …… 97
Ⅱ. 정의론의 전개 …… 97
1. 개관 …… 97
2. 아리스토텔레스의 체계화 …… 98
3. 현대의 추세 …… 100
(1) 라드브루흐의 정의론 /100 (2) 페렐만의 정의론/100
(3) 치펠리우스의 정의론 /101

(4) 법내재적 정의와 법초월적 정의/103
(5) 사회적 정의/104

Ⅲ. 정의와 형평 ······107

Ⅳ. 정의의 여신상 ······108

1. 정의의 여신상 ······108
2. 정의의 여신상을 통하여 본 정의의 내용 ······108

**제3절 합목적성 ―――― 113**

Ⅰ. 합목적성의 개념 ······113

Ⅱ. 합목적성에 대한 라드브루흐의 견해 ······113

Ⅲ. 자유민주주의 ······115

1. 민주주의에 대한 결단 ······115
2. 민주주의 ······115
3. 자유민주적 기본질서 ······117

**제4절 법적 안정성 ―――― 119**

Ⅰ. 법적 안정성의 의의 ······119

Ⅱ. 법적 안정성이 유지되기 위한 요건 ······120

1. 법의 확정성 ······120
2. 법변경의 곤란성 ······123
3. 법의 실행성 ······124
4. 법의 적합성 ······124

**제5절 세 가지 법이념의 관계 ―――― 126**

**제6절 법의 기능 ―――― 129**

# 제6장 법원(法源)

**제1절 법원의 의의** — 132

**제2절 성문법원(成文法源)** — 134

Ⅰ. 헌법 ······ 134

Ⅱ. 법률 ······ 135

1. 법률의 의의 ······ 135
2. 법률의 성립과정 ······ 136
   (1) 법률안제안/136 (2) 심의/136
   (3) 의결/137 (4) 공포/137

Ⅲ. 명령 ······ 138

1. 명령의 의의 ······ 138
2. 명령의 종류 ······ 138
   (1) 명령의 분류/138 (2) 대통령령/139
   (3) 총리령 · 부령/139

Ⅳ. 규칙 ······ 140

1. 규칙의 의의 ······ 140
2. 법규명령으로서의 규칙 ······ 141
3. 특별명령 ······ 141

Ⅴ. 지방자치법규 ······ 142

Ⅵ. 국제법 ······ 142

1. 국제법의 의의 ······ 142
2. 조약 ······ 143
   (1) 조약의 개념/143 (2) 조약의 체결/143
3. 국제법과 국내법의 관계 ······ 144
   (1) 국제평화주의의 선언/144 (2) 우리 헌법의 입장/144

**제3절 불문법원(不文法源)** — 146

Ⅰ. 관습법 ······ 146

1. 관습법의 개념 ······ 146

2. 관습법의 성립근거에 대한 학설 ······146
(1) 학설/146 (2) 사견/147
3. 관습법이 성립하기 위한 요건 ······148
4. 관습법의 효력 ······149
Ⅱ. 판례법 ······150
1. 판례법의 의의 ······150
2. 영미법계와 대륙법계에 있어서의 판례법의 위치 ······150
3. 우리나라에서의 판례법의 위치 ······152
Ⅲ. 조리 ······152
1. 조리의 의의 ······152
2. 조리의 법원성 ······153
3. 조리의 본질과 관련된 의문 ······154

## 제7장 법의 분류

**제1절 개 관** —— **160**

**제2절 국내법과 국제법** —— **161**
Ⅰ. 분류 ······161
Ⅱ. 국내법과 국제법의 관계 ······161
Ⅲ. 국제사법 ······162

**제3절 공법과 사법과 사회법** —— **163**
Ⅰ. 3분법과 2분법 ······163
Ⅱ. 공법과 사법의 분류 ······164
1. 공법과 사법의 구별이유 ······164
2. 공법과 사법의 구별기준 ······164
(1) 이익설/164 (2) 종속설/165
(3) 구주체설과 신주체설/166 (4) 생활관계설/167
(5) 공·사법 구별부인설/167

3. 공・사법의 구체적 구별 ……167
4. 공법과 사법은 어느 것이 우선하는가 ……168

**제4절 실체법과 절차법 ―― 169**
Ⅰ. 구별 ……169
Ⅱ. 구별의 실익 ……170

**제5절 일반법과 특별법 ―― 171**
Ⅰ. 구별 ……171
Ⅱ. 구별의 실익 ……171
Ⅲ. 구별의 기준 ……171

**제6절 고유법과 계수법 ―― 173**
Ⅰ. 구별 ……173
Ⅱ. 구별의 실익 ……173

**제7절 조직법과 행위법 ―― 175**
Ⅰ. 구별 ……175
Ⅱ. 구별의 실익 ……175

**제8절 강행법과 임의법 ―― 176**
Ⅰ. 구별 ……176
Ⅱ. 구별방법 ……176
1. 취지에 따른 구별 ……176
2. 법문의 표현에 따른 구별 ……177
Ⅲ. 구별의 실익 ……178

**제9절 원칙법과 예외법 ―― 179**
Ⅰ. 구별 ……179

Ⅱ. 구별의 실익 ……………………………………………………………179

## 제8장 법의 효력

**제1절 법의 효력의 의의** ——————————————— **182**

**제2절 법의 규범적 타당성** ——————————————— **183**

Ⅰ. 근거에 관한 학설 ……………………………………………………183

1. 개관 ……………………………………………………………………183
2. 철학적 효력론 …………………………………………………………183
3. 법률적 효력론 …………………………………………………………185
4. 사회학적 효력론 ………………………………………………………186

(1) 사회학적 효력론의 핵심/186 (2) 지배자권리설/186
(3) 주권자명령설/187 (4) 사실의 규범력설/188
(5) 법실력설/189

5. 내재적 타당성론 ………………………………………………………189

(1) 사회 계약설/189 (2) 승인설/189
(3) 여론설/191

6. 사견 ……………………………………………………………………192

**제3절 법의 실효성** ——————————————— **195**

Ⅰ. 법의 실효성의 개념 …………………………………………………195

Ⅱ. 악법의 문제 ……………………………………………………………195

Ⅲ. 저항권 ……………………………………………………………………197

**제4절 법의 형식적 효력** ——————————————— **198**

Ⅰ. 법의 시간적 효력 ……………………………………………………198

1. 법의 시행 ………………………………………………………………198
2. 법의 폐지 ………………………………………………………………199

(1) 법의 명시적 폐지/199 (2) 법의 묵시적 폐지/200

(3) 법률불소급의 원칙/200 (4) 경과규정/201
Ⅱ. 법의 장소적 효력 ……202
Ⅲ. 법의 대인적 효력 ……203
1. 속지주의 우선의 원칙 ……203
2. 속지주의 우선의 원칙에 대한 예외 ……204

## 제9장 법의 적용과 해석

**제1절 법의 적용** —— 208

**제2절 사실의 확정** —— 209
Ⅰ. 사실확정의 중요성 ……209
Ⅱ. 사실확정의 방법 ……209
1. 사실의 입증 ……209
2. 사실의 추정과 의제(간주) ……210

**제3절 법의 해석** —— 212
Ⅰ. 법의 해석의 의의 ……212
Ⅱ. 실정법 해석의 종류 ……213
1. 유권해석 ……213
(1) 입법해석/214 (2) 행정해석/215
(3) 사법해석/215
2. 학리해석 ……215
(1) 학리해석의 의의/215 (2) 문리해석/216
(3) 논리적 해석/218 (4) 역사적 해석/223
(5) 체계적 해석/224 (6) 목적론적 해석/224
(7) 유추/225
Ⅲ. 법형성 ……225
Ⅳ. 법해석학(방법론)의 역사적 전개 ……227
1. 주석법학 ……227

2. 역사법학 ······228
3. 개념법학 ······230
4. 목적법학 내지 이익법학 ······232
5. 자유법학 ······233

## 제10장 권리와 의무

**제1절 법률관계 ——— 236**
**제2절 권 리 ——— 237**
Ⅰ. 권리일반 ······237
1. 권리의 개념 ······237
2. 권리의 본질 ······238
(1) 의사설/238 (2) 이익설/238
(3) 법력설/239 (4) 권리부인설/239
3. 권리법력설에 의한 권리의 특징 ······240
4. 권리와 구별되는 개념 ······241
5. 권리의 분류 ······243
Ⅱ. 공권 ······243
1. 공권의 개념과 종류 ······243
2. 기본권 ······244
3. 행정법상의 개인적 공권 ······244
Ⅲ. 사권 ······246
1. 사권의 개념 ······246
2. 사권의 분류 ······246
(1) 내용에 따른 사권의 분류/246
(2) 작용에 따른 사권의 분류/256
(3) 권리의 효력 범위에 따른 분류/258
(4) 권리의 이전성에 따른 사권의 분류/258
(5) 독립성에 따른 사권의 분류/259

**제3절 의 무 —— 260**
Ⅰ. 의무의 의의 ······ 260
Ⅱ. 의무의 본질 ······ 260
Ⅲ. 의무의 종류 ······ 261
1. 공의무와 사의무 ······ 261
2. 작위의무와 부작위의무 ······ 261
3. 권리와 의무의 관계 ······ 262

**제4절 권리 · 의무의 주 · 객체 및 득실변경 —— 263**
Ⅰ. 권리 · 의무의 주체 ······ 263
1. 권리능력 · 행위능력 · 의사능력 ······ 263
2. 자연인 ······ 263
3. 법인 ······ 265
4. 태아 ······ 266
Ⅱ. 권리 · 의무의 객체 ······ 266
Ⅲ. 권리 · 의무의 득실변경 ······ 267
1. 권리 · 의무의 취득 ······ 267
2. 권리 · 의무의 변경 ······ 268
3. 권리 · 의무의 상실 ······ 268

**제5절 권리 · 의무의 발생 · 변경 · 소멸의 원인 —— 270**
Ⅰ. 개념 ······ 270
Ⅱ. 적법행위 ······ 270
1. 개념 ······ 270
2. 법률행위와 준법률행위 ······ 270
3. 법률행위의 분류 ······ 271
(1) 분류방법/271
(2) 의사표시의 개수와 방향에 따른 분류/271
(3) 법률효과의 종류에 따른 분류/273
(4) 발생되는 효력에 따른 분류/273

Ⅲ. 불법행위 ······274
1. 개념 및 종류 ······274
2. 형사책임·민사책임 ······274
3. 불법행위의 성립요건 ······275

**제6절 권리의 보호 ——— 277**
Ⅰ. 사력구제에서 국가구제로 ······277
Ⅱ. 공권력구제 ······277
1. 공권력구제의 의의 ······277
2. 재판제도 ······277
3. 강제집행제도 ······278
4. 판결절차와 강제집행절차의 차이 ······279
Ⅲ. 사력구제 ······279
1. 정당방위 ······279
2. 긴급피난 ······280
3. 자력구제 ······281

## 제11장 법 계

**제1절 법계의 의의 ——— 284**
Ⅰ. 법계의 개념 ······284
Ⅱ. 법계의 종류 ······284
Ⅲ. 양대법계 ······285

**제2절 로마법, 게르만법, 카논법, 보통법 ——— 286**
Ⅰ. 로마법 ······286
Ⅱ. 게르만법 ······287
Ⅲ. 카논법 ······288
Ⅳ. 보통법 ······289

**제3절 대륙법계** ——— 290
Ⅰ. 대륙법계의 의의 ……290
Ⅱ. 대륙법계의 특징 ……290
1. 성문법주의 ……290
2. 법규범의 추상성 ……291
3. 법질서의 무흠결성 ……291
4. 체계의 정비와 논리적 조작 ……291
Ⅲ. 대륙법의 역사적 전개 ……292
Ⅳ. 대륙법계의 개별적 법계 ……295
1. 라틴법계 ……295
2. 게르만법계 ……295
3. 북구법계 ……295
4. 사회주의법계 ……295

**제4절 영미법계** ——— 296
Ⅰ. 영미법계의 의의 ……296
1. 영국법과 영국법에서 파생된 미국법 ……296
2. 영국법 ……296
3. 미국법 ……297
Ⅱ. 영미법계의 특징 ……298
1. 판례법주의 ……298
2. 법의 지배 ……299
3. 배심재판 ……300
Ⅲ. 영미법계의 개별법계 ……300

**제5절 그 밖의 법계** ——— 301

□ 찾아보기 | 사항 찾아보기……302
인물 찾아보기……309

# 제1장

# 법학의 학문성

제1절 법학의 학문성에 대한 태도
제2절 법학의 대상, 방법, 목적

## 제1절

# 법학의 학문성에 대한 태도

법학이란 법과 법에 관련되는 법현상을 이론적·체계적으로 구명하는 학문이다. 법학은 광의의 법학과 협의의 법학으로 구별된다. 광의의 법학에는 법해석학, 법철학, 법사상사, 법학방법론, 비교법학, 범죄학(형사정책학), 법사회학, 법사학, 법정책학 등이 포함된다. 그에 반하여 협의의 법학은 실정법규범의 의미를 명확하게 하는 법해석학을 뜻한다. 보통 법학이라 할 때는 협의의 법학, 곧 법해석학을 가리키는 것이 일반적이다. 이 책에서도 특별한 이유가 존재하지 않는 한 그런 의미로 사용하기로 한다.

역사적으로 보면 법학은 약 2000년 이상의 전통을 갖는 가장 오래된 학문분과 중의 하나이다. 지금으로부터 대략 4000년 전에 전문 28개 조항으로 된 '함무라비 법전'(Code of Hammurabi)이 제정되었으며, 로마시대에 로마법이 있었다는 사실 및 중세에 종교법이라는 독자적인 법학분야가 발달되었다는 것은 그에 대한 분명한 증거가 된다. 그리고 중세시대만 하더라도 법학은 신학·의학과 함께 대학에서 교수되는 학문의 주종을 이루고 있었으며, 모든 사회과학을 포함하고 있었다. 그러던 것이 근세에 이르러 독립된 학문으로서의 방법과 내용을 구비하게 된 분과가 법학에서 독립하여 정치학·경제학·사회학 등으로 분화·발달하게 되었다.

이러한 역사적 사실을 무시하고 법학의 학문성을 인정하지 않으려 하거나 법학이나 법률가에 대하여 반감을 가지고 있는 사람들이 있다. 예컨대 법학을 '빵을 위한 학문'이라고 빈정대거나, 법학도들을 '법학과 타산적 혼인을 한 자'라고 비웃거나 하는 입장이 그것이다.

이러한 일은 역사적으로 잘 알려진 인물들에게서도 발견된다. 예컨대 하이네(Heinrich Heine 1779~1856)는 법학을 '가장 압제적인 학문'이라 했고, 룸프(Max Rump)는 자연과학은 '학문'(Wissenschaft)이고, 역사학은 '반학문'(Halbwissenschaft)이며, 법학은 '비학문'(Unwissenschaft)이라고 했으며, 비록 법실증주의의 형식주의적 폐해를 지적한 것이기는 하나 키르히만(Julius Heinrich von Kirchmann 1802~1884)은 「학문으로서의 법학의 무가치성」(Über die Wertlosigkeit der Jurisprudenz als Wissenschaft)에서 "입법자가 세 마디 말만 정정하여도 전체 도서관이 휴지가 된다"(Die drei berechtigende Worte des Gesetzgebers lassen ganze Bibliotheken zu Makulature werden)고 하면서 "법학은 학문으로서 가치가 없다"고 단언하기도 하였다. 그런가 하면 법률가를 '현대의 주술사'로 부르는 로델(Fred Rodell 1907~1980) 같은 이도 있고, '훌륭한 법률가는 나쁜 이웃'(A good lawyer is a bad neighbour)이라는 영국의 법언(法諺)이 있는가 하면, 법률가를 '사악한 그리스도교인'(Juristen sind böse Christen)이라고 하는 독일의 격언도 있다.

그러나 "사회 있는 곳에 법이 있다"(ubi societas, ibi ius est)라는 법격언이 있는 것처럼 법률가는 "사랑스럽지는 않으나, 없어서는 안 될 존재"(Wolf)이며, 인간이 피안(彼岸)에서의 생활을 하는 동안 지배되는 상대적인 것, 무상한 것 속에서나마 바른 것, 정의로운 것, 가치 있는 것을 찾으려는 노력이 법을 향한 노력이며, 그러한 노력을 체계화시킨 것이 법학이다. 즉 학문으로서의 법학은 우선 처음에는 사회의 구조와 그 존재원리를 연구하고, 다음에 그러한 사회 속에서 범죄, 불법행위 등의 병적 현상이 생겨나는 원리를 연구하며, 그러한 다음에 그러한 사회적·병적 현상에 대한 예방책과 구제책을 강구한다. 그러한 한에서 법학은 '과학'(episteme, scientia)과는 구별되는 '실천적인 학문'(phronesis,[1] prudentia)이다.

그럼에도 불구하고 여전히 법학의 학문성을 의심하는 사람들이 적지 않은 것 같다. 따라서 법학의 학문성을 인정하기 위해서는 좀 더 설명이 필요하다. 학문은 체계화된 지식의 총체 또는 체계화된 지식을 추구하는 활동, 더 정확하게 말한다면 계획과 방법론에 따라 자기 책임 하에 진리와 진실을 탐구하는 자율적 · 정신적 활동이다. 학문의 과제는 그 대상을 기술할 뿐만 아니라 그 상관관계를 이해하는데 있다. 그렇다면 법학은 '실정법'(de lege lata)을 법질서 내에서 의미를 완성시키고 체계화시키는 데 그 과제가 있다. 따라서 법학의 학문성과 독자성을 검토하기 위해서는 법학의 대상과 방법과 목적에 대하여 살펴보아야 한다.

1) 아리스토텔레스는 phronesis와 sophia를 구별한다. phronesis는 실천적 지혜를 뜻한다. 즉 phronesis는 정당한 행위가 무엇이고 올바른 감정이 무엇인지를 결정하는 지도적인 덕을 의미한다. 그에 반하여 sophia는 철학적 지혜, 사변적 덕을 뜻한다.

# 제2절
# 법학의 대상, 방법, 목적

## Ⅰ. 법학의 대상

법학의 대상은 법규범이다. 이 때 법규범은 원칙적으로 실정법규범을 의미한다. 법학은 협의의 '규범과학'(Normwissenschaft)을 의미하는 것이며, 이는 규범의미의 복합체로서의 법을 연구하는데서 그 특수성이 인정되고 있는 학문이다. 따라서 법학의 대상은 '법규범이지 사실이 아니다'(Wissenschaft der Norm, nicht der Faktischen). 일반적으로 '규범'(規範, Norm)은 '당위'(當爲, ought to, Sollen)를 명하는 명제로 정의된다. 여기서 당위라 함은 인간으로서 '마땅히 하여야 할 것'을 의미한다.

## Ⅱ. 법학의 방법

### 1. 법학은 개념(槪念)의 학(學)이다

'개념'(槪念)이란 독일어의 Begriff, 영어의 concept의 번역이다. 독일어 Begriff는 begreifen이란 동사에서 유래하는데, begreifen의 본뜻은 '움켜잡다'이다. 이것이 추상화되어 사용되면 '파악하다', '이해하다'를 뜻하게 되는데, 후자를 명사화한 것이 우리가 개념으로 해석하는 Begriff이다. 따라서 개념은 여러 관념들 가운데서 공통된 요소를 뽑아내어 종합해서 얻은 하나의 보편적인 관념을 뜻한다. 개념은 언어로 표현되며 판단에 의해서 얻어지는 것이나, 판단을 성립시키는 것도 개념이다. 인간의 사고(思考)는 개념에 의해서 행해진다. 따라서 모든 개념은 일관되게 생각되어야 한다.

개념과 구별되어야 할 것에 관념, 정의 및 의의가 있다. '관념'(觀念)이란 용어는 철학에서는 사고의 대상으로 되는 의식의 내용 또는 심적 현상을 뜻한다. 그러나 개념과 구별되는 관념은 주관적인 견해 또는 생각을 의미한다. 그것은 관념에 해당되는 독일어의 Vorstellung을 분석해보면 쉽게 알 수 있다. Vorstellung은 vor(앞에)와 stellen(갖다놓다)가 결합된 말이다. 사람들이 어떤 사물에 대하여 객관적인 판단을 하려면 그 사물로부터 어느 정도의 거리를 두는 것이 필요한데, '바로 앞에 있는 것'(Vorstellung)에 대하여는 그러한 객관성이 결여되기 쉽기 때문이다. 따라서 법학에서는 예외적인 경우에 철학적인 의미로 관념을 사용하는 경우를 제외하고는 관념이란 용어를 사용하지 않는다.

개념은 '정의'(定義)와 구별된다. 정의는 독일어의 Definition, 영어의 definition을 번역한 말인데, 이 두 단어는 모두 라틴어 finus(경계)에서 유래한다. 그러니까 정의는 경계를 획정하는 것이지, 이미 경계지워진 것을 내용적으로 규정하는 것이 아니다. 결국 정의란 개념정의, 더 정확하게는 개념의 내용을 밝혀 다른 개념과 구별하여 한정하는 것이라 할 수 있다. 따라서 정의는 ① 여러 관념들 가운데서 공통된 요소와 ② 특질적(본질적)인 요소를 추출하여 ③ 간단·명료하게 표현되어야 한다.

개념은 '의의'와도 구별된다. 의의는 독일어 Bedeutung의 번역으로, 보통 사물과 사물 또는 사건과 사건 사이의 관계를 의미하는 것으로 사용된다. 그러니까 한 사물에 대한 개념 또는 (개념)정의는 있을 수 있으나, 한 사물만을 가지고 의의를 논할 수는 없다. 그러한 한에서 개념정의를 의의로 표현하는 것은 잘못이라고 할 수 있다.

모든 학문은 같은 학문을 하는 사람들 사이에 공감대를 이루는 개념 정립 없이는 불가능하다. 예를 들어 법전에 '선의(善意)로'라는 표현이 있는 경우에 그것을 어떤 사람은 '호의를 가지고'라고 이해하고, 또 어떤 사람은 '어떤 사실을 모르고'라고 이해하고, 또 다른 사람은 그것을 또 달리 이해한다면 어떻게 되겠는가. 또 다른 예를 들어보자. 독일어로 사례(事例)를 Fall이라 한다. 그러나 이것을 물리학에서는 낙하(落下)라 한다. 그래서 법학 시간에 법학 교수가 사례(Fall)가 무엇이냐 하니까 강의를 듣고 있던 물리학도가 위에서 아래로 떨어지는 것이라 했다. 이렇게 되면 서로의 대화가 계속될 수 없다. 따라서 법학에 입문하려는 사람들은 기존의 자기지식을 버리고 새롭게 법학의 관점에서 시작하여야 한다. 법학을 하려는 자가 처음 하여야 할 일은 법적 개념을 정확하게 이해하고 기억해서 일관되게 사용하는 일이라 할 수 있다.

## 2. 법학은 논리(論理)의 학(學)이다

법학은 감정의 학이 아니며, 따라서 언제나 사태와 사태에 대한 논리 정연한 논거(論據)의 제시가 필요하다. 우선, 법적 분쟁사건에서는 사태(사건)에 대한 정확한 파악이 필요하다. 다음과 같은 사건을 예로 들어 보자.

> "청구인들은 그들이 공모하여 '오 꿈의 나라'라는 영화를 상영함에 있어서 상영 전에 공연윤리위원회의 심의를 받지 아니함으로써 영화법 제12조 제1항에 위반하였다는 공소사실로 기소되어 항소심인 서울지방법원 89노6866으로 사건 계속중, 위 법원에 법 제12조 제1항에 대하여 위헌제청신청(같은 법원 90초5448)을 하였으나 위 법원이 1991. 5. 7. 이를 기각하자 헌법재판소에 이 사건 헌법소원 심판을 청구하였다."(헌재 93헌바10사건).

이러한 사건에서 영화의 제작과 상영은 언론의 자유의 내용인가, 학문·예술의 자유의 내용인가, 아니면 양자 모두인가가 문제되었다면 그 영화가 학문적인 내용의 것인가 또는 예술적인 내용의 것인가가 판단되어야 한다. 이를 위해서는 언론과 학문 및 예술에 대한 개념정의에서 시작하여야 할 것이다. 그리고 이 사건에서 문제되고 있는 영화가 학문과 예술적인 내용의 것이 아니라면 이 사건에서는 이러한 영화의 제작과 상영을 언론의 자유의 관점에서만 파악하여 그 상영 전에 공연윤리위원회의 심의를 받도록 한 것이 언론의 자유를 침해하는가 여부를 검토하여야 할 것이다.

논리의 전개방법에는 예로부터 귀납법과 연역법이 있다. 베이컨(F. Bacon)이 최초로 그 뜻을 명확히 하고 밀(J. S. Mill)이 대성시킨 귀납법은 개개의 사실이나 명제로부터 일반적 결론이나 일반화로 유도해가는 과학적 연구법을 말한다. 귀납법은 인과관계를 확정하는 데에 쓰이는 논리전개방법으로, 자연과학이나 경험과학에서 주로 사용되는 방법이다. 그에 반하여 연역법은 일반적인 명제나 진리를 전제로 하여 더욱 특수하고 개별적인 명제(命題)나 진리를 이끌어내는 추리방법이다. 연역은 경험을 필요로 하지 아니하는 순수한 사유에 의하여 이루어지며, 그 전형(典型)은 삼단논법(三段論法)이다.

규범과학인 법(해석)학은 귀납법을 사용하지 않는다는 점에서 자연과학이나 경험과학(법사회학, 법정책학)과 구별되며, 삼단논법을 사용한다는 점에서는 철학(법철학, 법이론)과 일치한다. 이른바 삼단논법이란 대전제와 소전제가 있을 때, 그로부터 결론을 도출하는 것을 말한다. 대전제는 일반명제의 형태로, 소전제는 구체적 조건의 형태로, 그리고 결론은 개별명제의 형태로 되어 있다. 예를 들어 다음과 같은 논법을 사용한다.

① 대전제 : 모든 사람은 죽는다.
② 소전제 : 甲은 사람이다.
③ 결론 : 그러므로 甲은 죽는다.

그러나 법학은 특히 '법적 삼단논법'(juristischer Syllogismus)을 사용한다는 점에서 방법상 다른 모든 학문과 구별된다. 법적 삼단논법이란 위와 같은 일반적인 삼단논법을 법학의 영역에서 구체화한 것이다. 대전제에 해당하는 것으로 일반적 법률이 있고, 소전제로는 사안이 주어지고, 그에 대한 결론으로 판결이 나온다. 이러한 법적 삼단논법의 구조에 들어가는 '사안(소전제)은 법규범(대전제)에 포섭된다'고 표현하고, 반대로 이때 '법규범은 사안에 적용된다'고 표현한다. 법적 삼단논법은 다음과 같이 표현할 수 있다.

① 일반법률(대전제) : 사람을 살해한 자는 사형, 무기 또는 5년 이상의 징역에 처한다(형법 제250조 제1항).
② 사안(소전제) : 甲은 乙을 살해하였다.
③ 판결(결론) : 그러므로 甲을 사형, 무기 또는 5년 이상의 징역에 처한다.

삼단논법에서 대전제인 일반명제는 항상 참이다. 그렇기 때문에 결론이 참일 수 있다. 그러나 법적 삼단논법에서는 일반법률이 과연 참인가가 문제되고, 그렇기 때문에 그 결론에 해당하는 판결 또한 참이고 정당한 것인가가 문제될 수 있다. 그러한 이유에서 이러한 법적 삼단논법을 사용하는 법학에 대해서 법물신주의(法物神主義)라는 비판이 있다. 물신이란 우상을 말한다. 그러니까 법이라는 우상을 신봉하는 사이비종교가 법학이라는 말이다. 앞에서 든 형법 제250조 제1항

"사람을 살해한 자는 사형, 무기 또는 5년 이상의 징역에 처한다"에서 보듯이 살인한 자에 대한 세계 여러 나라의 태도는 각각 다를 뿐만 아니라 사형은 인륜에 반하는 형벌이기도 하고, 하필이면 형량이 3년이 아니라 5년 이상의 형이냐 하는 것도 문제가 된다는 점에서 위와 같은 지적은 일리가 있다 하겠다.

그러나 다른 한편으로 법이란 것을 인류지혜의 총합, 인류경험의 정수(精髓)로 이해한다면 위와 같은 입장에는 동의하기 어렵다 할 것이다. 물론 실정법 중에는 정의롭지 못한 법, 즉 악법이란 것이 있다는 것을 부정하기 어렵다. 그리고 정의롭지 못한 법을 정의로운 법으로 고쳐나가는 것(법정책학)도 넓은 의미의 법학의 과제에 속한다. 그러나 그러한 일은 실정법에 대한 지식을 전제로 한다는 점에서 법학에 입문하여 실정법 체계를 이해하려는 법학도의 입장에서는 법정책학을 우선하는 것은 바람직하지 않다 하겠다. 그러한 한에서 법학도의 법전에 대한 태도는 신앙인의 경전에 대한 태도와 같아야 한다고 생각한다.

## Ⅲ. 법학의 목적

법학의 목적은 법의 이념을 어떻게 이해하느냐에 따라 다를 수 있다. 그리고 법의 이념에 대해서는 나중에 다룬다. 그러한 한에서 여기서는 법학의 목적을 가장 넓은 의미의 정의(正義) 또는 공동선(共同善)을 실현하려는 것으로 정의하려고 한다.

제2장

# 법의 개념

제1절 법의 어원
제2절 법을 개념정의할 필요성
제3절 법의 개념
제4절 법개념의 몇 가지 요소에 대한 설명

# 제1절
## 법의 어원

법의 어원에 대해서는 의견이 일치되고 있지 않다. 그러나 법이란 용어를 처음으로 사용한 것은 고대인도로 알려져 있다. 즉 법은 인도 사상의 주류를 이루는 우주법칙에서 유래한다. 우주법칙은 천칙(天則)이므로 수시로 변동하거나 또는 그때마다 변화하는 것이 아닌 "곧고"(直) "바른"(正) 법칙이다. 이러한 우주법칙이라는 생각에 기초하여 그 윤리적인 측면을 배제하고 '다르마'(dharma)라는 말이 사용되었는데, 다르마는 "인간행위의 규범"으로 해석되었다. 법은 이 다르마를 한역(漢譯)한 것이라고 한다.

중국에서 '法'이라는 글자는 원래는 水(물-공평의 뜻)와 해태 치[廌] 그리고 去(제거의 뜻)를 합쳐놓은 글자(灋)였다. 이렇게 법이라는 글자에 뿔이 하나 달리고 소나 사슴을 닮았다고 하는 전설적 동물인 해태를 사용한 이유는 해태가 시비곡직(是非曲直)을 가릴 수 있는 능력이 있어서 해태를 분쟁당사자 사이에 세우면 죄가 있는 자를 뿔로 받았다는 설화에서 유래한다고 한다. 따라서 法이란 글자에는 어원상 능력 있는 제3자에 의한 공평한 분쟁해결이라는 의미가 내포되어 있다. 어떻든 이 복잡한 글자는 후일 변화를 거쳐 오늘날의 형태인 法으로 굳어지게 된다. 법(法)은 수(水)와 거(去)를 합한 문자로서 물은 그 표면이 평면이어서 공평의 의미이고, 거는 악을 제거한다는 의미를 가진다. 또한 법은 수와 거를 합한 문자로서 치수(治水)를 의미하고, 그 결과 다스림, 곧 질서의 의미를 나타낸다.

서양에서 '법'이라는 용어는 그리스어의 '노모스'(υομος)에서 유래하였다. 그리스인들은 자연법칙인 '피시스'(physis)에 대하여 인간의 행위를 규제하는 규범(관행이나 법)을 노모스로 표현하였다. 인간의 행위를 규제하는 규범을 더욱 분화시켜 사용한 것은 로마인들이었다. 로마인들은 그리스인들이 노모스로 표현했던 것을 '이우스'(ius)와 '렉스'(lex)로 나누어 사용하였다. 곧 그들은 추상적이고 일반적인 의미의 규범(법)은 ius로, 권위 있는 기관에 의해서 제정된 실정법규범은 lex로 표현하였다. 그리고 이러한 표현방법은 현대 서양 여러 나라들에서도 그대로 이어지고 있다. 영어의 law와 state, 독일어의 Recht와 Gesetz, 불어의 droit와 loi, 이탈리아어의 dritto와 legge 그리고 스페인어의 derecho와 ley 등의 구분이 그것이다.

## 제2절

# 법을 개념정의할 필요성

법학을 하는 과정에서 법이란 무엇인가에 대하여는 두 가지 견해가 있다. 즉 대답하지 않고 개별적인 법 분야를 설명하면서 스스로 깨닫게 하는 방법과 개념정의를 하고 나서 설명해나가는 방법이 그것이다. 그리고 두 가지 방법에는 각각 단점이 있다. 첫 번째 방법에 따르면 구체적인 예는 알 수 있으나 전체는 알지 못한다. 즉 나무는 보되 숲은 볼 수 없다. 두 번째 방법에 따르면 매우 추상적이고 압축적이기 때문에 개별적인 법 분야에 대해서는 알 수 없다.

그러나 법은 인간이 사회를 이루고 나서부터 그 필요성 때문에 생겨난 것이고, 이를 체계화하는 작업은 우리가 그것을 법학이라 부르든 그렇지 않든 사회의 발생과 함께 생겨났다고 할 수 있다. "두 어린아이가 놀이를 할 때 서로 지켜야 할 규칙이 없이 제각기 마음대로 행동한다면 두 아이는 노는 목적을 달성할 수 없다"(Vinogradoff). 즉 법에 대한 개념정의를 하지 않는다면 법학을 할 수 없다.

그렇다면 우리는 다음과 같이 말할 수 있을 것이다. 법에 대한 개념 정의는 이제까지 존재했던 법학자의 수만큼이나 많다. 그리고 학자에 따라서는 법에 대한 여러 가지의 개념 정의를 열거함으로써 이에 대한 대답을 대신하려는 이들이 있다. 그러나 이것으로 우리가 법이란 무엇인가에 대한 대답을 끝마쳤다고 생각한다면 그것은 커다란 오산이 될 것이다. 다시 말해서 이러한 여러 법학자들의 법에 대한 개념 정의로부터 어떤 공통분모를 끄집어내어 그것을 하나의 압축된 용어로 표현하는 것이 필요한 것이다.

## 제3절
# 법의 개념

앞에서 말했듯이 법에 대한 개념정의는 과거에 존재했고 지금도 존재하는 법학자의 수만큼이나 많다. 그리고 앞으로도 존재하게 될 법학자의 수만큼 더 많아질 것이다. 그래서 칸트(I. Kant)는 "법학자들은 지금도 법의 개념에 대하여 확실한 정의를 내리지 못하고 있다"[1] 고 비웃었는지도 모른다. 그렇기 때문에 모든 법학자의 법에 대한 개념정의를 모두 소개하고 검토하는 것은 거의 불가능하다. 그러한 한에서 이곳에서는 몇 가지 법에 대한 개념정의를 소개하는 것으로 만족하기로 한다.

- 유스티니아누스 법전 : 법은 선과 정의를 실현하는 기술이다(Jus est boni et aequi).[2]
- 국내의 어떤 교과서 : 법이란 인간의 행위를 제한하는 데 있어서 일정한 준칙(準則)을 세우고 그에 좇아서 행위하도록 강제한다는 뜻이다.
- 국내의 다른 교과서 : 법이란 어느 사회의 정당한 정치권력이 그 사회의 공동선을 위하여 자연질서에 근거를 두고 그 사회의 도덕, 관습, 필요성을 합리적 가치요소로 반영하여 정당한 방법으로 제정하거나 확인 적용하는 경제적 사회생활준칙으로서 여러 주체들 간의 관계에서 최소한의 정의실현 내지 질서유지를 내용으로 한다.
- 칸트 : 법이라 함은 한 사람의 자의(恣意)가 다른 사람의 자의와 자유의 일반법칙에 따라서 서로 상용(相容)될 수 있는 조건의

1) *Kritik der Reinen Vernunft*, II.
2) L. 1 pr. D. de just. et jure, 1, 1.

총체이다.

- 헤겔(G. W. F. Hegel) : 법이란 인간의 경험 가운데서 자유의 관념이 스스로 그 가운데 실현하고 그것에 의해서 실현되어 가는 원칙의 체계이다.
- 켈젠(H. Kelsen) : 법은 규범적 강제질서이다.[3)]
- 마이호퍼(W. Maihofer) : 법은 사회의 병을 고치는 수단이다.

이러한 몇몇 학자들의 견해만 보더라도 법에 대한 개념정의는 다양하다. 그러나 법에 대한 개념정의는 크게 법실증주의적 법개념과 비실증주의적 법개념으로 양분할 수 있다. 법실증주의에 따르면 법의 개념은 도덕적 요소를 포함시키지 않은 채 정의되어야 한다(이른바 분리이론). 따라서 법실증주의자들에게 법개념을 정의하는 요소로서 고려되는 것은 규정에 맞는 또는 권위적인 제정성과 사회적 실효성뿐이다. 그에 반해서 비실증주의적 이론에 따르면 법은 제정성과 사회적 실효성 외에도 내용적 정당성을 포함하여 정의되어야 한다(이른바 결합이론).

그러나 법학의 근본문제를 법률적 불법(악법)과 법의 계속형성(법의 공백)의 두 가지로 볼 때 법실증주의는 이러한 문제에 적절하게 대답할 수 없다.[4)] 따라서 법을 개념정의하기 위해서는 법은 제정성과

---

3) *Reine Rechtslehre*, 1960, S. 45ff.(변종필 · 최희수 역, 순수법학, 길안사, 1999). 켈젠은 위와 같은 견해를 "따라서 그 내용이 무엇이든지 법이 될 수 있다"(앞의 책, S. 201)고 간추려 표현한다.

4) "즉 우선, 악법의 문제에 대해서 실증주의자들은 악법을 판단하는 기준으로서의 정법의 존재를 부인한다. 따라서 애초에 악법이라는 문제는 발생하지 않게 된다. 법을 악하다고 판단할 수 있는 기준이 존재하지 않는다면, 법은 어떤 내용을 담든 상관없이 법이 된다. 실증주의자들에게 법의 정당성이라는 문제는 중요하지 않기 때문에 일단 제정되고, 실천되고 있다는 사실만으로도 충분히 법을 확인할 수 있게 된다. 다음으로, 실증주의자들에 따르면 법의 공백이 발생했을 때, 그것은 법외적 또는 비법적 문제가 된다. 그렇게 되면 법의 구속을 받지 않게 되는 것이다. 즉 법

사회적 실효성 외에도 내용적 정당성을 포함하여 정의되어야 한다.[5] 그렇다고 해서 "법은 (1) 정당성의 효력주장을 제기하는 규범체계이고, (2) 전반적으로 사회적 실효성을 가진 헌법에 속하면서 극단적으로 불법인 것은 아닌 규범의 전체 및 이러한 헌법에 맞게 제정되고 최소한의 사회적 실효성이나 실효성계기를 보여주면서 극단적으로 불법인 것은 아닌 규범의 전체이고, (3) 정당성의 효력주장을 하기 위해서는 법적용의 절차가 근거하고 근거해야만 하는 원칙과 그 밖의 규범이 속하는 규범체계이다"[6]라고 정의하는 것은 법의 본질적 요소에 대한 언급은 충분하나, 개념정의는 단순명료한 것이 바람직하다는 입장에서 취할 수 없다.

그러한 한에서 이 책에서는 법을 "인간사회의 공동선을 위하여 명령, 금지, 허용, 조직 등을 내용으로 정당한 절차에 따라 국가에 의하여 제정되고 실현이 보증되는 사회규범"으로 정의하고자 한다. 이러한 개념정의로써 법이란 것이 무엇인가가 확연해지는 것은 아니다.

---

의 공백이 발생한 사건에서 법관의 재량이 시작되는 것이다. 극단적으로 말하자면 법관은 '자기 마음대로'(자의적으로) 판결해도 되는 경우가 생기는 것이다. 이처럼 법학의 근본문제로서 악법을 판단해야 하는 경우나 법의 공백이 생긴 경우에 정의 또는 정당성에 대한 물음이 필연적으로 제기될 수밖에 없다."(R. Alexy, *Begriff und Geltung des Rechts*, 1992, S. 18ff.; 이준일 역, 법의 개념과 효력, 도서출판 지산, 2000)

5) 그렇기 때문에 법개념의 요소로서 실정성과 실효성 그리고 정당성을 포함시키는 것은 비실증주의를 따르는 것이지, 단순히 실증주의와 비실증주의의 단점을 종합하는 것은 아니다. 그러나 김영환, 법철학의 근본문제, 홍문사, 2006, 20쪽은 올바른 법개념을 모색하기 위해서는 자연법론과 법실증주의의 장점과 단점을 종합하는 데에서 출발해야 한다고 하면서 자연법론으로부터는 도덕성을, 법실증주의로부터는 법의 실정성과 법의 사실성을 취해야 한다고 한다. 즉 사실상 이상적인 형태는 올바른 법의 내용(도덕성)이 일정한 합법적인 절차에 의해 제정되고(실정성) 그 법률을 법수호자들이 따르는 것(사실성)이라고 할 수 있다고 한다.

6) R. Alexy, 앞의 책(주 4), S. 201. 그러나 이준일, 법학입문, 박영사, 2004, 107쪽 이하는 Alexy의 견해를 그대로 따르고 있다.

예컨대 우리가 생각하는 것처럼 법의 개념정의 내에 포함된 모든 요소들이 분명한 것은 아니기 때문이다. 그러한 한에서 법개념에 포함된 몇 가지 요소에 대한 설명이 필요하다. 그러한 것으로는 '인간', '공동선', '국가' 및 '실현이 보증된다'를 들 수 있다.

# 제4절 법개념의 몇 가지 요소에 대한 설명

## Ⅰ. 인간

법은 인간의 사회생활을 규율하는 규범이다. 그래서 로마시대부터 "사회 있는 곳에 법이 있다"(ubi societas ibi ius)는 법언(法諺)이 있는가 하면, 괴테(Johann Wolfgang von Goethe 1749~1832)는 "지옥에도 역시 법은 존재한다"고 했고, 예링(Rudolf von Ihering 1818~1892)은 법이란 "사회의 생활 조건이다"라고 하였다. 또 예로부터 인간의 사회성에 대한 언급은 헤아릴 수도 없이 많다. 그 중 몇 가지만 예로 들어보자.

- 아리스토텔레스 : 인간은 '사회적 동물'(politikon zoon)이다.
- 순자(荀子) : 사람은 힘에서 소(牛)를 당할 수 없고, 뛰는데 말을 당할 수 없다. 그러나 소나 말이 사람에게 이용되는 까닭은 사람의 집단생활, 곧 사회생활에 있다(力不若牛 走不若馬 而牛馬爲用向也 人能群 彼不能群也).
- 기이르케(Otto Friedrich von Gierke 1841~1921) : 인간이 인간으로서의 가치는 사람과 사람과의 결합에 있다.
- 비노그라도프(Sir Paul Gavrilovitsch Vinogradoff 1854~1925) : 사람의 사회적 교섭은 자연이 명하는 것이다.
- 하이데거(Martin Heidegger 1889~1936) : 사람의 존재는 타인과의 관계에 있다.

그렇다면 사회생활을 하는 인간이란 무엇인가. 법은 어떤 인간을 전제하고 있는가, 즉 법에 있어서의 인간상(人間像)이 문제된다. 예로부터 인간이 어떠한 존재인가에 대해서는 극단적으로 상반되는 두 가지 입장이 대립되어 있다. '인간은 인간에 대하여 신이다'(homo homini deus est)라는 입장과 '인간은 인간에 대하여 이리이다'(homo homini lupus est)라는 입장이 그것이다. 예컨대 그로티우스(Grotius)는 첫 번째 입장을 취하여 「전쟁과 평화의 법」에서 인간의 기본성향을 "평화롭고 질서바른 사회에서 타인과 어울려 살려고 하는 본능"이라고 보았다. 그 다음에 제기되는 문제는 이러한 인간상에 합치하는 공동사회의 질서를 수립하기 위하여 어떤 규범들이 필요한가 하는 것이었다. 이와 같은 규범들이 곧 그로티우스의 자연법을 구성하는 것이었다. 그러나 홉스(T. Hobbes)는 정반대로 두 번째 입장을 취하였다. 즉 홉스는 인간을 이기적이고, 복수심에 불타고, 비겁한 존재라고 하였다. 그 결과 홉스는 사회생활이 만인의 만인에 대한 투쟁으로 타락하는 것을 방지하기 위하여 강력한 독점적 국가권력이 필요하다고 주장하였다.

그러나 인간이 본성상 오로지 본능적이고 폭력적인 것이라면 정의로운 법은 애초부터 불가능할 것이고, 만일 인간이 우호적인 것이라면 강제로 법을 관철시킬 필요가 없을 것이다. 자신의 이익을 위해서는 다른 사람의 생명을 요구하는 샤일록 같은 사람이라 하더라도 자신의 자식을 위해서는 자신의 생명을 기꺼이 내놓으려 하지 않겠는가. 달리 말하면 인간은 본성상 이 두 가지 측면을 공유하고 있다는 것이다. 그러한 한에서 이러한 극단적인 입장은 취할 수 없다 하겠다.

그래서 인간상에 대한 세 번째 입장이 등장한다. 이러한 견해를 비토리아(Vitoria)는 '인간은 인간에 대하여 이리가 아니라 인간이다'(Non enim homini homo lupus est, sed homo)라고 하였고, 슈미트(C. Schmitt)는 '인간은 이리도 신도 아니라 인간이다'(Der Mensch ist kein Wolf und kein Gott, sondern ein Mensch)라고 하였다. 따라서 인간은 '지·영·육의 합일체'(Leib-Seele-Geist-Einheit)로서 있는 그대로의 인간이며, 이러한 인간은 다른 인간과의 관계에서 칸트가 생각하듯이 '사교적인 비사교성' 또는 '사회적인 비사회성'(gesellige Ungeselligkeit)을 가진 존재로 이해된다. 즉 인간은 다른 사람을 침해할 수도 있고 도울 수도 있다. 이러한 인간관계에 따라 침해가능성으로부터 개체성을, 그리고 부조가능성으로부터 연대성을 이끌어낼 수 있다.

이러한 견해는 낙관적이지도 비관적이지도 않다. 지나치게 낙관적인 인간상은, 특히 이성에 대한 믿음과 결합되는 경우에는, 결국 국가는 인간의 인간에 대한 지배도구로서 필요 없는 존재라고 하는 무정부주의적 견해를 낳게 된다. 그리고 이성에 대한 믿음과 낙관주의는 무정부주의와 급진적 민주주의의 중요한 전제가 된다. 그러나 인간의 계몽과 교육을 통하여 더 많은 통찰력과 이해력을 갖게 되며, 평화를 애호하게 될 수 있을 뿐만 아니라 사회적 분쟁을 토론에 의하여 해결하며, 이성적 통찰에 따라 규제할 수 있다고 하는 인간학적 낙관주의, 즉 인간의 이성에 대한 믿음은, 우리가 어떤 대단한 결론을 얻지 못하는 경우에도, 어느 정도의 역할을 담당한다는 점에서는 낙관주의에 가깝다.

이상의 모든 것을 종합하여 법에서 전제하는 인간은 자유롭고 책임성 있으며, 절대적인 윤리에 구속받는 인격체를 의미한다고 할 수 있다.

## Ⅱ. 공동선

'공동선'(共同善, bonum commune)이란 "집단이나 구성원 개개인으로 하여금 더 완전하고 더 용이하게 자기완성을 달성할 수 있게 하는 사회 생활상 여러 가지 조건들의 총체"를 말한다. 그런 의미에서 공동선은 가장 넓은 의미에서 정의를 말한다고 할 수 있으며, 좁은 의미의 정의, 질서, 평화 등을 총칭하는 개념으로 이해된다.

## Ⅲ. 국가

법은 국가에 의하여 제정된다. 따라서 국가에 의하여 제정되지 않은 것은 법이 아니다. 그러면 국가란 무엇인가? 국가가 무엇인가에 대하여는 국가론 또는 국가학이라는 학문분야가 성립되어 있을 정도로 다양한 견해가 있다. 그러나 보통 국가는 국민, 영토, 주권으로 이루어진다는 견해,[7] 즉 이른바 국가3요소설이 통설로 되어 있다.

국민, 영토, 주권이라는 세 가지 요소가 국가현상에서 빼놓을 수 없는 요소임에는 틀림없다. 그러나 국가3요소설은 시간적 흐름에 따른 세 가지 요소의 변동을 설명해주지 못한다. 그런가 하면 이들 세 가지 이질적인 요소가 국가라는 현상 속에 결합되어야 할 어떠한 당위성도 근거지우지 못한다. 국가3요소설을 빵에 비유해서 말하자면 빵은 밀가루와 물과 설탕으로 이루어져 있다는 이야기와 같다. 과연 밀가루와 물과 설탕을 결합시켜 놓았다고 해서 빵이 되는가. 그렇지 않다. 그것은 밀가루반죽에 지나지 않는다. 밀가루반죽을 용기에 넣고 일정시간 동안 열을 가해야만 밀가루반죽은 비로소 빵이 된다. 여기서 국가3요소설은 밀가루반죽을 빵이라고 부르는 것과 같다고 할 수 있다. 국민, 영토, 주권이 국가를 이루는 구성요소라 해도 이를 국가로 만드는 요소에 대한 설명이 있어야 한다.

예컨대 국가창건시 국민수가 1,000만에 불과했던 나라가 국민수가

7) G. Jellinek, *Allgemeine Staatslehre*, 3. Aufl.(1921, 6. Neudruck 1959), S. 132.

5,000만이 된다고 하더라도 그 국가를 동일한 국가로 보아야 하는 요소, 단순한 사람의 무리와 단순한 땅덩어리와 단순한 힘을 결합시켜 국가가 되게 하는 요소는 바로 가치이다. 그러니까 국가는 일정지역의 인간(주민)들이 그들의 공동체적 필요를 위해서 창설한 것으로, 일체성과 계속성을 추구하며 크든 작든 그 구성원에게 더욱 강화된 요청을 하고 내외의 적으로부터 자신을 지키고 유지하려는 목적을 가진다. 즉 국가는 그 구성원, 곧 사람들에게 봉사하기 위하여 계속적으로 창설된 조직이며, 그것은 사회적 제 가치의 질서를 구성한다. 따라서 국가는 국민과 영토로 구성된 조직인 동시에 제 가치의 질서이다. 이러한 국가의 기관이 헌법의 수권(授權)에 따라 제정한 것이 법이다.

## Ⅳ. 실현이 보증된다

### 1. 실현이 보증된다

법의 실현이 보증된다는 이야기는 법의 실현이 강제된다는 이야기이며, 또 법을 침해하는 경우 제재가 가해진다는 이야기이다. 그러니까 법은 강제성을 띤다는 특성을 가진다. 그리고 이러한 특성을 예링은 “강제는 법의 절대적 기준이다. 강제를 수반하지 않는 법은 타지 않는 불, 비치지 않는 등불과 같이 그 자체가 모순이다”고 하였고, 칸트는 “법과 강제기능은 동일하다”고 하였다.

법은 현실로서의 행위가 법규범에 따를 것을 명하는 명령규범이기 때문에, 이에 위반하게 되면 국가에 의해 제재(강제)가 가해지는 점에서 동시에 제재(강제)규범이 된다. 강제란 법의 준수를 강요하여 위법행위가 있을 때에는 예정된 어떤 결과가 실현되는 것을 말한다. 강제에는 심리적인 것과 물리적인 것이 있다. 보통 법은 심리적 강제에 의하여 그 준수·복종이 담보되어지나, 위법자에 대하여는 물리적 강제, 곧 강제집행 혹은 형벌 등에 의하여 확보된다. 그리고 법에 강제력이 있다는 것은 법일반에 대하여 그렇다는 것이고, 구체적으로 개개의 법규가 완벽한 강제력을 갖는다는 것을 뜻하지는 않는다. 곧 여기서 말하는 강제란 넓은 의미에서 사회세력 일반에 의한 강제를 의미한다.

물론 실정법 중에는 형벌이나 강제집행의 방법이 없는 것도 적지 않다(예 : 부부의 동거의무－민법 제826조 제1항). 그러나 이러한 것도 대개 간접적인 방법으로 강제될 수 있다(예 : 재판상의 이혼과 손해배상청구 등－민법 제840조 제2호·제6호, 제843조, 제806조). 또 법 중에는 준수의 여부가 당사자의 자유의사에 맡겨져 있는 임의규정이 있으며, 이러한 임의규정은 그 준수에 직접적인 강제성이 없다. 사법(私法)분야에 많은 이 임의규정들은 당사자가 그 적용을 배제할 수 있다는 점에서 강행규정과 같은 적용상의 강제력은 없으나, 당사자에 특히 적용을 배제한다는 뜻이 없는 한 그 규정에 따라 법률관계가 정하여지는 것이며, 법의 획일적인 테두리 속에 속하는 것이다.

## 2. 제재의 종류

법이 의무자에게 법의 준수만을 기대하여 제재나 강제를 수반하지 아니하는 경우가 있다(훈시규정). 그러나 법은 원칙적으로 실효성을 확보하기 위하여 여러 가지 제재(강제)의 방법을 규정하는 것이 보통이다. 제재는 그것이 규정되어 있는 법분야에 따라 민사법상의 제재, 공법상의 제재, 형사법상의 제재로 나누기도 하고, 제재의 성질에 따라 강제이행(强制履行), 원상회복(原狀回復), 징벌적(懲罰的) 제재로 나누기도 한다. 여기에서는 후자에 대하여 설명하기로 한다.

### (1) 강제이행

강제이행에는 민법상의 강제이행과 행정법상의 강제이행이 있다.

#### 1) 민법상의 강제이행

민법에서는 판결의 강제이행이 대표적인 예이다. 예컨대 채무자가 변제기일이 지나도록 채무를 변제하지 않을 경우 채권자는 법원에 소송을 제기하고 법원으로부터 지급판결을 받는다. 이 판결에도 불구하고 채무자가 여전히 채무를 변제하지 않을 경우에는 법원으로부터 집행문 있는 판결본정본을 부여받아(민사소송법 제478조 이하) 그것에 의해 강제집행을 행한다. 즉 집행관이 채권자의 신청에 의하여 채무자의 동산을 압류하고, 경매하여 그 경매대금을 채권자에게 교부한다. 이밖에도 의무를 위반한 임차인을 임대(賃貸) 아파트에서 강제로 쫓아내는 것, 매수인이 의무를 이행하지 않는 경우 판결에 의한 부동산(不動産) 소유의 강제이전(移轉) 등도 강제이행의 예이다. 그리고 절차법이 부과하는 의무도 강제로 이행되기도 한다. 예컨대 법원에 의해 증인으로 소환된 자가 출석하지 않는 경우 법원은 그 증인을 강제로 구인할 수 있다(민사소송법 제283조, 형사소송법 제152조).

#### 2) 행정법상의 강제이행

행정법(行政法)에서는 행정강제가 있다. 행정강제란 행정법상의 의무불이행에 대하여 행정주체가 실력을 행사하여 의무를 이행시키거나, 의무가 이행된 것과 동일한 상태를 실현시키는 작용을 말한다. 이에는 행정상 '강제집행'(Zwangsvollzug)과 행정상 '즉시강제'(sofortiger Zwang)가 있으며, 행정상 강제집행에는 대집행, 집행벌, 직접강제, 행정상 강제징수가 있다.

① 대집행(代執行)은 의무자(義務者)가 일정한 행위를 해야 함에도 불구하고 그것을 하지 않을 경우 그 행위를 다른 사람이 대신하여도 상관없는 경우(대체적代替的 작위의무作爲義務)에 행정기관이 직접 또는 다른 사람을 시켜 문제가 되는 행위를 하고 그에 대한 비용을 본래의 의무자에게 부담시키는 것을 말한다(행정대집행법 제2조 참조). 예컨대 고장난 자동차를 도로에 방치한 경우 타인으로 하여금 그 자동차를 치우게 하고 그에 소요된 비용을 그 자동차의 소유자에게 부담시키는 경우가 대집행에 해당된다. 또 무허가건물을 철거하고 그 비용을 그 건물의 소유자에게 부담시키는 것도 대집행에 해당된다.

대집행권자는 원래 업무를 명한 행정행위를 한 처분청이다. 대집행을 함에는 첫째, 업무의 불이행이 있어야 하고, 둘째, 다른 수단으로는 그 이행을 확보하기 곤란하며, 셋째, 그 불이행을 방치하는 것이 심히 공익을 해하는 것으로 인정되는 경우라야 한다(행정대집행법 제2조). 대집행의 절차로는 먼저 계고와 대집행영장에 의한 통지를 하여야 하고, 그 실행이 있은 후에 후행절차로서 비용을 징수하게 된다.

② 집행벌(執行罰)이란 행정상의 부작위의무 또는 비대체적 작위의무의 이행(履行)을 강제하기 위하여 과하는 벌이며, 의무의 이행을 간접적으로 강제하기 위하여 과하는 벌이 금전벌이다. 국세징수법 제22조에 의한 중가산금제 등이 이에 속한다.

③ 직접강제(直接强制)란 행정상의 의무의 불이행의 경우에 직접적으로 의무자의 신체 또는 재산에 공권력을 발동함으로써 행정상 필요한 상태를 실현하는 작용을 말한다(예 : 강제접종). 이는 신체의 자유 또는 재산에 대한 제한을 가져오므로 관세법 제126조 제2항, 해군기지법 제7조 제2항(퇴거의 강제), 방어해면법 제7조(퇴거의 명령과 강

제), 출입국관리법 제29조(외국인의 출국정지) 등과 같이 제한된 범위 내에 개별적으로 인정되어 있는 경우를 제외하고는 원칙적으로 금지되어 있다.

④ 행정상 강제징수는 공법상 금전급부의 불이행에 대하여 의무자의 재산에 실력을 가함으로써 그 의무가 이행된 것과 같은 상태를 가져오게 하는 행정상의 강제집행을 말한다. 국세징수법 제24조 이하의 체납처분이 그 예가 된다. 동법에 의한 강제징수의 절차를 보면 독촉(동법 제23조), 재산압류(동법 제38조 이하), 공매 등에 의한 환가처분(동법 제61조 이하), 배분(동법 제80조 이하) 등으로 되어 있다.

⑤ 이밖에도 행정상의 즉시강제가 있다. 행정상의 즉시강제란 목전의 급박한 행정상 장애를 제거할 필요가 있거나 미리 의무를 명할 시간적 여유가 없는 때 또는 성질상 의무를 명해서는 목적달성이 곤란할 때 직접 국민의 신체·재산에 실력을 발동하여 행정상 필요한 상태를 실현하는 작용을 의미한다. 행정상의 즉시강제는 실력에 의하여 행정상 필요한 상태를 실현시키는 점에서 행정상의 강제집행과 같으나, 전자는 의무불이행을 전제로 하지 않는 점에서 그것을 전제로 하는 후자와 상이하다. 이 경우는 국민의 법적 안정성과 예측가능성이 파괴되므로 법의 근거가 필요하다. 이를 인정하는 실정법으로는 경찰관직무집행법 제11조에 의한 무기의 사용, 소방법 제77조의 소화종사명령이나 동법 제78조의 강제처분, 전염병예방법 제42조에 의한 강제처분, 마약법 제54조의 부정마약의 처분에 관한 규정 등을 들 수 있다. 행정상의 즉시강제에는 법관의 영장을 요하지 않는 것으로 본다.

### (2) 원상회복

'원상회복'(原狀回復, restitutio in integrum)이란 위법상태를 위반자가 법규범을 위반하기 이전의 상태로 회복시키는 제재의 방법이다. 국제법상의 제재방법으로는 원상회복이 제1차적인 것으로 되어 있다. 예컨대 국제법위반의 행위를 무효화하거나 취소하도록 함으로써 효력을 발생하지 못하게 하는 것이나, 조약 위반의 국내법을 개폐하도록 하는 것은 여기에 속한다. 또한 국내법의 경우에 헌법위반의 법률이 헌법재판소의 결정에 의하여 무효로 선언되거나, 위법한 행정행위가 행정소송절차를 통하여 취소되는 것 등이 넓은 의미에서 원상회복의 방법에 속한다.

원상회복이 불가능한 경우에는 손해배상을 하도록 하는 것이 보통이다. 이러한 손해배상의 방법은 국제법과 국내법 모두에 있어서 채무불이행 또는 불법행위 등의 경우에 부과되는 민사상의 제재방법으로서 가장 일반화되어 있는 형태이다. 불법행위로 인한 손해배상의무는 고의 또는 과실 이외에 가해자의 책임능력도 요건으로 하는 것이 원칙이다. 그러나 손해배상의무는 어떤 자가 적법하게 위험원인을 만들어낸 경우에도 성립한다. 위험요소를 지닌 기업을 경영하는 자는 비록 그에게 전혀 과책(과실과 책임)이 없는 경우라 하더라도 그에 의하여 야기된 손해위험을 부담해야 한다(위험책임). 헌법에는 위법한 행위에 대해서는 손해배상의무(헌법 제29조 참조)가, 적법한 행위에 대해서는 손실보상의무(헌법 제23조 제3항 참조)가 각각 규정되어 있다. 누구든지 자신에 의하여 발생된 손해를 배상하지 않으면 안 된다고 하는 기본적 법원칙은 국제법에 있어서도 역시 타당성을 갖는다. 초기 국제법에서는 과실책임주의가 지배하였다. 그러나 현대의 국가관행은 점차 결과책임을 받아들이고 있다. 즉 상당인과관계가 있고 위법성은 있으나 '책임성 없이' 손해가 발생된 경우에도 배상의무가 성립한다는 사실을 인정하고 있다. 위험성 있는 국가행위(예컨대 원자폭탄 및 로켓실험 또는 핵발전소의 운영)에 의하여 발생되는 손해에 대한 국제법상의 결과책임은 민법상의 위험책임과 유사한 근거를 갖고 있다.

### (3) 징벌적 제재

징벌적 제재는 법규 위반에 대하여 일정한 고통을 부과하는 것을 말한다. 징벌적 제재에는 형법상의 형벌, 행정법상의 공무원에 대한 징계벌과 국민에 대한 행정벌이 있다. 이와 같은 제재는 다른 사람들에게도 법적 의무를 준수하도록 유도하며(일반예방적 효과), 법적 의무를 위반한 사람으로 하여금 장래에 똑같은 의무위반을 하지 않도록 한다(특별예방적 효과).

#### 1) 형벌

① 형벌

형벌이란 국가가 범죄에 대한 법률상의 효과로서 범죄자에 대하여 그의 책임을 전제로 하여 과하는 법익의 박탈을 말한다. 형벌의 주체는 국가이다. 이러한 의미에서 형벌은 언제나 공형벌이며 국가적 형벌이라고 할 수 있다. 따라서 사인은 어떤 경우에도 형벌을 과할 수 없다. 형벌은 또한 범죄에 대한 법률효과이다. 즉 형벌은 범죄를 전제로 하며, 범죄가 없으면 형벌도 있을 수 없다. 범죄에 대한 법률효과라고 할지라도 형벌은 범죄에 대하여 과하는 것이 아니라 범죄인에 대하여 과하는 제재이다. 따라서 형벌은 범죄인의 위험성을 기초로 하여 미래에 대한 제재인 보안처분과 구별된다.

② 죄형법정주의

예컨대 형법에서는 "타인의 물건을 절취한 자는 6년 이하의 징역 또는 1천만 원 이하의 벌금에 처한다"라고 규정하고 있고, 민법에서는 "본법에서 물건이라 함은 유체물을 말한다"라고 규정하고 있는 경우에 어떤 사람이 몰래 전기를 끌어다 썼다면 그 사람을 처벌할 수 있겠는가. 이 경우 전기는 유체물이 아니기 때문에 물건이 아니고 따라서 전기절취는 물건절취에 포섭되지 않기 때문에 처벌할 수 없다.

그 이유는 형벌과 관련해서는 죄형법정주의가 지배하기 때문이다. 죄형법정주의는 "법률 없으면 범죄도 없고 형벌도 없다"(nullum crimen, nulla poena sine lege)라는 말로 표현된다. 죄형법정주의는 국가형벌권행사의 기준을 설정하고 형벌권의 남용으로부터 국민의 기본권을 보호하는 기능을 한다. 형법은 제1조 제1항에서 "범죄의 성립과 처벌은 행위시의 법률에 의한다"고 규정하고 있는데, 이는 죄형법정주의를 의미하는 것이다.

이러한 죄형법정주의로부터 형(벌)법의 법률주의, 관습형법의 금지, 형벌불소급의 원칙, 유추해석 금지, 절대적 부정기형의 금지 및 명확성의 원칙이 파생된다. 형(벌)법의 법률주의는 형벌을 정하는 성문법은 반드시 의회에서 제정된 법률이어야 한다는 원칙이다. 관습형법의 금지는 형벌에 관하여는 일반적으로 관습법을 배척하고 성문법에만 의하게 하는 것이다. 형벌불소급의 원칙은 형벌에 관한 규정은 그 법률 제정 이전의 행위에 소급적용할 수 없다는 원칙이다. 유추해석금지의 원칙은 법률에 규정이 없는 사항에 대하여 그것과 유사한 성질을 가지는 사항에 관한 법률 또한 적용해서는 안 된다는 원칙이다. 절대적 부정기형의 금지는 자유형에 대한 선고형의 기간을 재판에서 확정하지 아니하고 행형의 결과에 따라 결정해서는 안 된다는 원칙이다. 그러나 소년법 제60조에 따르면 "소년이 법정형 장기 2년 이상의 유기형에 해당하는 죄를 범한 때에는 법정형의 범위 내에서 장기와 단기를 정하여 선고한다"고 하여 소년범에 대하여는 상대적 부정기형이 인정되고 있다. 마지막으로, 명확성의 원칙은 누구나 법률이 처벌하고자 하는 행위가 무엇이며 그에 대한 형벌이 어떠한 것인지를 예견할 수 있고 그에 따라 자신의 행위를 결정지을 수 있도록 구성요건이 명확해야 한다는 원칙이다.

③ 형벌의 종류

이처럼 형벌과 관련해서는 죄형법정주의가 적용되기 때문에 형법은 제41조에서 형벌의 경중에 따라 사형, 징역, 금고, 자격상실, 자격정지, 벌금, 구류, 과료, 몰수라는 9가지 형벌을 규정하고 있다. 사형을 생명형, 징역과 금고와 구류를 자유형, 자격상실과 자격정지를 자격형, 그리고 벌금과 과료와 몰수를 재산형으로 구분하기도 한다.

사형이란 수형자의 생명을 박탈하는 것을 내용으로 하는 형벌을 말한다. 사형은 교도소 내에서 교수하여 집행한다(형법 제66조).

징역이란 수형자를 교도소 내에 구치하여 정역(定役)에 복무하게 하는 것을 내용으로 하는 자유형 가운데 가장 무거운 형벌이다. 금고는 수형자를 교도소 내에 구치하여 자유를 박탈하는 것을 내용으로 하는 형벌이며, 정역에 복무하지 않는 점에서 징역과 구별된다. 다만 행형법은 금고의 수형자에 대하여도 신청이 있으면 작업을 과할 수 있도록 하고 있다. 징역 또는 금고는 무기 또는 유기로 하고, 유기는 1월 이상 15년 이하로 한다. 다만 유기징역 또는 유기금고에 대하여 형을 가중하는 때에는 25년까지로 한다(형법 제42조). 구류는 수형자를 교도소 내에 구치하는 것을 내용으로 하는 자유형이다. 다만 그 기간이 1일 이상 30일 미만인 점에서 징역이나 금고와 구별된다.

벌금형은 범죄인에 대하여 일정한 금액의 지불의무를 강제적으로

부담하게 하는 것을 내용으로 하는 재산형 중에서 가장 무거운 형벌이다. 과료는 재산형의 일종이란 점에서 벌금형과 같지만, 다만 경미한 범죄에 대하여 부과된다. 따라서 과료는 그 금액이 적다는 점에서 벌금과 구별된다. 벌금과 과료는 판결이 확정된 날로부터 30일 이내에 납입하여야 하나, 벌금을 선고할 때에는 동시에 그 금액을 완납할 때까지 노역장에 유치할 것을 명할 수 있다. 벌금을 납입하지 않는 자는 1일 이상 3년 이하, 과료를 납입하지 않는 자는 1일 이상 30일 미만의 기간 노역장에서 작업에 복무하게 한다(형법 제69조). 몰수는 범죄반복의 방지나 범죄에 의한 이득의 금지를 목적으로 범죄행위와 관련된 재산을 박탈하는 것을 내용으로 하는 재산형이다. 몰수는 원칙적으로 다른 형에 부가하여 과해진다.

자격상실이란 일정한 형의 선고가 있으면 그 형의 효력으로서 당연히 일정한 자격, 예컨대 공무원이 되는 자격, 공법상의 선거권과 피선거권, 법률로 요건을 정한 공법상의 업무에 관한 자격, 법인의 이사·감사 기타 업무에 관한 검사인이나 재산관리인이 되는 자격을 상실하게 되는 것을 가리킨다. 자격정지란 일정한 기간 동안 일정한 자격의 전부 또는 일부를 정지시키는 것을 말한다. 이러한 자격의 전부 또는 일부에 대한 정지는 1년 이상 15년 이하로 한다(형법 제43조, 제44조).

이러한 형벌 가운데 몰수는 부가형벌, 나머지는 주형이라 한다. 그러나 행위자에게 유죄의 재판을 아니할 때에도 몰수의 요건이 있는 때에는 주형으로서 몰수만을 선고할 수 있다(형법 제49조). 몰수의 대상이 되는 물건을 몰수할 수 없는 때에는 그 가액을 추징한다.

④ 범죄가 성립되어 처벌하기 위한 요건

범죄가 존재한다고 해서 그것이 곧 형벌로 이어지는 것은 아니다.

범죄가 성립되어 처벌하기 위해서는 행위의 구성요건 해당성, 위법성, 책임능력의 세 가지 요건이 갖추어져 있어야 한다.

(a) 구성요건 해당성

행위는 형법에 규정된 구성요건을 갖추어야 하며, 행위와 결과 사이에 인과관계가 있어야 한다. 구성요건은 기술적 의미로는 일정한 법률상의 효과가 발생하기 위한 요건이 되는 사실의 총체라고 하지만, 형법에서는 죄형법정주의에 의해서 법전에 유형화된 범죄사실을 의미한다.

구성요건은 객관적 구성요건과 주관적 구성요건으로 나뉘는데 객관적 구성요건의 중요내용으로서 행위와 결과 간에 인과관계가 인정되어야 한다. 그 밖에 행위주체(신분범의 경우), 행위방법(기망, 절취, 횡령, 불을 놓아), 행위객체(장물, 재물, 자기가 보관하는 타인의 물건) 등이 있다.

구성요건의 유형은 결과범·거동범, 침해범·위험범, 상태범·계속범, 일반범·신분범으로 나뉜다. 결과범이란 침해의 결과발생을 필요로 하는 범죄유형이다. 이에 반해 거동범이란 단순한 거동(행위)만으로도 구성요건이 실현되는 범죄이다(예 : 위증죄). 침해범이란 행위객체에 대한 침해가 곧 구성요건적 결과에 해당하는 범죄유형을 말한다. 위험범은 보호대상에 대한 위험발생을 전제로 하는 구성요건유형으로서 이는 다시 구체적 위험범과 추상적 위험범으로 나뉜다. 전자는 법익침해의 위험이 발생하여야 하는 구성요건이며, 후자는 위험의 구체적 발생이 없이도 특정행위를 하기만 하면-위험발생은 당연하다고 보아-구성요건이 실현되는 범죄유형을 말한다. 위험범의 예로는 방화죄가 있다. 상태범과 계속범은 범죄행위의 시간적 계속성 여부에 따른 구별이다. 상태범의 예로는 절도죄가 있으며, 계속범의 예로는 감금죄가 있다. 일반범에 대응하는 신분범이란 특정신분을 가진 자만이 구성요건을 실현시킬 수 있는 범죄유형을 의미한다. 신분범은 다시 진정신분범(예 : 횡령죄, 배임죄, 위증죄)과 부진정신분범(예 : 존속살해죄)으로 나뉜다. 인과관계에 관하여 형법 제17조는 "어떤 행위라도 죄의 요소되는 위험발생에 연결되지 아니한 때에는 그 결과로 벌하지 아니한다"고 규정하고 있다.

주관적 구성요건의 내용으로는 고의, 목적범(예 : 무고죄)에서의 목적 등이 있다. 고의는 형법 제13조에 '범의'라는 제목 하에 "죄의 성립요소인 사실을 인식하지 못한 행위는 벌하지 아니한다. 단 법률에 특별한 규정이 있는 경우에는 예외로 한다"고 규정되어 있다. 주관적 구성요건으로서의 고의에 관하여는 '구성요건실현의 인식과 의사'로 정의하는 것이 일반적이다.

(b) 위법성

위법성이란 구성요건에 해당하는 행위가 법의 견지에서 볼 때에 허용될 수 없는 것으로서 그것은 형식적인 법위반은 물론 실질적으로는 선량한 풍속 기타 사회질서에 위반할 때이다. 즉 위법성은 법규범(형법만이 아니라 전체 법규범을 말한다)과의 충돌을 의미하고 법규범이란 구체적으로는 금지 혹은 요구규범을 내용으로 하는 구성요건을 의미하므로 어느 행위가 구성요건에 해당하면 동시에 위법성도 추정된다는 것을 의미한다. 그러므로 범죄가 성립하지 않기 위해서는 구성요건이 규정하고 있는 금지(혹은 요구)규범을 정당화시켜주는 사유, 곧 위법성조각사유가 존재하여야 한다.

즉 정당행위(형법 제20조 : 공무집행행위, 징계행위, 현행범인 체포행위, 정신병자 감호행위, 근로자의 쟁의행위, 모자보건법상의 임신중절행위 등), 정당방위(형법 제21조 : 자기 또는 타인의 법익에 대한 현재의 부당한 침해를 방위하기 위한 행위－동물이나 법인에 의한 침해는 포함되지 않는다), 긴급피난(형법 제22조 : 자기 또는 타인의 법익에 대한 현재의 위난을 피하기 위한 행위－법익형량을 필요로 하지 않으며, 침해행위가 부당할 필요가 없다), 자구행위(형법 제23조 제1항 : 자구행위는 보전이 가능한 권리를 대상으로 하므로 원상회복이 불가능한 생명・신체・자유・정조・명예 등의 권리는 자구행위의 대상이 되지 않는다), 피해자의 승낙의 경우(형법 제24조 : 소유권이나 명예・신용・성적 자결권・신체의 완전성 등과 같은 개인적 법익처럼 처분할 수 있는 법익에 한한다. 의사의 치료행위가 대표적인 예이다)에는 위법성이 조각된다.

(c) 책임능력

책임이란 구성요건을 실현하는 위법한 행위가 사회적으로 비난을 받을 만한 심리상태 아래서 행하여진 경우에, 이러한 사회적 유책성이 있는 심리상태를 가리킨다. 따라서 책임능력이란 신체적으로나 정신적으로 건강하게 사회적 비난의 대상이 될 수 있는 능력을 말한다.

그러나 14세 미만자(형법 제9조)와 심신상실자(형법 제10조 제1항, 절대적 책임무능력자)의 행위는 처벌받지 아니하며, 심신미약자(형법 제10조 제2항)와 농아자(형법 제11조, 상대적 책임무능력자)의 행위는 그 형이 감경된다. 그밖에도 저항할 수 없는 폭력이나 자기 또는 친족의 생명・신체에 대한 위해를 방어할 방법이 없는 협박에 의하여 강요된 행위는 벌하지 아니한다(형법 제16조 참조). 또한 원인이 자유로운 행위를 한 자의 경우(형법 제10조 제3항)에는 견해가 일치하지 아니한다.

### 2) 징계벌

징계의 종류는 법률에 따라 다르나 국가공무원법과 지방공무원법은 일반직공무원에 대한 징계로 파면·해임·정직·감봉·견책의 다섯 가지 종류를 규정하고 있다(국가공무원법 제79조, 지방공무원법 제70조). 파면과 해임은 당해 공무원을 공무원관계에서 배제하는 배제징계인 반면, 정직·감봉·견책은 장래의 의무위반을 방지하기 위하여 신분적 이익의 일부를 일시적으로 박탈하는 교정징계이다.

파면이란 공무원의 신분을 박탈하여 공무원관계를 배제하는 징계처분이다. 파면처분을 받은 자는 5년을 경과하여야만 공무원에 다시 임용될 수 있다. 파면의 경우에는 퇴직급여와 퇴직수당의 감액이 뒤따른다.

해임이란 파면과 같이 공무원의 신분을 박탈하여 공무원관계를 배제하는 징계처분이다. 해임처분을 받은 자는 3년을 경과하여야만 공무원에 다시 임용될 수 있다. 해임이 파면과 다른 점은 해임에는 퇴직급여와 퇴직수당에 대하여 감액이 없다는 데 있다.

정직이란 공무원의 신분을 보유하되 일정기간 직무에 종사하지 못하게 하는 징계처분이다. 정직기간은 1월 이상 3월 이하이며, 이 기간 중에 보수의 3분의 2를 감한다. 그리고 정직기간 종료 후 18개월까지는 보수에 있어서 승급이 제한된다.

감봉이란 1월 이상 3월 이하의 기간 보수의 3분의 1을 감하는 징계처분이다. 감봉은 감봉기간 종료 후 12개월까지 보수에 있어서 승급이 제한된다.

마지막으로, 견책이란 전과에 대하여 훈계하고 회개하게 하는 징계처분이다. 견책의 집행종료 후 6개월까지 보수에 있어서 승급이 제한된다.

### 3) 행정벌

'행정벌'(Verwaltungsstrafe)이란 사인의 행정법상의 의무위반에 대하여 일반통치권에 의거하여 일반국민에게 과하는 제재를 말한다. 이러한 행정벌을 실제 과하는 경우는 행정행위의 내용 및 법령의 준수에 따른 의무위반이 있는 때이다. 행정벌은 행정형벌과 행정질서벌인 과태료로 나눌 수 있다.

우선, 행정형벌은 형법에 규정되어 있는 형벌이 과하여지는 행정벌이다. 원칙적으로 형법총칙이 적용되고 처벌절차는 형사소송법에 의하지만 특별한 규정에 의하여 그 적용이 배제되기도 한다.

다음으로, 행정질서벌은 행정상의 질서유지를 위하여 과태료가 과하여지는 행정벌이다. 이는 다시 국가의 법령에 근거한 것과 지방자치단체의 조례에 근거한 것으로 나눌 수 있다. 형법총칙의 적용이 없고 처벌절차도 형사소송법에 의하지 않는다.

## V. 법과 구별해야 할 개념들

법은 규범이고, 규범 아닌 법은 없다. 따라서 법이라는 용어와 법규범이라는 용어는 같은 것을 뜻한다. 일정한 시기·일정한 사회에서 행하여지는 법규범들은 고립되어 있지 않고 그가 가지는 의미·내용으로 서로 관련을 가지고 있으며, 어느 정도의 체계적 통일성을 갖춘 전체를 이루고 있다. 이것이 법체계 또는 단순히 법이라고 불리어지는 것이다. 또한 규범의 체계를 질서라고 말하는 까닭에 법체계를 법질서라고도 한다. 그러한 한에서 법과 법규범 그리고 법질서는 차이가 있기는 하지만 같다고 이해해도 무방하다.

그러나 법은 법률, 법규, 법령, 법전과는 구별하여야 한다. '법률'(Gesetz)은 국회의 의결을 거쳐 대통령이 서명·공포한 법규범만을 말한다.

'법규'(Rechtssatz)에는 최광의의 법규, 광의의 법규, 협의의 법규가 있다. 즉 법규는 최광의로는 법규범, 곧 법의 뜻으로 쓰이는 수가 있으며, 광의로는 그 가운데서 성문법만을 의미하나, 협의로는 성문법 가운데서 국가와 국민 사이에 효력을 가지는 일반적 · 추상적 규범(실질적 의미의 법률)을 말하며, 보통은 국민의 권리와 의무에 관한 사항을 입법사항(또는 법규사항)이라 한다. 근대 법치주의사상에 따르면 입법사항은 원칙적으로 국회에 의하여 법률로 제정된다(의회유보). 여기서는 법규를 협의의 의미, 곧 일반국민의 권리 · 의무에 관한 사항을 규정한 법규범이라는 의미로 사용하기로 한다.

법령은 법률과 명령을 말한다. 법령은 성문법의 대부분을 차지하기 때문에 경우에 따라서는 성문법 전체를 의미하는 것으로 사용되기도 한다.

'법전'(Gesetzbuch)은 헌법 · 법률 · 명령 · 규칙 등과 같은 실정법을 체계적으로 편별한 조직적 성문법규집을 말한다. 경우에 따라서는 법전을 육법전서(六法典書)로 부르기도 한다. 그것은 헌법 · 민법 · 형법 · 상법 · 민사소송법 · 형사소송법 등 여섯 가지가 법률 중에서 가장 중요한 기본법이고 이들이 법전에 수록되어 있기 때문이다. 그러나 오늘날 법전에는 이들 외에도 행정에 관한 법률, 사회보장에 관한 법률, 노동관계법률 등이 수록되어 있으며, 이들도 기본6법만큼이나 중요하다. 그러한 한에서 육법전서라는 말은 적당하지 않다 하겠다.

## Ⅵ. 법의 기원(생성)

법은 원시사회의 Totem(금제), Taboo(금지), 복수(혈수=혈족복수)

등에서 비롯되었다. 처음에는 이러한 것들을 위반한 경우 사적 형벌이 가해졌다. 그러나 이러한 것들은 공평하지도 않았을 뿐만 아니라 타당하지도 않은 것으로 나타났다. 따라서 그 후 무제한의 복수를 허용하던 단계에서 한 걸음 발전한 '눈에는 눈, 이(齒)에는 이'(an eye for an eye, a tooth for a tooth)라는 말로 표현되는 탈리오(동해보복)가 나타나며, '탈리오의 법칙'(Lex talionis)은 고대의 함무라비법전, 모세법전, 기원전 약 450년경에 편찬된 로마 최초의 법전인 12표법 등에서 찾아볼 수 있다.

이러한 타부·복수·탈리오 등의 여러 규범들은 사회의 지배권을 옹호하고 개인의 생명·신체·재산 등을 보호하면서 사회질서를 유지하였다. 그러나 사회의 발전과 더불어 복수에 대한 제한이 생겼다. 곧 복수의 인정여부, 그 범위에 관한 문제가 생겨나게 되었으며 구체적인 사항은 그 사회의 장로가 결정하게 되었다. 이것이 곧 재판의 시초가 되었고 이를 통하여 법규범이 점차로 명확한 형태를 갖추게 되었다. 복수의 제한에 대하여 특별한 것이 '유대'(Hebrai)법계에서 인정한 '도피처'(city of refuge)이다. 이것은 구약성서에서 발견할 수 있는 것인데 죄인이 이곳에 도망해 오면 제재를 면할 수 있었고, 이 피난처에서 보호를 할 것인가 아니할 것인가는 도피처의 장로가 결정하였다. 이곳에서는 주로 과실범을 비호하게 되었고 이 제도에서 재판이 시작되었다고 한다. 이 도피처제도와 완전히 동일한 것은 아니지만 이와 유사한 것이 우리 역사에서도 소도(蘇塗)의 형태로 발견된다.

그 후 사람의 인성이 발달하고, 인식능력이 개선되고, 또한 경제생활이 발달되어 국가제도가 발달되고 국가권력이 확장되어 반목과 내전을 종식시키게 되었다. 그 결과 복수를 제한하는 형법과 배상제도를 규정하는 민법이 등장하였으며, 모든 사적 구제가 공권력구제로 바뀌게 되었다. 이에 따라 재판도 신탁재판에서 결투재판(예컨대 헤겔은 결투에서 이기는 자는 정당한 것으로 간주된다고 이야기한 바 있다)으로, 결투재판이 법률재판으로 바뀌게 되었다. 그리고 법률재판에서 기준으로 삼기 위하여 성문법이 등장하였다. 이러한 성문법은 국민의 권리와 의무를 명확히 하며 법 집행자(재판관·행정관)의 주관적 자의(恣意)를 방지하기 위한 것이다.

제3장

# 법과 그 밖의 사회규범

제1절 법과 도덕
제2절 법과 관습
제3절 법과 종교

사회규범에는 종교규범 · 도덕규범 · 관습규범 · 법규범과 같은 여러 가지 규범이 있다. 이러한 규범들은 다양한 방식으로 인간의 행위를 규율한다. 사회규범은 '필연'(Müssen)의 법칙이자 '존재'(Sein)의 법칙인 자연법칙과는 구별된다. 왜냐하면 자연법칙은 인간의 의사와는 무관한 반면, 사회규범은 당위법칙으로서 인간의 자유의사를 전제로 하기 때문이다. 곧 사회규범은 일정한 가치를 목적으로 하는 체계로서, 이것을 실현시켜야 한다는 가치판단을 내포하는 명제이기 때문이다.

오늘날에는 사회규범 중에서 법규범이 가장 중요한 기능을 하고 있다. 그러나 발생사적으로 볼 때 법규범은 종교규범 · 도덕규범 · 관습규범과 같은 사회규범에서부터 분리 · 진화 · 발전되어 왔다고 볼 수 있다. 따라서 법과 그 밖의 사회규범들과의 관계를 분명히 할 필요가 있다.

# 제1절 법과 도덕

## Ⅰ. 법과 도덕의 기본적 관계

도덕은 개인의 양심이나 내심의 의무의식으로서 자신을 규율하며(좁은 의미의 도덕), 인간공동체로서의 자각을 통해 사회생활의 질서와 안전을 기하려는(윤리) 사회규범이다.[1)2)] 본래 법은 도덕으로부터

1) 이 책에서 사용되는 도덕개념은 윤리개념에 가깝다. 그리고 이러한 도덕개념과 윤리개념은 Hegel의 구분을 따른다. 즉 헤겔은 '윤리'(Sittlichkeit)와 '도덕'(Moral)을 윤리는 선과 악, 정당한 것과 부당한 것, 예절바른 것과 예절바르지 못한 것, 인간적인 것과 비인간적인 것 등에 관하여 국민들 사이에서 효력을 가진 생동하는 척도이며, 도덕은 단지 주관적인 원칙들(즉, 공적인 윤리적 효력을 갖지 않는 원칙들)에서 파생된 추상적 요청으로 구분한다(M. Kriele, *Recht und praktische Vernunft*, 1979, S. 10 : 홍성방 역, 법과 실천이성, 한림대학교 출판부, 1994(제2

유래하였다. 따라서 법과 도덕은 일치하는 경우가 많다. 예컨대 "사람을 살해해서는 안 된다"라든가, "부부는 서로 협력하여야 한다"와 같이 도덕이 선이라고 하여 명하는 것은 법도 역시 이를 강제하여 행하도록 하는 경우가 많고, 도덕이 악이라고 하여 금하는 것은 법도 역시 이를 금하여 강제로 행하지 못하도록 하는 경우가 많다.

그리고 법이 도덕을 바탕으로 하고 도덕에 의하여 지지될 때 법은 실제로 잘 행해지기도 한다. 그러나 예를 들어 "부부는 서로 사랑하여야 한다"는 도덕에서 보듯이 모든 도덕이 법으로 될 수는 없고, 또 법으로써 국가권력에 의하여 강행되는 것도 적당치 못한 경우가 있다. 그런가 하면 기술적 법규범에서 보듯이 법규범 가운데는 도덕적 색채가 희박한 경우도 있다.

## Ⅱ. 법과 도덕의 관계의 복잡성

그러한 한에서 법과 도덕의 관계를 정확하게 설명하기는 대단히 어렵다. 예컨대 칸트는 도덕을 "너는 하여야 하므로, 너는 할 수가 있다"(Du kannst, denn du sollst)로, 법을 "너는 할 수가 있으므로, 너

판), 19쪽). 그러나 윤리와 도덕에 대한 정반대되는 이해도 있다. 예컨대 이상돈, 법학입문, 박영사, 2001은 '윤리'(Ethik)를 각 개인이 양심을 기초로 하여 선한 것(또는 올바른 것)으로 생각하는 규범(176쪽)으로, '도덕'(Moral)을 윤리적으로 올바른 것에 대한 한 사회를 지배하고 있는 공적인 견해(177쪽)로 이해한다.

2) R. Wiethölter, *Rechtswissenschaft*, 1968, S. 63f.에 따르면 본래 '윤리'(Ethik)와 '도덕'(Moral)과 '윤리학'(Sittenlehre, 도덕철학)은 처음부터 동의어이다. 왜냐하면 ethos(griechisch)=Sitte(독일어), Sitte, mos(lateinisch)=Sitte(독일어)이기 때문이다. 아리스토텔레스에게 Ethik은 '올바른 행위의 학'(die Lehre der richtigen Handeln)이었다(S. 64). 그 후 Ethik은 19세기까지 '개인의 올바른 행위에 관한 학'(die Lehre vom richtigen Handel des Einzelmenschen)으로 통했다. 그것이 칸트 이전에 '사회윤리'(Sozialethik)와 '개인윤리'(Individualethik)로 분리된다.

는 하여야 한다"(Du sollst, denn du kannst)로 구별하고 있다. 그런가 하면 옐리네크(Georg Jellinek 1851~1911)는 법과 도덕이 서로 중복된 규범인 것을 중시하여 법은 도덕 가운데서 그 실현을 강제할 필요가 있는 경우에 성립한다고 하여 법은 '도덕의 최소한'(das ethische Minimum)이라고 표현하고 있고, 경제학자인 슈몰러(Gustav von Schmoller 1838~1917)는 법에는 강제력이 있어 도덕보다도 그 실효성이 확고하여 도덕적 실현이 가능하다는 의미에서 '법은 최대한의 도덕'이라고 그와는 정반대되는 생각을 털어놓고 있다. 그러나 도덕은 법을 통하여 실현할 수 있는 가능성이 있으나 반드시 도덕성이 실현되는 것도 아니고 오히려 법 그 자체가 도덕을 해칠 경우도 있다. 따라서 라드브루흐는 "법은 도덕을 실현할 가능성과 동시에 부도덕을 실현할 가능성을 지닌다"고 지적하였다. 이렇게 학자에 따라 법과 도덕의 관계에 대하여 서로 생각이 다른 이유는 양자가 매우 복잡한 관계에 있기 때문이다. 이렇듯 법과 도덕 사이의 관계를 규정하는 것의 어려움을 예링은 법과 도덕의 관계는 '법철학의 케이프 혼'(Cape Horn der Rechtsphilosophie)[3]이라고 표현하고 있다.

## Ⅲ. 법과 도덕의 구별

### 1. 법과 도덕의 관계에 대한 대립되는 두 가지 입장

법과 도덕의 관계에 대하여는 대립되는 두 가지 입장이 있다. 자연

3) 케이프 혼은 남아메리카 대륙의 남단에 위치하고 있는 섬인 Tierra del Fuego에 있는 갑(岬)으로서, 이곳을 항해하는 배는 거의 난파당할 위험을 안고 있는 곳이다. 따라서 법철학자들이 다른 문제는 잘 해결해 나가다가도 법과 도덕의 관계를 논하는 문제에 이르러서는 제대로 설명하지 못하고 많은 곤란을 겪는 것을 예링은 케이프 혼에서의 선박의 항해에 비유하고 있다.

법론자들은 법과 도덕을 구별하기는 하나 분리하지는 않는다. 그에 반하여 법실증주의자들은 법과 도덕을 구별할 뿐만 아니라 분리한다.

법과 도덕의 관계를 법일원론적인 입장에서 보는 견해는 멀리 헤브라이에서 찾아볼 수 있다. 그 당시 법, 도덕 및 종교는 미분화상태에서 일종의 규범이었으며 그것은 신의 입법에 의한 것이며, 그의 의사에 의한 것으로 믿었다. 따라서 법과 도덕과 종교를 모두 법의 형태로 보았다. 모세의 법률은 신을 통하여 유태인에게 주어진 법인 동시에 도덕이자 종교규범으로 생각되었다.

로마시대에는 법과 도덕이 분리되었으나 울피아누스(Ulpianus)는 '법은 정의에서 나온 정과 선의 기술'이라 하였다. 그 후 또한 자연법론자들은 '자연법은 실정법을 초월한 영원불변의 인륜의 대도'라고 봄으로써 법과 도덕은 일치된다고 보았다. 현실계의 실정법은 이상계의 자연법이 반영된 것으로 보는 자연법론자의 입장에서 법은 자연법을 의미하고, 자연법은 도덕과 일치하는 것으로 본다. 자연법론자인 베끼오(Del Vecchio)는 법과 도덕의 동일성을 강하게 주장하였다. 이 이외에도 법과 도덕을 동일물의 양면으로 보는 견해가 있는데, 이것은 헤겔의 '윤리'(Sittlichkeit)설이다. 헤겔은 도덕의 종합으로서 객관적 규범이 법이고, 주관적 심정이 도덕이라고 한다.

그에 반하여 자연법론자인 칸트는 법과 도덕은 완전히 별개의 것이지만 내면적으로는 밀접한 관계가 있다고 한다. 즉 법과 도덕은 독립 대등한 것이 아니라 오히려 법이 도덕에 의존한다는 것이다.

이에 반해 법과 도덕은 완전히 별개의 것이라고 주장하는 것은 신칸트학파이다. 특히 이 학파의 한 사람인 라드브루흐는 법을 사회적 가치, 도덕을 인격적 가치로서 서로 대등한 것으로 보고 있다. 또한 영국의 분석법학자 오스틴, 메르켈, 순수법학자 켈젠 등으로 대표되는 법실증주의자들은 법을 실정법에 국한하여 자연법의 존재를 부정하고 법과 도덕을 분명히 구별하고 있다.

## 2. 법과 도덕의 구별기준

그러나 법과 도덕은 관심방향, 대상, 요청, 형식, 실천과 이상, 문자화 여부, 양면성과 일면성 등을 기준으로 구별할 수 있다.

### (1) 관심방향

법은 사회생활의 질서유지에 관심이 있으나, 도덕은 개인생활에서 개인인격의 완성에 주된 관심이 있다.

### (2) 대상

법은 외부적 행위를 대상으로 함에 반하여, 도덕은 내심의 작용을 대상으로 한다(S. Pufendorf, C. Thomasius, Stammler, Radbruch). 법은 외면에 나타나는 사람의 행동을 규율하는 규범이며, 원칙적으로 내면적인 생활에는 관여하지 않는다. 예컨대 사람을 살해하는 공상을 하였다 하여 그것이 살인죄가 되는 것은 아니며, 마음 속에서 타인의 재물을 절취하였다 하여 절도죄가 되는 것은 아니다. 물론 법의 분야에서도 고의 또는 과실이라든가 악의나 선의와 같은 내부적·정신적인 것이 문제되는 경우가 있다. 그러나 이러한 심리적인 현상은 그것에 그친 경우에는 법적 문제가 되지 않으며, 그것이 외부적인 행위로서 나타났을 때 비로소 법률상의 문제가 된다. 따라서 법은 외면적인 규범이라 할 수 있으며, 이러한 점에서 도덕규범과는 다르다.

그러나 외적 행위를 법적으로 평가하는 경우에도 내적 도덕성이 고려되는가 하면, 다른 한편으로는 도덕에 있어서도 내적 도덕성보다는 오히려 외적으로 나타난 행위의 의지가 더욱 중시된다. 따라서 외적 행위도 도덕적 평가의 대상이 되며, 인간의 내적 심리상태도 법적 평가의 대상이 된다고 할 수 있다. 라드브루흐는 이러한 구별의 모호성을 회피하기 위해서, 도덕은 외적 행위에 관심을 두지만 그것이 내적 도덕성과 일치할 것을 요구하며, 또한 법의 영역에서도 내적 심리상태를 고려하지만 그것은 외적 행위와 관련되는 한에서만 문제된다고 하면서 법의 외면성과 도덕의 내면성의 구별을 유지하고자 하였다.

### (3) 요청

법은 행위의 합법성을 요구함에 반하여 도덕은 행위의 도덕성을 요구한다(Kant). 칸트는 모든 당위규범은 동기와 관련해서 구별될 수 있다고 하였다. 어떤 행위규범을 의무로 삼고 또 이 의무를 동기로 삼는 규범은 윤리적이다. 그러나 이 의무를 행위의 규범 속에 포함시키지 않고, 다른 동기들도 허용하는 규범은 법적인 것이다. 행위의 동기에 관계없이 행위와 규범간의 단순한 일치 또는 불일치를 합법성이라고 한다. 그리고 규범으로부터 나온 의무의 이념이 동시에 행위의 동기가 된 그러한 행위와 규범의 일치 또는 불일치를 도덕성이라고 한다. 다시 말해서 법은 합법적으로 행위하는 이상 어떤 동기도 허용하지만, 도덕은 의무와 동기가 일치할 것을 요구한다. 따라서 법은 인간의 행위가 어떠한 동기에서든, 즉 양심의 결정이나 목적적 고려 혹은 제재나 기타의 손실에 대한 두려움에 의해서든 관계없이 법적 요구에 합치하는 것으로써 만족한다. 예컨대 법은 채무자가 채무를 의무감에서 갚든, 강제집행이 두려워서 갚든 상관하지 않는다.

### (4) 형식

법은 외부적인 힘을 요인으로 하는 타율성을 그 본질로 하지만, 도덕은 양심에 기초를 둔 자율성을 그 본질로 한다(Rudolf v. Ihering,

H. Kelsen, H. Nawiasky). 즉 법은 국가권력에 의하여 강행되고 이에 위반하는 경우에는 권력적인 제재가 예정되어 있음에 반하여, 도덕은 막연하게 사회적으로 강제되는 것뿐이고 그 위반에 대하여 사회 일반적인 비난이 가해지는데 지나지 않으며, 조직화된 권력에 의하여 제재가 가해지는 일이 없다. 예컨대 연로자를 공경하라는 것을 요구하는 경우에 누군가가 연로자에게 불친절하다면 세상사람들은 그 사람을 비난하고 경멸할 것이므로 거기에는 어느 정도 사회적 비난에 의한 강제가 있다고는 할 수 있으나 아무리 비난을 받더라도 상관없다는 염치없고 비양심적인 사람에게는 이러한 강제는 아무런 구실도 하지 못한다. 그러나 법에서 "남에게서 빌린 돈은 갚아야 한다"고 규정하는 경우에 이에 따르지 않는 자는 국가권력에 의한 제재가 가해진다. 달리 표현하자면 법에 의한 강제는 도덕에 의한 강제보다도 훨씬 현실적인 힘에 의하여 가해지는 것이고, 그 강제력은 최후에는 인신이라든가 물건을 직접 지배하는 외부적 내지 물리적인 힘으로 되어 나타나게 된다.

예링은 법을 한 국가 내에서 효력을 갖고 있는 강제규범의 총체로 정의하고, 사회가 설정한 규범들이 법이라는 이름을 가지려면, 그것은 국가의 강제를 그 배후에 갖고 있어야 한다고 하였다. 즉 국가에 의해 집행되는 강제는 법의 절대적인 기준을 이루며, 강제 없는 법규란 그 자체 모순이라고 하였다.

### (5) 경험성 여부

법은 특정한 입법자의 제정이나 사회적 관습 등의 경험적 사실을 토대로 하는 실정적 규범인데 대하여(법의 경험성, a posteriori, 상대성), 도덕은 초경험적·초사회적으로 존재하는 것으로 실정적 성격을 가지지 아니한다(도덕의 선험성, a priori, 절대성).

### (6) 실천과 이상

법은 보통의 판단력을 가지고 있는 보통사람, 곧 평균인이면 누구나 할 수 있는 현실적 실천을 목적으로 하는 규범인데 대하여, 도덕은 보통사람으로서는 할 수 없는 높은 이상을 대상으로 하는 규범이라는 면이 강하다. 가령 "계약은 지켜져야 한다"는 법규범은 보통사람이면 누구나 지킬 수 있는 것이나, "원수를 사랑하라"는 도덕규범은 보통사람으로서는 도저히 실천할 수 없는 성질의 것이다.

### (7) 문자화 여부

법은 원칙적으로 문자화되어 법전에 수록되어 있다. 그에 반하여 도덕은 구전으로 전해오는 경우가 많다.

### (8) 양면성과 일면성

델 베끼오에 의하면 윤리적 규범은 개개의 주체에 대한 규정일 뿐이다. 다시 말해서 도덕적 규범은 행해야 하는 자에 대한 지시를 포함하고 있을 뿐인데 반하여, 법규범의 지시는 언제나 양면적이다. 즉 법은 사람들 상호간의 관계에 대하여 한편에는 권한을 주고, 다른편에는 그에 상응하는 의무를 부담시킨다는 것이다.

# 제2절
# 법과 관습

## Ⅰ. 관습의 의의

'관습'(custom, Gewohnheit)이란 한 사회 내에서 역사적으로 발생하여 장기간 계속하여 반복됨으로써 생성되는 일종의 사회규범으로서 어느 집단이나 계층 또는 지역의 사람들이 준수하는 행위습관이나 행위양식을 말한다. 관습은 역사와 전통을 근간으로 하고 항상 사실이 토대가 되어 만들어지기 때문에 그 핵심은 이상에 있지 않고 현실에 있다. 또한 관습은 국가의 공식적인 규범으로서 인정된 것은 아니지만, 사회구성원들의 일상생활 속에서 이들의 행위를 규율한다.

## Ⅱ. 법과 관습의 구별

역사적으로는 법보다 관습이 먼저 발생하였다. 그런 점에서 관습은 법의 전단계이고 '실정화되지 않은 법'(lex non scripta)으로서 부지불식간에 법에 받아들여진다고 할 수 있다.[4] 그러나 다음과 같은 점에서는 법과 관습은 구별된다.

첫째, 법은 (국가에 의하여) 인위적으로 제정된다. 그에 반하여 관습은 사회에서 자연적으로 형성된다. 예컨대 역사법학파(사비니 Fr. v. Savigny와 그의 제자인 푸흐타 Georg Friedrich Puchta 1798~1846)는 관습(법)을 민족정신의 발로라 하여 제1의 법원성(法源性)을 인정

4) J. Esser, *Einführung in die Grundbegriffe des Rechtes und Staates*, 1949, S. 28.

하고 있다.

둘째, 자주성을 기준으로 하여 법과 관습은 구별될 수 있다. 예컨대 슈타믈러(Stammler)는 자주성을 구별의 표준으로 하여 법은 복종자의 동의의 유무를 묻지 않으나, 관습은 임의의 자발적 복종을 근거로 효력을 갖는다고 하였다.

셋째, 장소적 측면이나 효력범위를 기준으로 하여 법과 관습은 구별될 수 있다. 법은 지방자치법규를 제외하고는 전국적으로 효력을 가지나, 관습은 상관습과 같이 일정한 사람들과 일정지역에서만 효력을 가진다.

## Ⅲ. 관습과 관습법의 차이

이곳에서 말하는 관습은 법학용어로는 사실인 관습이라 한다. 사실인 관습은 아직 법적 확신을 구비하지 못한 관행을 말하며, 이는 하나의 사실에 불과할 뿐 법이 아니다. 민법 제106조는 "법령 중의 선량한 풍속 기타 사회질서와 관계없는 규정과 다른 관습이 있는 경우에 당사자의 의사가 명확하지 아니한 때에는 그 관습에 의한다"라고 규정하여 사실인 관습은 법률행위를 해석하는 기준으로 작용한다.

그러나 관습 중에는 사람들에게 구체적인 의무를 부과하는 관습들이 존재한다. 그리고 그러한 관습들은 법체제로 흡수되거나 통합되기도 한다. 이를 관습법이라 한다. 관습법은 비록 입법부나 사법부에 의하여 권위적으로 공포되지는 않았지만, 법적 성격이 부여된다. 민법 제1조는 "민사에 관하여 법률에 규정이 없으면 관습법에 의하고 관습법이 없으면 조리에 의한다"라고 규정하여 관습법의 법원성을 인정하고 있다.

이렇게 관습과 관습법은 구별되기 때문에 양자는 다음과 같은 점에서 차이가 있다. 첫째, 사실인 관습은 당사자의 의사를 해석하는 기준이 됨으로써 의사표시의 내용이 되고 이때에 비로소 효력을 가지게 되나, 관습법은 당사자의 의사와는 관계없이 당연히 법규로서의 효력을 가지게 된다. 둘째, 관습법은 보충적 효력을 가질 뿐이므로 법률에 규정이 있는 사항에 관하여는 존재할 수 없으나, 사실인 관습은 법률행위의 해석을 통하여 임의법규를 개폐하는 효력을 가진다.[5] 셋째, 법원의 판결이 관습법에 위반한 때에는 법의 위반이 있는 것이 되어 상고이유가 된다(민사소송법 제393조). 그러나 사실인 관습은 법원이 이를 인정하지 않아도 사실인정의 문제가 되는 데 그친다. 상사에 관한 관습법을 상관습법이라 한다. 이 상관습법은 민법에 대한 특별법의 지위를 가지므로 민법의 강행규정에 저촉되는 경우에도 성립된다. 그러나 사실인 상관습은 그렇지 않다.

5) 곽윤직, 민법총칙, 박영사, 1998, 391쪽.

## 제3절
# 법과 종교

프랑스의 어떤 실존철학자는 여행 중 어떤 마을에서 순진무구한 어린애가 죽어가는 것을 보고 하느님은 없다는 결론을 내렸다고 한다. 그러면서도 그는 하느님이 존재하지 않는다면 모든 것이 허용된다고 말하기도 하였다. 이처럼 종교는 신과 피안의 세계와 관계가 있다. 결국 종교란 신과 피안의 세계에 대한 우주관적(형이상학적) 확신을 의미한다. 이렇게 본다면 종교는 인간의 현실생활을 규율하는 법과는 무관한 것처럼 보이기도 한다.

그러나 법 이전에 종교규범이 존재하였고, 예컨대 '죽이지 말라', '훔치지 말라'와 같은 종교규범 중의 일부는 법규범으로 되었다는 점에서 양자는 관계가 있다. 특히 국교(國敎)를 가지고 있는 나라에서는 종교규범은 바로 법규범이다. 예컨대 지금도 코란은 모든 마호메트교 신자에게는 기본적인 법서이다. 그러나 대부분의 나라들은 오늘날 국교를 가지고 있지 않다. 우리나라도 예외는 아니다. 그래서 우리 헌법은 제20조 제2항에서 "국교는 인정되지 아니하며, 종교와 정치는 분리된다"고 규정하고 있다.

어쨌든 법과 종교는 다음과 같은 점에서 구별된다. 첫째, 규율대상의 측면에서 법과 종교는 구별된다. 법은 현실의 세계를 규율하며, 종교는 사후의 세계를 규율한다. 둘째, 가치와의 관계에서 법과 종교는 구별된다. 법은 가치 관련적이고 합리적임에 반해서, 종교는 가치 초극적이고 논리 초월적이다. 또한 종교는 초과학적임에 반해서, 미신은 비과학적이다. 셋째, 법과 종교는 대상에서도 구별된다. 법은 외면적 행위를 대상으로 함에 반하여, 종교는 원칙적으로 내면적인 신심을 대상으로 한다. 넷째, 국가를 중심으로 해서 보면 법규범은 모든 국민에게 적용되지만, 종교규범은 한편으로는 국민 중의 해당 종교인에게만 해당되지만 국가를 넘어 전 세계의 해당 종교인에게 적용되는 측면도 있다. 다섯째, 법규범은 강제성을 띠는 반면, 종교규범은 비강제성을 띤다.

# 제4장

# 법규범의 구조

제1절 법규범의 구성과 종류
제2절 법규범 상호간의 관계
제3절 법전의 형식적 구성

법규범의 구조에서 우리는 다음과 같은 세 가지 문제를 다룬다.
첫째, 하나의 법규범 자체가 어떠한 것으로 이루어졌는가 하는 문제,
둘째, 하나의 법규범과 다른 법규범은 어떠한 관계가 있는가, 곧 서로 동위(同位)에 있는가 아니면 서로 상하 관계에 있는가 하는 문제,
셋째, 법전(法典)은 어떻게 구성되어 있는가 하는 문제

# 제1절 법규범의 구성과 종류

## Ⅰ. 법규범의 구성

일반적으로 법규범은 법규로 구성되어 있다고 한다. 그러나 앞에서도 보았듯이 법규는 여러 가지 의미로 사용된다. 그리고 이곳에서는 법규를 협의의 개념, 즉 직접 일반국민의 권리·의무에 관한 사항을 규정한 법규범으로 이해하기로 하였다. 그런데 법규범 중에는 예컨대 조직규범과 같이 일반국민의 권리·의무와는 무관한 법규범도 있다. 그러한 한에서 법규범이 법규로 구성되어 있다고 하는 것은 문제가 있다고 할 수 있다. 그러면 법규범은 무엇으로 구성되어 있는가. 우리나라 교과서에서 법규라고 해석되어 사용되는 독일어는 Rechtssatz이다. 그리고 이 단어는 Recht(법)과 Satz(문장 또는 명제)가 결합된 말이다. 따라서 Rechtssatz는 법문(장) 또는 법명제라고 해석되어야 한다. 그러나 국내에서는 법명제라는 용어보다는 법문이란 용어가 일반화되어 있다. 그러한 한에서 일반화된 용례를 따를 경우 법규범은 법문

으로 구성되어 있다고 할 수 있다.

그러면 법문은 무엇인가. 일반적으로 켈젠(Hans Kelsen 1881~1973)의 개념정의를 따라 법문은 법률요건에 법률효과가 '귀속'(Zurechnug)되는 '가언적 판단'(hypothetisches Urteil)이라고 정의된다. 따라서 법문은 논리적으로는 가언판단(仮言判斷)의 형식을 취하는 당위명제(當爲命題)라는 점에서 적극적인 요청(…한다 또는 …하여야 한다)을 표현하고 있는 '정언명령'(定言命令, Kategorischer Imperative)[1] 과는 구별된다.

따라서 법문은 원인과 결과를 결합시키며, 보통 다음과 같은 형태를 취한다.

" …이라면(A), …이다(한다)(B)" 또는 " …한 자는(A), …한다(B)"

전자의 예로는 "채무자가 계약을 이행하지 아니한 때에는(A) 손해를 배상하여야 한다(B)"라고 규정하고 있는 민법 제390조를 들 수 있다. 그리고 후자의 예로는 "사람을 살해한 자는(A) 사형, 무기 또는 5년 이상의 징역에 처한다(B)"라고 규정하고 있는 형법 제250조 제1항을 들 수 있다. 논리학에서는 사실상의 상황을 나타내는 A를 조건명

---

1) 칸트는 가언명령과 정언명령을 다음과 같이 구별한다. 만일 명령(Imperativ)을 통해서 명령되거나(befehlen) 규정된 행위가 오직 다른 어떤 것을 획득하기 위한 수단으로서만 유용하고 필연적인 것이라면 그 명령은 가언적이다. 반면에 명령되고 규정된 행위가 그 자체로 선하거나 절대적으로 필연적인 것이라면 그 명법은 정언적이다. 그렇다면 정언명령이란 행위의 목적이나 결과와 관계없이 그 자체로서 가치가 있는 것이라 하여 절대적·무조건적으로 명령되는 것으로 이해될 수 있다. 그리고 칸트는 다음과 같이 이야기한다. "그러므로 (의무!)의 정언명령은 다음과 같은 단 하나뿐이다. 즉 네가 그 격률에 따라 동시에 의욕할 수 있는 격률이 일반적 법률이 되도록 행동하라."(Der kategorischer Imperativ(der Pflicht!) ist also nur einziger, und zwar dieser : Handle nur nach derjenigen Maxime, durch die Du zugleich wollen kannst, dass sie ein allgemeines Gesetz werde).

제, 그에 대한 법적 해결 또는 효과를 선언하는 B를 결론명제라고 부른다. 그러나 법학용어로는 조건명제에 해당되는 부분, 즉 어떤 경우에 법문이 적용되는가를 규정하고 있는 부분을 법률요건(法律要件) 또는 구성요건(構成要件)이라고 부르며, 결론명제에 해당되는 부분, 즉 법문이 이러한 상황을 어떻게 규율하고 있는가 하는 부분을 법률효과(法律效果)라 부른다. 그러니까 법문은 논리학적으로는 조건명제와 결론명제로, 법학적으로는 법률요건(구성요건)과 법률효과로 구성되어 있다.

민법을 예로 들면 법률요건에는 의사표시의 내용대로 법률효과를 발생시키는 법률행위(法律行爲)와 의사표시의 내용대로는 아니나 법에서 정해놓은 일정한 법률효과를 발생시키는 준법률행위(準法律行爲)가 있다. 준법률행위의 예는 다음과 같은 경우에서 볼 수 있다. 예컨대 甲이 乙에게 3개월 간 돈을 빌려주었으나 乙은 기간이 도래하였음에도 돈을 갚지 않았다. 이때 돈을 빌려준 甲의 의사는 실현되지 않으나 청구, 압류, 승인은 소멸시효의 중단사유가 되므로 소멸시효는 중단된다.

시효란 시간의 경과로 인하여 권리를 취득하거나(취득시효) 권리가 소멸하게 되는(소멸시효) 제도를 말한다. 어떠한 사실상태가 오랫동안 계속되다 보면 사람들은 이것을 정상적인 것으로 믿고 새로운 법률관계를 형성하게 된다. 그런데 뒤에 가서 사실상태가 진실과 다르다는 것이 드러나는 경우 진실한 권리자를 보호하기 위하여 그때까지의 법률관계를 모두 번복하게 된다면 거래의 안전은 유지될 수 없다. 여기서 권리 위에 잠자는 자를 이렇게까지 보호할 필요가 없다는 점과 나아가 오랜 시간의 경과와 더불어 진실한 권리자가 누구인지를 확정하는 것이 매우 어렵게 된다는 점을 함께 고려하여 인정된 것이 시효제도이다. 민법은 취득시효에 관하여는 소유권의 변동과 관련하여 물권법에서 규율하고 총칙에는 소멸시효에 관한 규정만을 두고 있다.

소멸시효와 유사한 제도로 제척(除斥)기간이라는 것이 있다. 제척기간은 형성권이나 기타 권리관계를 조속히 확정시킬 필요가 있을 때 적용되는 제도로 법에 의해 예정된 권리의 존속기간이다. 따라서 그 기간이 지나면 권리는 소멸하는데 소멸시효와는 다음과 같은 차이가 있다. 소멸시효에는 중단이 있는데(민법 제168조) 제척기간에는 그런 것이 없다. 소멸시효가 완성되면 그 기산일에 소급하여 효력이 생기는데(민법 제167조) 제척기간에는 소급효가 없다. 그리고 소멸시효에는 시효이익의 포기가 인정되는데(민법 제184조 제1항) 제척기간에는 그러하지 아니하다.

## Ⅱ. 법규범의 종류

법규범에는 '행위규범'(Handlungsnorm, Verhaltensnorm, 명령규범)과 강제규범(재판규범, 제재규범) 및 '조직규범'(Organisationsnorm)이 있다.[2)]

### 1. 행위규범과 재판규범

행위규범이란 권리를 부여하거나 의무를 부과하고, 허용하거나 금지하는 규범을 말한다. 따라서 행위규범은 대부분 「…하여야 한다」(예컨대 민법 제826조 제1항 제1문 : "부부는 동거하며 서로 부양하고

---

2) 물론 이와는 달리 구분하는 견해도 있다. 예컨대 H. Nawiasky, *Allgemeine Rechtslehre*, 2. Aufl.(1948), S. 14는 1차규범(행위를 규율하는 실질규범)과 2차규범(법규범 위반자에게 강제나 제재를 하는 제재규범)으로 2분하는가 하면, J. Esser, *Einführung in die Grundbegriffe des Rechtes und des Staates*, 1949, S. 138f.는 행위규범, (물건, 가치, 손해, 위험 등을 분배하는)분배규범, 조직규범으로 3분한다.

협조하여야 한다") 또는 「…하여서는 안 된다」(예컨대 민법 제2조 제2항 : "권리는 남용하지 못한다")는 것과 같이 일정한 작위 또는 부작위를 명령하고 금지하는 규범으로 행위의 기준을 정하는 당위의 법칙이며 사회규범의 전형적 형태이다. 물론 모든 법규범이 작위·부작위의 형태로 이루어진 것은 아니고, "소유자는 법률의 범위 내에서 그 소유물을 사용, 수익, 처분할 권리가 있다"(민법 제211조)고 규정하는 경우와 같이 허용규범으로 이루어진 경우도 있다. 이와 같은 경우에는 소유자는 법문에 정해진 행위를 할 수도 있고 하지 않을 수도 있다.

그에 반하여 '강제규범'(Zwangsnorm)은 일정한 행위규범을 전제로 하고 그 행위규범을 위반하는 행위에 대하여 일정한 제재를 가함으로써 강제력으로 사회질서를 유지하려는 규범을 말한다. 예컨대 "사람을 살해한 자는 사형·무기 또는 5년 이상의 징역에 처한다"(형법 제250조 제1항)는 것은 "사람을 죽이지 말라"는 행위규범을 전제로 하여 이에 대한 위반행위가 있는 경우에 형벌을 가한다는 재판규범이다. 그리고 앞에서 본 민법 제390조의 규정은 "계약은 이행되어야 한다"는 행위규범을 전제로 하여 그에 대한 위반이 있는 경우에는 손해를 배상하도록 하는 재판규범이 있게 되는 것이다.

법규범은 처음부터 강제력을 발휘하는 것은 아니다. 먼저 명령하거나 금지하였다가 그 명령에 불복하거나 그 금지에 위반하는 때에 비로소 강제력을 발휘하는 것이다. 즉, 경우에 따라서 채무불이행자가 있으면 강제집행을 하며, 살인자에 대해서는 형벌을 가하게 된다. 이렇게 법의 실현을 위한 법규범의 구조는 행위규범이 먼저이고, 만약 이에 위반할 때 강제규범(법규범에 의한 강제는 재판에 의하여 집행되므로 강제규범을 재판규범이라고도 한다)이 발동하게 되는 것이 순서이므로 학자들은 행위규범을 제1차 규범, 강제규범을 제2차 규범이라고 한다. 그러나 켈젠은 실정법만을 법학의 대상으로 하고, 실정법은 곧 강제규범이라고 생각하므로, 강제성을 강조하는 의미에서 강제규범을 제1차 규범이라고 하고, 행위규범을 제2차 규범이라고 한다.[3)]

앞의 예에서 A에 해당되는 것이 행위규범, B에 해당되는 것이 재판규범이다. 행위규범은 일반국민을 수범자(受範者 Adressat) 또는 수규자(受規者)로 하고, 재판규범은 법관을 대상으로 한다. 행위에는 적극적으로 외부에 어떤 변동을 가져오게 하는 작위(作爲)와 소극적으로 어떤 것을 하지 않는 부작위(不作爲)가 있다.

## 2. 조직규범

법규범은 원칙적으로는 행위규범과 재판규범으로 구성되어 있다고 볼 수 있다. 그러나 법의 전 규범체제가 이 두 가지의 규범만으로 구성되어 있는 것은 아니고 또 하나의 중요한 형태의 규범, 즉 조직규범이 있다. 조직규범이란 법제도의 구성, 관리, 권한 등을 규정하는 모든 규범을 총칭한다. 이러한 조직규범은 예컨대 민법의 법인의 기관에 대한 규정들이나 회사법의 주식회사의 조직에 관한 규정에서도 볼 수 있다.

그러나 대표적인 조직규범은 공법에서 볼 수 있으며, 그러한 공법상의 조직규범은 행위규범이나 강제규범을 제정하고 적용하며 집행하기 위한 것이 대부분이다. 이와 같은 통일적인 조직에는 국회·법원·정부 등이 있는 바, 국회·법원·정부라고 하는 조직의 구성이나 권한을 정하는 규범을 조직규범이라고 한다. 조직규범은 일반인의 생

3) 그러나 1차 규범과 2차 규범을 다르게 구별하는 견해도 있다. 예컨대 하트(H. L. A. Hart)는 법체계를 1차 규범과 2차 규범으로 구성되는 것으로 보고, 1차규범은 직접적으로 행위에 관련된 규범으로서 금지나 명령을 규정하는 규범들로 이루어져 있고, 2차규범은 국가의 공무원들에게 일정한 권한을 부여하는 규범들로 이루어져 있는 것으로 본다.

활준칙인 행위규범이 아니고, 또 우리들의 생활관계를 질서있게 규율하는 재판규범도 아니며, 국가의 기구나 법률상의 제도를 존중함으로써 사회생활을 가능하게 하는 규범이다. 조직규범은 이러한 조직 또는 제도에 대하여 규율하는 규범이다. 요컨대 법의 제정·적용·집행 등의 사항만을 규정하는 것이 조직규범이고, 어떠한 범죄에 대하여는 어떠한 형벌을 부과하고, 어떠한 쟁송은 어떠한 판결을 내린다고 하는 것이 재판규범이며, 여기에서 비로소 행위규범의 뒷받침이 가능하다.

국가의 가장 기본적인 조직규범은 헌법이다. 그러나 헌법의 일반적인 규정을 위임받아서 다시 국가기관의 조직과 권한을 정하는 모든 법, 예컨대 국회법, 공무원법, 정부조직법, 법원조직법 등도 조직규범에 속한다. 조직규범의 수범자는 기관의 구성원이다.

# 제2절
# 법규범 상호간의 관계

## Ⅰ. 켈젠의 법단계설

이곳에서는 하나의 법규범과 다른 법규범은 어떠한 관계가 있는가, 곧 서로 동위(同位)에 있는가 아니면 서로 상하 관계에 있는가 하는 문제를 다룬다.

법규범 상호간의 관계는 메르켈(Adolf Josef Merkel 1836~1896)이 실마리를 제공한 이론을 더욱 정치화시켜 어느 나라에나 있는 규범인 실정법으로부터 도덕적·정치적·경제적·이데올로기적 요소 따위를 제거한 후에 남는 것이 순수법이라고 하는 순수법학[4]을 주장한 켈젠의 법단계설(法段階說 Stufentheorie des Rechts)에 의하여 잘 설명된다.

## Ⅱ. 법단계설의 내용

켈젠은 존재와 당위를 철저하게 구별하고, 법은 존재의 세계에 속하는 것이 아니라 당위의 세계에 속한다고 하고 존재의 세계와 당위, 즉 규범의 세계를 양분하여 그 논리적 필연성의 결과로 한 법의 타당성을 다른 법 자체의 효력에서 구하였다. 예컨대 어떤 사람이 다른 사람의 생명을 강제로 빼앗으면 살인죄의 성립을 논하지만, 형리가 사형집행을 통하여 사형수를 교수집행하였다고 하여 살인죄를 논하지는 않는다. 이것은 형리의 외관상 동일한 살인행위가 법관의 판결과

4) H. Kelsen, *Reine Rechtslehre*, 1960, 특히 S. 62ff.

확고한 법질서의 지지를 받고 있기 때문이라고 한다.

그리고 국가의 법규는 평면적으로 병존하는 것이 아니라, 입체적으로 상하의 종적·단계적 질서를 이루면서 하나의 법질서를 구성하고 있다고 한다. 즉 법질서의 단계구조는 상위의 법으로부터 하위의 법으로 구성되어 있어서, 하위규범은 상위규범의 위임을 받아 정립되어야 하위규범의 타당성이 인정된다는 것이다. 판결이나 행정처분은 헌법·법률이나 명령에, 명령이나 규칙은 헌법이나 법률에, 법률은 헌법에, 헌법은 '사고작용'(Gedankenoperation)의 결과 '전제된'(vorausgesetzt) '근본규범'(Grundnorm)에 의하여 법으로서 타당한 근거가 비로소 주어진다는 것이다. 이와 같이 하나의 법규범이 성립하고 타당한 근거는 다른 (법)규범으로부터만 이끌어낼 수가 있다는 것이 순수법이론의 결론이고 법단계설의 내용이다. 즉 켈젠은 법은 내용적으로는 현실의 인간의 의지에 의하여 창설되지만, 그것에 규범성을 부여하는 것은 상위의 법규범이며, 법창설행위는 상위규범의 위임에 의해서만 가능하다고 본다.

그러나 실정법질서의 최상위에는 헌법이 있다. 따라서 켈젠은 헌법위에는 법률이 없기 때문에 "헌법이 있으면 그 헌법에 따라야 한다"[5]는 말하자면 실정법을 초월하는 가정(가설) 아래서만 법적인 구속력이 발생된다고 하고, 이 가정을 근본규범이라고 한다. 그러나 이 근본규범은 모든 법규범의 '효력근거'(Geltungsgrund)가 될 수는 있지만 결코 법규정에 '효력의 내용'(Geltungsinhalt)을 부여하지는 않는다. 그리고 켈젠은 실정법 질서는 '법을 제정할 수 있는 가장 높은 권위의 소재를 가리키는 국가의 정치적 근본원리인 근본규범'(根本規範. 이 근본규범을 법논리적 의미에서의 헌법이라고 한다)을 정점으로 하여

5) H. Kelsen, *Allgemeine Staatslehre*, 1925, S. 104(민준기 역, 일반국가학, 민음사, 1990).

그 밑에 실정법적 의미의 헌법, 법률, 명령, 각종 처분의 순으로 이루어졌다고 본다. 그리고 이렇게 단계적으로 배열된 다수의 법규범은 정적(靜的)으로는 법의 '타당성'(妥當性, Geltung)의 관계에, 동적(動的)으로는 법 '창설'(Erzeugung)의 관계에 있다고 한다.

## Ⅲ. 법단계설에 대한 평가

켈젠의 법단계설은 실정법질서를 설명하는데 적절할 뿐만 아니라 위헌법률심판의 이론적 근거를 제시했다는 점에서 높이 평가되어 마땅하다.

그러나 실정법질서를 설명하는 최종근거로서 근본규범을 전제했다는 점에서는 다음과 같은 비판을 받는다. 즉 켈젠이 말하는 근본규범이란 '법을 제정할 수 있는 최고권위의 소재를 가리키는 국가의 정치적 근본원리'이다. 그런데 근본규범에 정치성이 내포되고 있는 한 상위단계의 법 전체가 역시 정치성을 띠게 되는 것은 필연적이다. 이는 존재로부터 당위로 건너뛰게 되는 문제점이 발생하여 정치로부터 법의 이른바 '순수성'(Reinheit)을 지키려는 켈젠의 의도와는 모순된다. 왜냐하면 이른바 'Hume의 법칙'에 따를 때 존재로부터는 당위가 도출되지 않기 때문에 순전히 경험적일 뿐인 명제들의 집합으로부터는 어떤 경우에도 논리적으로 단 하나의 규범적 명제도 도출되는 것은 아니기 때문이다. 이 설은 헌법보다 우위에 있는 근본규범이 무엇인지에 대한 설명이 없어 지나친 형식적 이론이라는 비판을 받는다. 좀 더 자세히 말하면, 근본규범의 본질이 어떠한 것인가는 다음과 같이 설명되어 많은 문제를 안겨주었다. 첫째로, 직접적으로는 구체적 · 사실적으로 설정되고, 관습이나 규칙(정관)에 의하여 창설되고, 그리고 일반적 · 보편적으로 작용하는 성질의 것이며, 둘째로, 간접적으로는 이것에 적합하게 창설되고 일반적·보편적으로 작용하는 강제질서의 성질을 가지며, 셋째로, 이러한 상태나 성질이 어떠한 내용을 가지고 있으며, 이러한 상태에서 형성되는 국가법질서가 어떤 내용을 가지게 되는가, 환언하면, 이러한 법질서가 올바른 것인가 혹은 그렇지 못한 것인가는 아직 제기되지 않는 성질의 것이고, 이러한 법질서에 의하여 공동체가 비교적 안정된 상태가 되는가도 아직 제기될 수 없는 그러한 성질의 규범이라 하겠다.

또한 호세 욤파르트(José Llompart)는 켈젠의 근본규범에 대하여 다음과 같이 세 가지로 평가하고 있다. 첫째, 이 근본규범은 순수하게 가설적인 것이므로 현재 존재하는 법(현행법)에 효력의 근거를 줄 수는 없다. 둘째, 켈젠은 순수법학이 형이상학이나 자연법론이 아니라 실정법의 이론임을 강조하지만 이 근본규범은 실정법이 아니기 때문에 순수법학은 형이상학이 되어 그의 주장과 서로 모순된다. 사실상 켈젠 자신도 이와 같은 근본규범을 '초극적·논리적 자연법'이라고도 부를 수 있다고 하고 있으므로 이 모순은 명백하다. 셋째, 만약 내용을 일체 생각하지 않고 이와 같은 사고 위에서 가설만으로 법의 효력 근거를 해결하려 한다면 국가라는 조직과 폭력단이라는 조직은 구별할 수 없게 된다. 왜냐하면 만일 법의 효력이 '헌법에 따라야 한다'는 가설만으로 설명될 수 있다면 폭력단의 경우에도 '두목에게 복종해야 한다'는 것을 가설로 정해두기만 하면, 폭력단원의 행동도 마찬가지로 근거를 부여받게 되기 때문이다.[6)]

---

6) 호세 욤파르트 저·정종휴 역, 법철학의 길잡이, 경세원, 2006, 132·133쪽.

# 제3절
# 법전의 형식적 구성

## Ⅰ. 전문, 본칙, 부칙

법전은 전문(前文), 본칙(本則), 부칙(附則)으로 구성되어 있다.

전문은 어떤 법의 표제 다음 본칙 앞에 있는 서문으로 법의 한 구성부분이다. 전문은 반드시 필요한 것은 아니다. 전문의 내용은 법마다 다르며 통일되어 있는 것은 아니다. 그러나 전문이 있는 경우에는 일반적으로 그 속에 제정 유래·제정 취지·기본 목적·기본 원칙 등이 표현되어 있다.

본칙은 법의 실질적 구성부분으로, 그 법의 본질적 내용을 규정하고 있는 부분을 말한다. 따라서 전문이 없는 법은 있어도 본칙이 없는 법은 없다. 본칙은 가장 방대한 법전의 경우 편(編), 장(章), 절(節), 관(款), 조(條), 항(項), 호(号), 목(目) 등의 순서로 세분되어 배열·조직되어 있다.

부칙은 본칙에 부수하여 법의 일부를 구성한다. 일반적으로 부칙에는 그 법령의 시행일, 경과조치(예 : 형법부칙 제10조), 타법령의 개폐문제 등이 규정되어 있다. 부칙의 내용이 많은 경우에는 이를 조로 구성하며(헌법, 민법, 형법 등), 그렇지 않은 경우에는 항으로 구성한다(예 : 정부조직법, 변호사법). 부칙의 조나 항의 경우 표제를 붙이는 것이 일반적이다.

그러나 모든 법률이 위와 같은 법전의 형태로 존재하는 것은 아니다. 예를 들면 1948. 10. 9. 법률 제6호로 공포된 「한글전용에 관한 법률」은 “대한민국의 공용문서는 한글로 쓴다. 다만, 얼마동안 필요한 때에는 한자를 병용할 수 있다"는 본문과 단서로 된 본칙과 "이 법은 공포한 날로부터 시행한다"는 부칙으로만 구성되어 있어 편도 없고 장도 없다. 그런가 하면 심지어는 예컨대 「연호에 관한 법률」과 같이 조도 없는 법률도 있고, 「입목에 관한 법률」(1973. 2. 6. 법률 제2484호)과 같이 23개조의 본칙과 부칙으로만 구성되어 있는 법률도 있다. 법률은 이처럼 법전의 체제로 존재하는 경우도 있고 단행법의 형태로 존재하는 경우도 있다. 반드시 그런 것은 아니나 단행법과 법전의 관계는 민법전에 대하여 호적법 · 부동산등기법의 관계와 같이 이른바 부속법이라는 위치에 있는 경우도 적지 않다.

## Ⅱ. 법조문을 읽는 순서

법조문은 순서상 제 몇 조, 제 몇 항, 제 몇 호의 순으로 읽어야 한다. 법전에는 제 몇 조는 표시되어 있으나 항, 호, 목 및 문은 제 몇 항, 제 몇 호 식으로 표시되어 있지 않다. 그 대신 항은 ①, ②, ③, ④ 등으로, 호는 1, 2, 3, 4 등으로 표시되어 있고, 목은 가, 나, 다, 라로 되어 있으며, 문은 아무런 표시가 되어 있지 않다. 따라서 예를 들어 어떤 법률의 제100조에 ③, 1, 나가 있고 그 속의 세 번째 문장을 읽으려면 제100조 제3항 제1호 나목 제3문이라고 읽어야 한다.

그리고 하나의 조나 항 중의 문장이 둘로 구분되는 경우에 두 번째 문장이 '그러나' 또는 '다만'으로 시작되어 첫 문장에 대한 예외를 규정하는 경우가 있다. 이러한 경우 '그러나' 또는 '다만' 이하를 단서라 하고 첫 문장의 규정을 본문이라고 한다. 예컨대 민법 제985조 제2항은 "전단의 규정에 의하여 순위동일한 자가 수인인 때에는 연장자를 선순위로 한다(A). 그러나 전조 제5호에 해당한 직계비속의 처가 수인인 때에는 그 부의 순위에 의한다(B)"라고 규정하고 있다. 그러니까 A부분은 민법 제985조 제2항 본문이라고 읽고, B부분은 민법 제985조 제2항 단서라고 읽어야 한다는 말이다. 또한 법문의 한 문장이 두 개의 절로 구성되어 있는 경우가 있는데, 이때는 앞의 절을 전단, 뒤의 절을 후단이라고 읽는다. 예컨대 헌법 제10조 제1문은 "모든 국민은 인간으로서의 존엄과 가치를 가지며(A), 행복을 추구할 권리를 가진다(B)"라고 규정되어 있는 바, A부분을 읽을 때에는 헌법 제10조 제1문 전단, B부분을 읽을 때에는 헌법 제10조 제1문 후단이라고 읽어야 한다는 말이다.

법조문을 정확하게 읽는 것은 매우 중요하다. 그 이유는 대부분의 법학교과서나 참고서들은 어떤 법조문의 내용을 전부 소개하지 않고, 어떤 설명 뒤에 괄호를 치고, 그 괄호 속에 해당 법조항만을 제 몇 조, 제 몇 문 참조 식으로 표현하기 때문이다. 예컨대 헌법 제10조 제1문은 "모든 국민은 인간으로서의 존엄과 가치를 가지며, 행복을 추구할 권리를 가진다"라고 규정하고 있는데, 어떤 헌법교과서에서 헌법 제10조 제1문 전단을 참조하라고 한 경우, 정확하게 "모든 국민은 인간으로서의 존엄과 가치를 가지며"만을 읽은 학생과 그렇지 않고 "행복을 추구할 권리를 가진다"라는 후단만을 읽은 학생과 또 "모든 국민은 인간으로서의 존엄과 가치를 가지며, 행복을 추구할 권리를 가진다"라고 제10조 제1문 전체를 읽은 학생 사이에는 책의 의도를 이해하는데 커다란 차이가 있을 수밖에 없다. 그리고 그러한 차이는 후일 엄청난 결과의 차이를 가져온다.

법조문을 읽는 순서와는 무관한 것이지만, 법학을 제대로 하려면 책을 읽다가 어떤 조문을 참조하라는 지시가 나오면 법전에서 그 조항을 반드시 찾아보는 것이 바람직한 태도이다. 그러한 습관이 반복되어야 해석하려는 법조문에 친근해질 수 있기 때문이다.

제5장

# 법의 이념

제1절 법이념의 의의 및 법이념의 구성요소
제2절 정의
제3절 합목적성
제4절 법적 안정성
제5절 세 가지 법이념의 관계
제6절 법의 기능

# 제1절
# 법이념의 의의 및 법이념의 구성요소

## Ⅰ. 법이념의 의의

법의 이념(법의 목적)은 경우에 따라서는 법의 형식을 실현함에 있어서 법에 의하여 달성하려고 하는 실현의 목적으로 이해되는 수가 있다. 즉 법의 목적은 법률제정의 동기를 의미하며, 그것은 병역법 제1조에서 "이 법은 대한민국 국민의 병역의무에 관하여 규정함을 목적으로 한다"라고 규정되어 있는 것처럼 법률의 서두에 명시되어 있다.

그러나 우리가 이곳에서 알려고 하는 법의 이념은 개별적인 법의 목적이 아니라, 개개의 모든 법이 공통적으로 가지고 있는 일반적인 법의 이념이 무엇이냐 하는 것이다. 달리 말하자면 법은 무엇을 위해서 존재하는가? 법은 도대체 왜 있는가? 곧 법의 배후에 광원(光源)으로 존재하면서 법의 형성이나 실현의 지표가 되는 것, 곧 법의 존재근거는 무엇인가에 대한 대답이 이곳에서 다루는 법의 이념에 대한 것이다. 이러한 관점에서 법의 이념은 전체적으로 법의 존재이유를 설명해주고 수많은 법규들이 체계적 통일을 이룰 수 있도록 하는 이성적 원리 내지 규범적 원리로 정의할 수 있을 것이다.

법은 사실이 아닌 규범이지만 사회생활을 지배하는 규범으로서 법이념을 현실사회에 실현하는 데 그 의의가 있다. 이념이란 독일어 Idee의 번역으로서 그 근원은 플라톤의 Idea에서 찾아볼 수 있다. 이데아는 플라톤 철학의 핵심을 이루고 있으며, 플라톤은 지혜, 용기 및 절제 등의 윤리행위와 관련하여 특히 선의 이데아를 강조하였다. 이데아는 생성소멸하는 현실을 초월한 영구불멸의 실재를 말한다. 이것은 경험적 세계에 대하여 규범, 가치 또는 이상으로서의 의의를 가지고 있으며, 이것을 추구하고 또한 실현하려고 하는 데 있다.

## Ⅱ. 법이념의 구성요소

### 1. 법이념에 대한 학자들의 언급

법의 개념에 대한 언급이 법학자들의 수만큼이나 많은 것처럼 법의 이념에 대한 언급도 수없이 많다. 아래에서는 몇몇 학자들의 법의 이념에 대한 언급을 소개하기로 한다.

- 플라톤(Platon, 427-347 B.C.)과 아리스토텔레스(Aristoteles, 384-322 B.C.) : "정의를 원칙으로 하는 도덕생활의 실현에 있다."
- 루소(Jean Jacques Rousseau, 1712~1776) : "개인의 자유와 평등을 확보하고 이를 발전시키는 데 있다."
- 칸트(I. Kant, 1724~1804) : "도덕적인 개인 인격의 확보에 봉사하는 데 있다."
- 피히테(Johann Gottlieb Fichte, 1762~1814) : "민족의 유지 · 발전에 있다."
- 벤담(Jeremy Bentham, 1748~1832) : "최대 다수의 최대 행복의 증진에 있다."
- 예링(R. von Ihering) : "모든 법은 목적의 소산이며 목적이야말로 법의 창조자이다. 따라서 사회 전체가 공존할 수 있는 질서를 확립하기 위한 사회의 생활조건의 보장이다."
- 파운드(R. Pound) : "법에 의하여 보호가 요청되는 여러 가지 이익과 요구의 존재를 전제로 하는 근본원칙, 곧 특정한 때와 장소에 있어서의 문화의 법적 공리(公理)이다."
- 베버(Max Weber) : "어느 질서가 그 질서의 준수를 확보하고 또는 그것을 위반한 자에게 제재를 하려는 의도를 가지고 물리적 또는 심

리적 강제를 가하는 강제기구에 의하여 유지될 가능성이 있을 때 거기에 법의 목적이 있다."

- 슈타믈러(Stammler) : "자유로이 의욕하는 사람들의 공동체"
- 코잉(Helmut Coing) : "법의 형성에 있어서 결부되어 있는 도덕적 가치의 총체", 예컨대 정의, 인간의 인격적 존엄성, 신뢰, 신의, 신용 등

## 2. 법이념에 대한 라드브루흐의 견해

### (1) 세 가지 법이념

법의 이념에 대한 이러한 수많은 학자들의 언급은 모두 법의 일면에 대하여 핵심을 지적하고 있다고 할 수 있다. 그러나 독일의 법철학자 라드브루흐(Gustav Radbruch 1878~1949)는 우리들이 법을 생각할 때 그 법이념에는 반드시 세 가지 요소, 즉 "정의, 합목적성, 법적 안정성"이 있고 그 가운데서 하나만 없어도 법이라고 생각할 수 없다고 한다.

#### 1) 정의

법에는 늘 정의가 들어 있는데, 라드브루흐는 이것을 "같은 것을 같게, 다른 것을 다르게 다룬다"고 하는 형식적인 원리라고 한다. 뭐가 같고 뭐가 다른가는 내용의 문제이며 그 원리, 즉 정의에 관해서 아무것도 말할 수 없다고 한다. 즉 정의의 문제는 철학의 문제일 뿐 윤리의 문제가 아니라고 한다.

#### 2) 합목적성

모든 법률은 일정한 목적을 달성하기 위해 제정되는데 이는 법의 내용, 가치관과 윤리의 문제이기도 하다. 그러나 이는 가치의 문제이

기 때문에 상대적인 성격을 갖고, 객관적으로 어떠한 가치관이 정당한가는 근거지어지지 않는다고 라드브루흐는 생각한다(가치상대주의).

### 3) 법적 안정성

안정성은 또 하나의 법이념의 본질적인 요소이며 이는 법의 실정성의 문제이다. 법의 내용과 그 정당성은 상대적 가치의 문제이기 때문에 객관적으로 해결되지 않고, 입법자의 의지의 결정에 의해서만 정해질 수 있다(결정주의 Dezisionismus). 이로써 법적 안정성이 생겨난다고 한다. 그러나 라드브루흐는 이와 같은 입법자의 결정은 민주적으로 행하여져야 한다고 생각했고, 가치상대주의를 민주주의의 철학적 근거로 삼았다.

## (2) 법이념 상호간의 관계

보통 정의란 말은 법이 좋은 법이고 옳은 법이기 위하여 갖추어야 할 모든 성질을 총괄하는 것으로 이해되고 있다.[1] 따라서 현재의 법학에서는 정의란 세 가지 측면을 가지고 있다는 데 광범위한 합의가 형성되어 있다. 평등(좁은 의미의 정의), 합목적성(사회정의나 공공복리), 법적 안정성(법적 평화)이 바로 그것이다. 여기서 평등은 정의의 형식이고, 합목적성은 정의의 내용이며, 법적 안정성은 정의의 기능이다. 정의란 이들 세 이념이 동시적으로 충족되는 상태를 말한다.[2]

달리 표현하자면, 정의는 법의 형식적 테두리를 규정하며, 이러한 법의 형식에 구체적 내용을 부여하는 것은 합목적성이다. 정의가 법

1) G. Radbruch, *Einführung in die Rechtswissenschaft*, 12. Aufl.(1969), S. 20.

2) A. Kaufmann, *Grundprobleme der Rechtsphilosophie*, 1994, S. 139 이하 참조.

의 내용에 형식만을 줄 뿐이라면 상대적인 의미의 정의를 이념으로 하여 무엇이 법인가를 결정, 확정하지 않으면 안 된다. 그러나 법률관이나 국가관의 상대성 자체는 종국적 대답이 되지 않는다. 법은 공동생활의 질서이므로 무엇이 법인가가 확정되어야 하고 이와 같이 확정된 법을 관철할 수 있는 능력 있는 지위에 의하여 확립되지 않으면 안된다. 여기에서 사회질서와 평화를 구현하는 법적 안정성이라는 요소가 법에 내재하는 세 번째 가치로 주어지게 된다.

이렇게 법의 이념을 정의, 합목적성, 법적 안정성으로 보는 라드브루흐의 견해는 오늘날 많은 학자들에 의하여 받아들여지고 있다. 따라서 이곳에서도 그러한 예를 따라 법의 이념을 정의, 합목적성, 법적 안정성의 순서로 서술하기로 한다.

# 제2절
# 정 의

## Ⅰ. 법이념의 출발점

법은 '정의'(Gerechtigkeit)와 합치될 때에 비로소 법의 가치가 확립된다고 볼 수 있다. 같은 맥락에서 라드브루흐는 다음과 같이 이야기한다. "정의는 실정법의 가치표준이며, 입법자의 목적이다. 정의는 어떤 상위가치에서 연역되는 것이 아니고, 진·선·미와 같이 그 자체에 근거하는 절대적 가치이다."[3] 정의는 진·선·미가 그러한 것처럼 하나의 절대적 가치이며 보다 더 높은 어떤 다른 가치로부터 연역되는 가치가 아니라는 점에서 궁극적인 가치이다. 따라서 법의 목적이나 이념이 이러한 정의에서 출발하고 법의 개념전개가 여기에서 시작됨은 당연하다.

## Ⅱ. 정의론의 전개

### 1. 개관

보통 정의의 문제를 처음으로 제기한 학자는 고대 그리스의 피타고라스(Pythagoras, 582?~497? B.C.)로 알려져 있다. 그에 따르면 질서 있는 우주, 즉 코스모스는 조화이며 수(數)는 만물의 기준이요 요소이다. 그는 정의를 수학처럼 생각하여 평균적 정의와 배분적 정의로 나누고 전자를 산술적, 후자를 기하학적이라 했다. 또한 그는 정의

3) G. Radbruch, 앞의 책(주 1), S. 36,

를 평등에 제한시키고, 정의를 자승수(自乘數)의 기본형태인 "4"로 표현하였다. 이 때 4는 균분, 평등, 형평을 의미한다.

최초의 이상주의 철학자 플라톤은 정의를 인간의 이성에서 발견하고자 하였다. 그는 덕을 '지혜'(sophia)·'용기'(andreia)·'절제'(sophrosine)·'정의'(diakaiosyne)의 넷으로 나누고, 철인의 덕은 지혜, 무사의 덕은 용기 그리고 생산자의 덕은 절제라고 하고, 각 계급의 덕(지혜, 용기, 절제)이 조화된 상태, 곧 각 계급 사이의 정당한 관계를 정의라 부르고 있다. 따라서 우리는 플라톤의 정의는 계급적 정의라 할 수 있을 것이다.

그 후 로마공화정 말기의 치체로(Cicero)는 정의를 '각자에게 그의 몫을 주는 것'(Suum cuique tribuere)이라 정의하며, 동로마의 법학자 울피아누스(Ulpianus 170~228)는 정의를 '각자에게 그의 권리를 배분하려는 항구부단의 의지'(constans ac perpetua voluntas ius suum cuique tribuendi)라 정의한다. 이는 '정당함'(Recht)을 행하려는 정신적 자세, 덕 또는 노력을 의미한다. 그런가 하면 네로 황제의 스승이기도 한 스콜라 철학자 세네카(Seneca)는 정의는 인간의 본성과 필요에 상응하는 것이며, 타인, 곧 공동체의 보호를 위하여 존재하는 것이라 하여 정의가 약자, 억눌린 자를 위해서 필요한 것이라는 것을 강조하였다.

## 2. 아리스토텔레스의 체계화

그러나 정의의 문제를 평등의 문제에 기초한다고 주장하면서 평등의 문제를 체계적으로 설명한 것은 아리스토텔레스였다(니코마코스 윤리학).[4)]

---

4) 이 책에 이러한 제목이 붙은 것은 아리스토텔레스가 죽고 난 후 그의 아들인 니코

그는 정의를 모든 사람으로 하여금 정당한 일의 실천자로 되게 하는 상태라 하고, 정의를 절대적 평등에 해당하는 '평균적 정의'(justitia commutativa, ausgleichende Gerechtigkeit)와 상대적 평등에 해당하는 '배분적 정의'(justitia distributiva, austeilende Gerechtigkeit) 및 일반적 정의로 구분하였다. 그러면서 그는 평균적 정의(교환정의)는 시민 상호간에서, 배분적 정의는 국가와 시민 사이에서 적용되어야 한다고 하였다. 왜냐하면 평균적 정의는 인간은 인간으로서 동일한 가치를 가지는 것이므로 평등하게 다루어져야 한다고 하는 형식적 평등의 원리를 의미함에 반하여, 배분적 정의는 전체와 구성원 사이의 관계를 조화하는 정의로서, 단체생활에 있어서 각인은 제각기 상이한 능력과 가치를 가지고 있음을 전제로 그 가치의 차이에 따른 취급을 하여야 한다고 하는 실질적 평등의 원리를 말하기 때문이다. 정의의 제3유형인 일반적 정의는 사회에 있어서 개인권리의 상호적 존중을 규정하고 개인이 단체의 일원으로서 단체에 대하여 의무를 다하는 것을 뜻한다. 일반적 정의는 모든 사람에게 요구되는 필요한 모든 조치, 즉 덕을 시행할 의무의 내용이 법에 의하여 규정되기 때문에 법적 의무라고 한다. 그런데 평균적 정의를 실현하는 것은 동시에 일반적 정의를 요구하는 것이다. 예컨대 국가가 위기에 처했을 때 순직하는 것은 이런 정의의 개념에 부합하는 것으로 이 의무는 단체에 대한 의무를 규정하는 것이다.

이와 같은 아리스토텔레스의 정의론에 의하면 민법, 상법과 같은 사법은 평등한 개인과 개인과의 관계를 규율하는 것이므로 평균적 정의에 입각한다고 할 수 있으며, 이에 대하여 형법, 세법과 같은 공법 혹은 노동법, 경제법, 사회보장법과 같은 사회법은 배분적 정의에 입

---

마코스가 이 책을 출간했기 때문이다. 학자에 따라서는 아리스토텔레스가 아들을 위해 이 책을 썼다고 주장하기도 한다.

각한 것이라 할 수 있다.

## 3. 현대의 추세

이러한 아리스토텔레스의 사고는 현대의 학자들에게도 그대로 받아들여지고 있다.

### (1) 라드브루흐의 정의론

현대 법철학자인 라드브루흐는 전법률적이며 초법률적인 법이념으로서의 정의의 핵심은 평등사상이라고 하고,[5] 아리스토텔레스의 정의론에 따라 정의를 평균적 정의와 배분적 정의로 구분하였다. 평균적 정의는 병렬관계에 있는 정의로서 사법상의 정의이고, 그 본질은 재화들 사이의 절대적 평등이라 한다. 배분적 정의는 상하관계에 있는 정의로서 공법상의 정의이고, 그 본질은 인격들을 취급하는 비례적 평등이라 하였다. 평균적 정의는 평등한 개인 상호간의 정의이므로, 그 전제로서 우선 배분적 정의가 적용되어 당사자를 평등한 입장으로 만들어주어야 한다고 주장하였다. 따라서 배분적 정의가 정의의 근원적 형태이고 법의 가치기준이며 입법의 목적이라 하였다.

### (2) 페렐만의 정의론

페렐만(Chaim Perelman 1912~1984)은 『정의론』에서 정의의 이념은 평등의 이념에 축소 또는 환원시킬 수 있다고 하면서 법학자나 철학자들에 의하여 제시되어온 정의관념들을

1) 각자에게 같은 것을(Jedem das Gleiche)

2) 각자에게 공훈에 따라(Jedem nach seinem Verdienst)

---

5) G. Radbruch, 앞의 책(주 1), S. 36.

3) 각자에게 업적에 따라(Jedem nach seinem Werken)
4) 각자에게 필요에 따라(Jedem nach seinem Bedürfnis)
5) 각자에게 서열에 따라(Jedem nach seinem Range)
6) 각자에게 법이 정한 바에 따라(Jedem nach dem, was das Recht bestimmt)

배분하는 것이라고 요약한 다음, 이러한 정의공식들은 어떠한 구체적이고 실체적인 의미를 가지고 있는 것이 아니라 형식적 또는 추상적인 의미만을 가진다고 평가한다. 그는 이러한 정의공식들에 공통적으로 포함되어 있는 개념요소를 추출하고 이를 “동일한 본질 범주에 속하는 존재들은 동일하게 대우받아야만 한다는 행동의 원칙”으로 정의한다.[6]

그러나 정의의 실행에 있어서 본질적인 범주들을 제시하지 않고 있다는 점에서 페렐만의 정의개념은 형식적인 것이다. 따라서 앞에서 제시하고 있는 6 가지의 정의 공식들은 모두 동일한 형식적 정의관념에 대한 각각 다른 해결책을 의미한다고 할 수 있을 것이다.

### (3) 치펠리우스의 정의론

치펠리우스(Reinhold Zippelius)는 라드브루흐의 스승인 카우프만(Erich Kaufmann)을 따라 정의를 거래상의 정의, 평균적 정의 및 배분적 정의, 조직상의 정의, 절차상의 정의, 형벌상의 정의의 넷으로 나눈다.[7]

1) 거래상의 정의의 원칙들은 개개의 공동사회구성원들 간의 법적 거래, 특히 그들 사이의 재화교환의 규율에 대한 것이다. 여기에서 이

6) C. Perelman, *De la justice*, 1945, 심헌섭 · 강경선 · 장영민 역, 법과 정의의 철학, 종로서적, 1986, 22~36쪽 참조.

7) R. Zippelius, *Einführung in das Recht*, 2. Aufl.(1978), S. 37ff.(김형배 역, 법학입문, 삼영사, 1980).

론의 여지가 없을 만큼 중요한 원칙은 계약성실의 원칙(계약은 지켜져야 한다, pacta sunt servanda)이며, 이 원칙은 개개의 법적 거래에 있어서 뿐만 아니라 국제법에 있어서도 중요시되고 있다. 또한 교환의 대상이 되는 재화나 급부는 거래당사자의 지위에 관계없이 등가적이어야 한다는 것도 거래상의 원칙이다. 즉 1파운드의 버터를 거지가 사든 백만장자가 사든 버터의 가격은 동일해야 한다는 것이다.

그러나 무엇을 기준으로 재화와 급부의 등가성을 판단하는가의 문제는 여전히 남아 있다. 이 문제는 정당한 가격, 정당한 임금이라는 형태로 논의되고 있는, 정의론에 있어서 아직 해결되지 않은 주제 가운데 하나이다.

2) 조직상의 정의(또는 헌법상의 정의)의 관점 하에서는 국가 기타의 조직화된 공동사회에 있어서의 정당한(민주적) 권력근거, 권한분배 및 권력제한의 문제가 논의되고 있다.

3) 절차상의 정의의 원칙들은 소송절차의 공정한 진행에 관한 것이다. 널리 알려진 논란의 여지가 없는 원칙은 '타방 당사자에게도 진술의 기회를 주어야 한다'(audiatur et altera pars), 즉 자신의 이해관계에 관한 결정이 내려지는 절차에 관여하는 모든 사람에게 의견을 진술할 수 있는 기회가 공평하게 주어져야 한다는 것이다. '모든 당사자에 대한 공평한 기회'라는 원칙은 당사자들이 형식적으로 적절한 참가가능성을 가질 것을 요구할 뿐만 아니라 법적 절차에서 대립하고 있는 자에 대하여 무기평등도 요구하고 있다. 국가는 이러한 무기평등이 실질적으로 이룩되도록 노력하지 않으면 안 되며, 그 예로서는 국선변호인제도를 들 수 있다(형사소송법 제33조). 또한 절차상의 정의의 원칙에는 절차의 공개주의가 속한다. 절차의 공개주의, 더욱 정확하게 말하면 판결법원 앞에서 구술로 진행되는 변론과 판결선고의 공개주의는 공정하고 공평하며 무기평등한 소송수행의 감독과 판결

발전에 이바지한다.[8)]

4) 형벌상의 정의의 관점 하에서는 정당한 형벌의 요건, 경중, 종류 및 범위가 논의된다.

### (4) 법내재적 정의와 법초월적 정의

학자에 따라서는 정의의 개념을 정립함에 있어 법내재적 정의와 법초월적 정의를 구분하기도 한다. 전자는 법적 안정성을 요구하는 질서를 의미하고, 후자는 법적 안정성보다는 정의 그 자체를 중시하는 의미를 가진다.

이러한 구분을 실정법과 관련시켜볼 때, 전자는 실정법질서 내에서 국가권력에 의하여 통치질서의 기능으로서 법의 이념을 실현하는데 반하여, 후자는 실정법에 대하여 비판적 · 부정적이어서 궁극적으로는 통치질서의 실체에 대해서 부정적 태도로 일관한다. 법내재적 정의는 '법적 안정성'을 요청하는 까닭에 정의는 곧 질서를 의미하나, '법초월적 정의'는 실정법질서에 내재하는 '정당성'을 부인하고 새로운 질서를 형성하려고 한다. '정의가 무너지더라도 세계는 살아야 한다'(Pereat justitia, vivat mundus)는 것은 법적 안정성에 최상의 가치를 두는

---

8) 이 부분을 판정과 관련해서 보면 중립성, 설득적 대결 및 해결의 세 가지로 나눌 수 있고 그에 따라 중립성과 관련해서는 ① 아무도 그 자신의 이유만으로 판단되어서는 안 된다. ② 분쟁해결자는 결과에 대해서 아무런 사적 이해관계가 없어야 한다. ③ 분쟁해결자는 한 당사자에게 유리하게든 불리하게든 기울어져서는 안 된다의 세 가지 원칙을, 설득적 대결과 관련해서는 ① 각 당사자에게 절차에 대한 공정한 지식이 주어져야 한다. ② 분쟁해결자는 양 당사자의 주장과 증거를 청문하여야 한다. ③ 분쟁해결자는 타방 당사자의 면전에서만 일방 당사자의 진술을 청문해야 한다. ④ 각 당사자는 타방 당사자의 증거와 주장에 대하여 대처할 공정한 기회가 주어져야 한다의 네 가지 원칙을, 그리고 해결과 관련해서는 ① 해결의 내용은 이유에 의해서 지지될 수 있어야 한다. ② 그 이유에서는 제출된 주장과 증거를 지적하여야 한다는 두 가지 원칙을 이야기할 수 있을 것이다.

것이고, '세상은 망하더라도 정의는 행해져야 한다'(Fiat justitia, pereat mundus)는 것은 법적 안정성보다 정의를 중요시하는 것이다.

### (5) 사회적 정의

#### 1) 사회적 정의의 의의

오늘날 산업혁명의 결과 생겨난 사회적 대변혁(기술과 산업적 분업, 고도의 인구증가, 독점자본주의의 등장, 세계경제의 흥망, 두 차례의 세계대전, 환경오염 그리고 그 결과 국가에 부여된 통합역할)의 결과에 대한 요구로서 사회적 정의가 특히 문제되고 있다.

정의가 '사회 내에서의 정의'(Gerechtigkeit in der Gesellschaft)를 뜻한다면, '사회적 정의'(soziale Gerechtigkeit)는 배분적 정의의 특수형태를 말한다. '사회적'이라는 개념은 정치계몽주의와 프랑스혁명의 산물로서, 이 개념은 초기에는 물질적 필요와 관련된 제한적 의미로 사용되었으며, 지금까지도 생존기반의 보호와 필수적 생활수요의 해결과 관계되어 있다. 그러한 의미에서 사회적이라는 말은 인간의 존엄에 걸맞지 않는 절대적 빈곤으로부터의 자유라는 의미로 이해될 수 있다.

인간은 물질적 조건이 갖추어져 있는 경우에만 존엄을 유지할 수 있다. 또한 정의의 구체적 표현인 평등원칙은 단순히 형식적이고, 순수하게 법적인 평등만으로는 충분치 않으며, 사회적 정의 요컨대 물질적 균등화를 위한 역할도 담당하고 있다. 그러므로 평등원칙은 국가에게 '약자에 대한 지원과 강자에 대한 제한'의 임무를 부여하고 있다(G. Radbruch). 그리하여 국가는 특히 경제적 영역에서 배분적 정의의 옹호자로서의 지위에 있게 된다. 그리고 인간의 존엄은 최소한의 인간다운 생활이 보장되어야 가능하다. 인간다운 생활은 일반적으로 "개인과 그의 가족에게 건강과 행복, 특히 의식주 및 필요한 사회적 시설을 확보하기에 충분한 생활"(세계인권선언 제25조 제1항)이다. 그렇다면 사회적 정의란 최소한 각자에게 인간다운 생활을 실현시켜줄 것을 요구하는 정의라 할 수 있다.

### 2) 사회적 정의의 실현방법

이러한 사회적 정의를 실현하는 방법에는 크게 3가지 유형이 있다. '사회국가'(Sozialstaat), '복지국가'(Wohlfahrtsstaat) 및 '사회주의국가'(sozialistischer Staat)가 그것이다. 이들은 모두 사회적 정의를 실현하고자 한다는 점에서는 공통점을 보이나, 사회적 정의의 실현방법에서는 커다란 차이를 보인다. 그 차이를 예를 들어 설명해보겠다.

예컨대 4명으로 구성된 가족이 있다고 하고, 그들이 인간다운 생활을 위하여 필요한 비용은 월 200만원이라 가정하자. 또한 사람들은 능력에 차이가 있다는 것을 전제로 다음과 같은 다섯 유형의 사람들을 가정하기로 하자. A유형의 사람들은 월 1500만원의 수입을, B유형의 사람들은 월 200만원의 수입을, C유형의 사람들은 월 120만원의 수입을, D유형의 사람들은 일할 능력은 있지만 일하려는 의지가 없어서 월 0원의 수입을, 그리고 E유형의 사람들은 일하려는 의지는 있지만 질병, 노령, 장애 등으로 일할 능력이 없어서 월 0원의 수입을 각 취득하였다.

월 200만원의 수입을 모든 가족에게 보장하여야만 모든 가족의 인간다운 생활이 보장된다는 것은 확실하다. 모든 국민의 인간다운 생활을 보장하는 것을 임무로 하는 국가로서는 A유형의 사람들로부터 세금을 징수하여 그것을 C, D, E 유형의 사람들에게 재분배해야 한다는 것도 의심의 여지가 없다. 그런데 사회국가에서는 재분배과정에서 C유형과 E유형의 사람들만을 대상으로 하고 D유형의 사람들은 원칙적으로 제외시킨다. 다만 C유형과 E유형의 사람들에게 분배하고 남는 부분이 있을 경우에는 D유형의 사람들에게도 분배되기는 할 것이다. 이것은 사회국가가 "개인의 주도하에 그리고 스스로의 힘으로 할 수 있는 일을 개인에게서 박탈하여 공동체의 활동으로 삼아서는 안 된다"는 보충성의 원칙에 입각하고 있기 때문이다. 이렇게 사회국가는 보충성의 원칙에 입각하고 있기 때문에 개인의 자율성을 존중하는 국가라고 할 수 있다.

그에 반하여 복지국가에서는 재분배과정에서 C, D, E유형의 사람들에게 똑같이 200만원을 분배하고자 한다. 그렇기 때문에 복지국가는 획일적이며, 그러한 한에서 전체주의적 성격을 갖는다. 그리고 이러한 목표를 달성하는 것은 불가능에 가깝다. 이제까지 존재했던 어떤 국가도, 현재 존재하고 있는 어떤 국가도 그리고 아마도 앞으로 존재하게 될 어떤 국가도 이러한 목표를 달성할 수 없었고, 없으며 그리고 없을 것이다. 그 이유는 인간다운 생활이란 고정된 것이 아니라 시대에 따라 변하는 것이기 때문이다. 30-40년 전만 하더라도 서너 식구가 비록 한 방에서 자더라도 하루에 세끼 끼니를 잇고 자녀를 학교에 보내고 질병에 걸렸을 때 병원에서 치료를 받을 수 있으며, 신문이나 구독하고 라디오나 들으며 어쩌다 한 번씩 영화라도 관람할 수 있다면 사람들은 아마 자신의 생활이 인간다운 생활에서 멀다고 생각하지는 않았을 것이다. 그러나 오늘날 이러한 생활을 인간다운 생활이라 부를 사람은 아마 거의 없을 것이다. 또 다른 이유는 이렇게 상향되어가는 인간다운 생활을 해결할 만큼의 국부를 가진 나라는 흔치 않다는 것이다.

마지막으로, 사회주의국가에서는 전체 국민총생산을 국민수로 나누어 그것을 모든 국민에게 공평하게 분배하려고 한다. 그러나 여러 가지 이유에서 과거 존재했던 사회주의국가들에서는 항상 그것이 객관적으로 인정될 수 있는 인간다운 생활의 수준에 훨씬 미치지 못하였다는 것은 누구나 잘 알고 있다.

## Ⅲ. 정의와 형평

아리스토텔레스는 형평을 일반규정에 예정되어 있지 않는 예외를 인정하는데서 '실정법의 보정'(정정)이라 불렀다.[9]

이를 법에 적용하면 일반적인 규정을 개별적인 케이스에서 적절하게 적용하는 것이 형평의 역할이고, 따라서 형평은 일반규정인 법의 보정 또는 예외라 할 수 있다.[10] 광의의 정의를 협의의 정의와 형평으로 나눈다면 협의의 정의는 법의 일반규정의 적용에 의한 정의의 실현이라고 할 수 있는 반면, 형평은 광의의 정의의 요구에 의한 특별대우 또는 법률의 일반규정에 의하여 실현되는 정의의 예외라고도 할 수 있을 것이다.[11] 그리고 형평은 모든 상황을 고려하는 것이 아니라 중요한 상황만을 고려한다.

예컨대 민법 제103조는 "선량한 풍속 기타 사회질서에 위반한 사항을 내용으로 하는 법률행위는 무효로 한다"라고 규정하고 있고, 민법 제2조는 "권리의 행사와 의무의 이행은 신의에 좇아 성실히 하여야 한다"고 규정하고 있다. 그러나 제103조의 '선량한 풍속'이나 제2조의 '신의에 좇아 성실하게'는 그것이 너무 일반적이다. 이 경우 이러한 개념들이 지나치게 일반적이기 때문에 법관은 그것들을 해석함에 있어 자신의 법감정을 척도로 하여 그 규정을 판단할 수 있다. 이렇게 정의에 따른 자유롭고 개인적인 판단의 형식을 '형평'(Billigkeit)이라 한다.[12]

그러한 한에서 개개의 구체적인 경우에 적용되는 정의를 '형평'(ae-

---

9) Aristoteles, *Nikomachische Ethik*, 5. Buch.

10) 호세 욤파르트 저 · 정종휴 역, 법철학의 길잡이, 경세원, 2006, 47쪽.

11) 호세 욤파르트 저 · 정종휴 역, 앞의 책(주 10), 181쪽.

12) J. Esser, *Einführung in die Grundbegriffe des Rechtes und Staates,* 1949, S. 19f. 참조.

quitas, equity)[13]이라 할 수 있다.

## Ⅳ. 정의의 여신상

### 1. 정의의 여신상

정의의 이념, 곧 불편부당성의 이념은 한 손에는 저울을, 또 다른 한 손에는 검(劍)을 들고 있는 눈먼 정의의 여신 유스티시아(Justutia)로써 비유적으로 표현된다. 이 여신상은 저울의 한쪽에는 죽은 자의 심장을, 다른 한쪽에는 그 사람의 생전의 행위를 놓고 양자를 저울질하고 있는 개(犬)과의 동물인 재칼을 그려놓은 이집트인의 묘지 벽화에서 유래한다. 정의의 여신은 처음에는 눈이 멀지 않은 것으로 되어 있었으나 바로크(Barock)시대부터 여신을 더욱 정당한 것으로 만들기 위하여 눈에 안대(眼帶)를 하게 된다. 그리고 여신은 로마시대에는 검 대신에 그리스 신화에서 제우스(Zeus)에게 젖을 준 염소 아말테아(Amalthea)의 뿔에서 유래하여 풍요의 뿔을 뜻하는 보각(寶角)을 들고 있었는데, 동로마제국 시대에 검으로 바뀌었다. 이는 정의의 기본도덕, 특히 아리스토텔레스적 배분적 정의와 평균적 정의를 상징화하고 합리화하기 위한 것이었다.[14]

### 2. 정의의 여신상을 통하여 본 정의의 내용

이 그림을 분석함으로써 정의의 내용을 구체화하면 그것은 다음과 같은 다섯 가지로 정리할 수 있다.

---

13) Chaim Perelman, Über die Gerechtigkeit. Fünf Vorlesungen, *Arch. f. Rechtsund Staatsphilosophie* 51(1965), S. 167ff., 특히 S. 185.

14) R. Wiethölter, *Rechtswissenschaft*, 1968, S. 32.

(1) 이 그림에는 우선 제3의 국외자가 양 저울판에 놓여 있다고 생각되는 두 개의 법적 지위를 형량(衡量)하고 있는 것이 표현되고 있다. 즉 사람들은 한 사람의 법관 앞에 두 당사자, 곧 원고와 피고가 서 있는 재판절차의 모델에서 출발한다. 양측이 진술하는 논거가 형량된다. 이 그림은 자신의 행위와 타인의 행위의 정당함을 판단하기 위하여 즉자적(卽自的)으로 자신과 상의하는 사람의 상황에 전용(轉用)할 수 있다. 그럴 경우 그는 어느 정도 '내부의 법정에서'(in forum internum) 유리한 관점과 불리한 관점을 수집하고 형량하는 절차를 수행한다.[15]

(2) 저울은 정확하게 측정되기 위하여 측정 전에 평형상태에 있어야만 하며, 이는 완전한 정지상황을 전제한다. "행위자는 비양심적이다. 관찰자만이 양심적이다"(Goethe). 왜냐하면 그가 움직이고 있는 동안은 저울이 그의 손에서 흔들리기 때문이다. 따라서 법관은 자신의 마음속에 있는 모든 사심이나 상대방에 대한 선입견을 배제하고 완전히 불편부당한 형량을 하여야 하며, 그러한 형량은 명상적 성격을 갖는다. 이 때문에 법관은 법복을 입은 성직자로 표현되기도 한다. 그리고 법원은 숙고하기 위하여 자제한다.

이와 관련 헌법 제103조는 "법관은 헌법과 법률에 의하여 그 양심에 따라 독립하여 심판한다"라고 규정하고 있다. 즉 법관은 공정해야 한다. 이를 위해 법관직은 직업법관에 맡겨지고, 직업법관은 헌법에 의해 강력한 신분보장을 받을 뿐만 아니라(헌법 제106조 제1항) 직무를 수행할 때에도 오직 헌법과 법률에 구속될 뿐 그 밖의 어떠한 지시에도 복종하지 않는다(헌법 제103조). 또한 구체적인 사건에 이해

---

15) M. Kriele, *Die demokratische Weltrevolution*, 1987, S. 101ff.(홍성방 역, 민주주의 세계혁명, 도서출판 새남, 1990(재판 : 1996).

관계가 걸려 있거나(예 : 법관이 피해자인 경우) 어느 한 쪽 소송당사자와 근친관계에 있는 경우에는 재판의 공정성을 위하여 직무수행으로부터 당연히 배제, 곧 제척된다(민사소송법 제37조, 형사소송법 제17조). 또한 당사자는 법관이 '공정한 재판을 하기 어려운 사정이 있는 때'에는 기피할 수 있고(민사소송법 제39조, 형사소송법 제18조), 법관 스스로 회피할 수도 있다(민사소송법 제45조, 형사소송법 제24조). 또한 형사소송에서는 법관의 공정성을 확보하기 위해 수사하고 공소를 제기하는 국가기관(검사)과 심판을 맡는 국가기관(법관)을 분리하고 있다(탄핵주의).

(3) 여신은 눈에 안대를 하고 있다. 그리고 안대의 속은 검은색으로 되어 있다. 그러니까 여신은 장님이거나 안대를 하고 있기 때문에 보지 못한다. 이와 관련하여 '정의는 장님이다'라는 조롱은 아마도 안대 때문일 것이며, 이러한 조롱은 추측건대 브란트(Sebastian Brant)의 풍자시 '바보의 배'(1494)에서 처음 등장하는데, 이 시에서 한 바보가 유스티시아(Justitia)의 뒤에서 눈에 안대를 하고 있으므로 안대는 통속적 조롱이지 정신사적이고 진지한 정의의 상징물은 아니라고 해석하는 견해가 있다.[16)]

그러나 이는 소수견해에 불과하다. 통설적인 견해에 따르면 정의의 여신이 안대를 하고 있거나 장님으로 표현되는 것은 판단하는 자가 참여하고 있는 당사자가 누구이며, 곧 그가 자신과 친한가 친하지 않는가를 보지 않고(자의와 비객관성의 금지) 저울에 놓여진 논거의 사항 내용만을 판단하는 것으로 이해된다. 따라서 소송에서의 승리는 전적으로 사건의 정황과 논거의 비중에 의존한다.[17)]

---

16) R. Wiethölter, 앞의 책(주 14), S. 32.
17) M. Kriele, 앞의 책(주 15), S. 103.

(4) 정당하게 형량하기 위해서는 불편부당한 척도를 적용할 뿐만 아니라, 이러한 척도에 중요한 사실을 진실로 완전하게 파악할 것이 요구된다. 곧 상대가 거짓 증언을 하고 있는가 그렇지 않은가를 반드시 판단하여야 한다.[18)]

이를 위해서는 심증형성이 합리적이어야 하며, 심증형성이 합리적이기 위해서는 직접주의, 구술주의, 상호작용의 활성화, 집중심리원칙 등 네 가지 요청이 충족되어야 한다.[19)] 첫째, 법관은 각종 주장과 입증에 관하여 소송참여인들, 즉 소송당사자와 예컨대 증인, 감정인과 같은 그 밖의 참여인들 사이에 펼쳐지는 의사소통이나 상호작용을 직접 인지함으로써 심증을 형성하여야 한다. 따라서 합의부사건의 경우에는 합의부를 구성하는 모든 법관이 지정된 기일(변론기일, 공판기일), 지정된 법정에서 직접 증거조사를 함으로써 심증을 형성해야 한다. 이를 직접주의라고 한다(민사소송법 제189조 제1항).

둘째, 이처럼 법관이 직접 행하는 증거조사에서 이루어지는 소송참여인들 간의 의사소통은 또한 구술, 곧 말로 행해져야 한다. 그래야만 진술태도나 상대방의 반응 등과 같은 비언어적 정보가 더욱 더 많이 창출될 수 있기 때문이다. 다시 말해 말로 전달되는 정보만을 토대로 법관은 심증을 형성해야 한다. 이를 구술주의라고 한다.

셋째, 증거조사에서 소송참여인들 간의 의사소통은 '법률이 정한 방식'에 의해 이루어진다. 증거조사의 법률상 방식은 대체로 소송참여인들 간의 의사소통이 진실한 의사소통이 되게 하거나 가능한 한 많은 증거를 법정에 등장시킬 수 있도록 짜여져 있다. 따라서 소송법은 증인신문의 경우 증인신청을 한 당사자가 먼저 신문하고(주신문), 상대방 당사자는 그 신문에서 나타난 사항과 관련사항을 신문하고(반대

18) M. Kriele, 앞의 책(주 15), S. 105.

19) 이상돈, 법학입문, 박영사, 2001, 150~163쪽 참조.

신문), 다시 증인신청을 한 당사자가 반대신문에서 나타난 사항과 관련사항을 신문하는 상호신문의 방식을 취하고 있다(민사소송법 제298조, 형사소송법 제161조의2).

넷째, 심증형성의 합리성은 법관이 비언어적인 정보를 충분히 활용할 때 비로소 달성될 수 있는 것이라면, 심리는 계속적으로 또는 집중적으로 진행되어야 한다. 왜냐하면 심리를 진행한 기일(변론기일이나 공판기일)들 사이의 시간적 간극이 너무 크게 되면, 법관의 비언어적 정보에 대한 제한된 기억력을 고려할 때, 심리한 지 오래된 기일에 등장한 비언어적 정보의 활용은 최근의 심리에서 등장한 정보에 비하여 활용도가 상대적으로 심각하게 떨어질 것이기 때문이다. 다시 말해 정보의 이용은 공정성과 효율성을 잃어버리게 된다. 따라서 변론은 집중되어야 하고(민사소송법 제245조), 재판은 신속해야 한다(헌법 제27조 제3항).

(5) 검은 법의지(法意志), 곧 정의로운 판단의 결과가 현실적으로 관철된다는 의지를 상징한다.[20] 이를 파스칼(Blaise Pascal 1623~1662)은 다음과 같이 표현하고 있다. "따라서 사람들은 법과 권력을 결합시켜야만 한다. 그리고 법이 강력하게 되고 강력한 것이 정의롭도록 배려하지 않으면 안 된다."[21]

---

20) M. Kriele, 앞의 책(주 15), S. 106.

21) B. Pascal, *Pensées*, Tübingen 1948, S. 153. 여기서는 M. Kriele, 앞의 책(주 15), S. 16에서 재인용.

# 제3절 합목적성

## Ⅰ. 합목적성의 개념

'합목적성'(合目的性, Zweckmäßigkeit)이란 일정한 목적을 지향하는 활동에 있어서 그 목적을 달성하는데 유용한 사물 또는 활동에 대하여 가치를 부여하는 것을 의미한다. 법의 합목적성은 사회의 가치관에 따라 달라지는 상대적인 개념이며, 합목적성은 법이 요구하는 가치관에 따라 법의 목적을 현실화하는 데 있다.

## Ⅱ. 합목적성에 대한 라드브루흐의 견해

라드브루흐는 "합목적성은 도덕적 선이다"라고 하였다.[22] 즉 그에게 합목적성은 법에 의하여 추구하여야 할 도덕적 최고의 선을 의미한다. 라드브루흐는 경험적 세계의 전 영역에서 법의 목적으로서 절대적 가치성을 감당할 수 있는 대상은 '개인가치'(Individualwerte), '단체가치'(Kollektivwerte) 그리고 '작품가치'(Werkwerte)의 셋뿐이라고 하였다.[23] 그런데 작품가치는 개인가치가 요구하는 것과 반대의 것을 요구하고,[24] 단체가치는 개인가치가 요구하는 것과 반대의 것을 요구하며, 단체가치는 작품가치가 요구하는 것과 반대의 것을 요구한

22) G. Radbruch, *Rechtsphilosophie*(hrsg. von R. Dreier u. S. L. Paulson), 1999, S. 55(에릭 볼프/한스·페터 슈나이더 편, 최종고 역, 삼영사, 1975).

23) G. Radbruch, 앞의 책(주 22), S. 55.

24) G. Radbruch, 앞의 책(주 22), S. 55.

다. 따라서 개인가치・단체가치 또는 작품가치의 어느 것에 1순위를 부여할 것인지를 결정하지 않으면 안 된다.[25] 그것은 세계관의 문제이며, 이에는 개인주의, 초개인주의 및 초인격주의가 있다.[26] 그리고 표어적으로 총괄하면, 개인주의적 견해에서는 자유가, 초개인주의적 견해에서는 '민족'(Nation)이, 초인격주의적 견해에서는 문화가 각각 궁극적 목적이다.[27]

그리고 라드브루흐는 이러한 합목적성을 국가를 계약으로 생각하는 자유주의 국가이론에 바탕을 둔 개인주의, 국가를 유기체로 생각하는 초개인주의(전체주의) 및 초인격주의(문화주의) 사이의 선택으로 파악하였다.[28] 개인주의는 개인의 가치를 중시하여 어떠한 다수의 이익에 대해서도 인격의 가치를 정당하게 보호하려는 가치관이다. 초개인주의는 전체를 중시하여 국가, 즉 전체가 그 구성원들을 위해 존재하는 것이 아니고 구성원들이 전체를 위해 존재하는 것이며, 국가의 과제는 다수 국민의 이익에 우선한다는 가치관이다. 그리고 초인격주의는 문화를 중시하여 개인과 단체는 작품의 가치에 봉사하고 도덕, 법 및 국가는 문화에 봉사한다는 가치관이다.

그런데 국가의사가 개인가치의 우위를 결정하면 문화적 가치와 단체가치는 개인가치에 봉사하여야 하므로 문화는 개인적 교양의 수단이요, 국가와 법은 개인의 자유 안녕과 복지를 보장하기 위한 제도에 지나지 않게 된다. 단체가치에 우위가 주어지면, 개인가치와 문화적 가치는 단체가치에 봉사하고, 도덕과 문화는 국가와 법에 봉사해야 한다. 만약 문화적 가치에 우위가 주어지면, 개인가치와 단체가치는 문화적 가치에 봉사하게 되고 도덕, 법, 국가는 문화에 봉사하여야 한다.

---

25) G. Radbruch, 앞의 책(주 22), S. 56.
26) G. Radbruch, 앞의 책(주 22), S. 56.
27) G. Radbruch, 앞의 책(주 22), S. 58.
28) G. Radbruch, 앞의 책(주 22), S. 58ff.

그러나 라드브루흐에 따르면 가능한 세 가지 법률관 및 국가관은 서로 변증법적 관계에 있기 때문에,[29] 개인인격, 전체인격 또는 작품문화가 개인생활 및 단체생활의 궁극목표로 주장되는 경우에는 그것은 어느 한 요소를 강조하는 것에 지나지 않는다.[30]

## Ⅲ. 자유민주주의

### 1. 민주주의에 대한 결단

개인주의와 초개인주의 그리고 초인격주의라는 세 가지의 가치체계는 서로 대립관계에 있으며, 어떤 입장으로 보는 것이 합목적적인가는 상대적이기 때문에 각자의 신념과 확신의 문제로 귀착한다는 것이 라드브루흐의 결론이다. 그렇다면 우리 국민은 어떤 신념과 확신을 선택하였을까.

헌법에 따르면 '유구한 역사와 전통에 빛나는 우리 대한국민'은 민주주의를 국가생활의 기본적 지표로 선택하였다. 따라서 민주주의가 무엇이고, 그것에 없어서는 안 될 요소가 무엇인지를 살펴보는 것이 중요하다.

### 2. 민주주의

민주주의는 고대 그리스의 유산이다. 고대 그리스의 도시국가에서는 자유성인남자들이 모여 도시국가의 문제를 투표로써 처리하였다. 그들은 자신들의 국사처리방법을 demokratia, 곧 '국민'(demos)의 '지

29) G. Radbruch, 앞의 책(주 22), S. 60.
30) G. Radbruch, 앞의 책(주 22), S. 61.

배'(kratia)라 불렀다. 그러나 이러한 한정된 형태의 고대민주주의는 로마제정의 성립과 더불어 소멸하였다.

따라서 우리가 오늘날 민주주의에 대해서 이야기할 때에는 현대민주주의의 모체인 근대민주주의, 곧 대강 200년 전에 형성·발전과정에서 자유주의와 결합된 형태로 부활된 민주주의에 대하여 이야기하게 된다. 근대민주주의는 절대왕권의 전제적 지배로 나타난 절대주의 이념에 대한 신흥시민계급의 도전으로 시작된다. 신흥시민계급이 성장하면서 그들은 군주와 귀족, 승려 등의 특권층에 대립하여 자신의 정치적·경제적 이익을 보호하고자 하였다. 이를 위해 그들은 그리스도교의 평등사상과 정치계몽주의의 이념적 지원을 받아 근대민주주의를 탄생시킨다. 그리고 이러한 민주주의에는 외관상으로는 모순되는 것처럼 보이는 로크(J. Locke)의 국민주권이론과 루소(J. J. Rousseau)의 사회계약론, 로크의 국민대표이론과 몽테스큐(Montesquieu)의 권력분립이론이 결합되어 있다. 이렇듯 민주주의라는 국가형태는 자유의 원칙과 평등의 원칙에 근거를 두고 사상가들에 의하여 생각되었다. 이 국가형태는 역사가 흐르면서 미국에서는 인권을 헌법적으로 보장한 1776년의 독립선언으로, 유럽의 경우에는 프랑스에서 자유·평등·형제애를 헌법적으로 요청한 1789년의 대혁명과 그를 집대성시킨 1791년의 헌법으로 나타나게 된다. 이 1791년의 헌법에는 프랑스혁명의 3대구호는 물론 그 일치성이 18세기 정치계몽주의의 정수(精髓)를 형성한 인권, 권력분립 그리고 민주주의가 구현되어 있다. 따라서 민주주의의 이념은 자유와 평등이다. 자유와 평등이 민주주의의 이념이라는 것은 민주주의의 고전적 정의로서 잘 알려진 링컨(A. Lincoln)의 게티스버그연설에서도 명확하게 나타나 있다. "지금으로부터 87년 전 우리의 조상들은 자유의 생각과 모든 사람은 평등하게 창조되었다는 신념으로 이 대륙에 새로운 국가를 건설하였다."

이상을 정리하여 국민의 정치인 민주주의는 국민에 의한 정치와 국민을 위한 정치로 이루어진다고 할 수 있다. 달리 표현한다면, 민주주의는 모든 국민의 기본적 인권을 최대한으로 보장할 것과 직접·간접으로 국민에 의하여 국정이 이루어질 것을 요구한다. 그러므로 민주주의란 가치와 직결된 것이며, 이때 가치란 자유와 평등, 더 정확하게는 평등한 자유를 통해 확보되는 인간의 존엄이다. 결국 민주주의의 목표는 인간이다.[31)]

## 3. 자유민주적 기본질서

이러한 정치이념과 정치제도로서의 민주주의가 헌법에 표현된 것이 자유민주적 기본질서이다. 그러나 자유민주적 기본질서는 불확정개념이다. 학자들은 그 의미에 대한 해석을 시도하여 민주적 가치 내지는 가치로서의 민주주의는 보호되어야 한다는 결론에 이르렀다. 그리고 독일연방헌법재판소는 1952년 10월 23일의 사회주의제국당(SRP) 위헌판결에서 자유민주적 기본질서에 대한 개념정의를 내림과 동시에 그 구체적 내용을 명확히 하였다.

> "기본법에서 내려진 헌법정책적 결단에 따르면, 결국 자유민주적 기본질서의 기초가 되어 있는 것은 인간은 창조질서 내에서 고유의 독자적 가치를 지니며 자유와 평등은 국가적 통일의 항구적 기본가치라는 생각이다. 그러므로 기본질서는 가치구속적인 질서이다. 이는 인간의 존엄과 자유와 평등을 거부하는 배타적인 통치권력으로서의 전체국가의 반대개념이다. … 그러므로 자유민주적 기본질서는 모든 폭력적 지배와 자의적 지배를 배제하고 그때그때의 다수의사에 따른 국민의 자기결정과 자유 및 평등에 기초하는

31) 홍성방, 헌법학(개정4판), 현암사, 2007, 85·86쪽.

> 법치국가적 통치질서를 말한다. 이 질서의 기본적 원리에는 적어도 다음과 같은 것이 포함되어야 한다. 기본법에 구체화되어 있는 기본적 인권, 특히 생명권과 인격의 자유로운 발현권의 존중, 국민주권, 권력분립, 정부의 책임성, 행정의 합법률성, 사법권의 독립, 복수정당제의 원리와 헌법상 야당을 결성하고 활동할 권리를 포함하는 모든 정당에 대한 기회균등."[32]

우리 헌법재판소도 국가보안법 제7조 제1항・제5항에 대한 한정합헌결정에서 자유민주적 기본질서에 대한 독일연방헌법재판소의 견해를 대체로 수용하고 있다.

> "… 자유민주적 기본질서에 위해를 준다 함은 모든 폭력적 지배와 자의적 지배, 즉 반국가단체의 1인독재 내지 1당독재를 배제하고 다수의 의사에 의한 국민의 자치・자유・평등의 기본원칙에 의한 법치국가적 통치질서의 유지를 어렵게 만드는 것이고, 이를 보다 구체적으로 말하면 기본적 인권의 존중, 권력분립, 의회제도, 복수정당제도, 선거제도, 사유재산과 시장경제를 골간으로 한 경제질서 및 사법권의 독립 등 우리의 내부체제를 파괴・변혁시키려는 것으로 풀이할 수 있을 것이다."[33]

32) BVerfGE 2, 1(12f.).
33) 헌재 1990. 4. 2. 89헌가113 결정, 헌재판례집 제2권, 49쪽 이하(특히 64쪽).

# 제4절
# 법적 안정성

## Ⅰ. 법적 안정성의 의의

'법적 안정성'(法的 安定性, Rechtssicherheit)이란 법에 의한 사회의 안정과 법 자체가 개정되거나 폐지되지 않고 오래 법으로서 존속하면서 그 효력을 갖는 것을 의미한다. 곧 법적 안정성은 법적으로 보장된 사회질서의 안정이라는 뜻으로 사용되기도 하고, 법 그 자체의 안정성, 곧 법에 있어서의 안정성을 의미하는 것으로 사용되기도 하나, 후자의 뜻으로 사용되는 것이 보통이다.[34] 그것은 법의 안정성이 보장될 때, 개인들에게 미래에 대한 예측가능성과 과거에 대한 신뢰가 보호되게 되어 사회질서의 안정성도 보장되는 까닭이다.

그래서 영국법에서는 법적 안정성이란 사상이 다른 법이념보다 우위를 차지하고 있고,[35] 괴테는 법적 안정성을 강조하여 "무질서보다는 나쁜 질서라도 있는 것이 더 낫다"고 하였으며, 자연법론으로 전향하기 이전의 라드브루흐는 법의 과제는 무엇보다도 법적 안정성이라고

34) "우리는 법적 안정성이란 말을 살인, 상해, 절도로부터의 보호와-이것은 이미 합목적성의 개념에 포함되는 것이지만-같은 법에 의한 안정의 뜻이 아니라, 법 자체의 안정이란 뜻으로 이해한다."(G. Radbruch, *Einführung in die Rechtswissenschaft*, 12. Aufl.(1969), S. 39)

35) 이를 G. Radbruch, 앞의 책(주 34), S. 40f.는 벤담의 이야기를 들어 다음과 같이 설명하고 있다. "영국의 법사상가 벤담은 법적 안정성을 절찬하여 법적 안정성은 장래에 대한 예견의 가능성과, 장래에 대한 계획의 가능성을 보장하여 주며, 모든 계획, 절약, 근로의 근본이 되는 문제이며, 또 생활이 단지 순간적이 아니라 연속성을 갖도록, 즉 개별적 생활이 세대의 연쇄 중의 한 고리가 되도록 한다고 말하고, 또 그것은 문명의 결정적 표지이며, 문화인과 야만인을, 평화와 전쟁을, 인간과 동물을 구별케 한다고 말하였던 것이다."

하였다. 법적 안정성의 요구는 성문법의 발달을 가져왔고, 법해석에 있어서 개념법학의 우월성을 가져오게 하였다.

## Ⅱ. 법적 안정성이 유지되기 위한 요건

법적 안정성이 유지되기 위해서는 첫째, 법이 확정되어 있어야 하고, 둘째, 법이 함부로 자주 변경되어서는 안 되고, 셋째, 법의 실행은 실제로 확실히 행해져야 하며, 넷째, 법은 국민의 의식에 적합해야 한다.[36)]

### 1. 법의 확정성

법은 그 의미내용이 객관적인 것으로 확정되어 있어야 한다. 그러기 위해서는 법규범을 표현하는 언어의 의미가 명확해야 한다. 불명확한 법에 의해서 처벌받거나 단속을 받게 되면 국민은 항상 불안하

---

36) 물론 이와는 다른 관점에서 법적 안정성의 요소를 드는 경우도 있다. 예컨대 김영환, 법철학의 근본문제, 홍문사, 2006, 69·70쪽은 법적 안정성의 요소로서 실정성, 실용성, 불가변성을 든다. 또 G. Radbruch, 앞의 책(주 34), S. 39f.는 법적 안정성은 다음과 같은 네 가지 요소를 요구한다고 한다. 즉 "첫째, 법은 실정적이고 제정된 법이라는 것, 둘째, 제정법이 그 자체로서 안정적이라는 것, 즉 법이 사실에 입각하고 있으며, 법관은 개별적 사안에 관하여 지나치게 자신의 가치판단에 의거하지 말고 신의성실, 선량한 풍속 등의 보편적 조항을 따르도록 지시되어 있다는 것, 셋째, 이 법의 기초가 되는 모든 사실이 가능한 한, 오류없이 확정되고 또한 실제적인 것, 그 대신 그 사실의 조잡성을 어느 정도 인용하지 않으면 안된다는 것, 예컨대 원래 심중의 사실인 배상이 외부적 표징에 의하여 결정되며, 행동능력이 개인적인 내부성숙에 따라 결정되지 않고, 모든 사람에게 일률적으로 확립되어 있는 성년연령에 따라 결정되듯. 넷째, 실정법은－법의 안정성이 보증되어 있어야 한다－쉽사리 변경되어서는 안 되며, 그때그때의 생각대로 뜯어 고치거나 아무 제지도 없이 법률의 형식을 따서 하는 즉흥적 입법이 되어서도 안 된다."

기 때문이다.

그러나 사회생활은 항상 변화한다. 그리고 법은 이러한 변화속도를 따라잡지 못하는 것이 일반적이다. 그래서 사회생활의 변화에 따른 법의 공백상태를 막기 위하여 '불확정개념'(不確定概念, unbestimmter Rechtsbegriff)을 사용하는 '일반조항'(또는 개괄조항, Generalklausel)을 사용하는 것은 피할 수 없다. 예컨대 민법 제103조는 "선량한 풍속 기타 사회질서에 위반한 사항을 내용으로 하는 법률행위는 무효로 한다"고 규정하고 있는 바, '선량한 풍속'이나 '사회질서'가 불확정개념에 속하며, 민법 제103조는 불확정개념을 사용하고 있기 때문에 일반조항이라 한다. 일반조항의 또 다른 예는 "국민의 모든 자유와 권리는 국가안전보장·질서유지 또는 공공복리를 위하여 필요한 경우에 한하여 법률로써 제한할 수 있으며, 제한하는 경우에도 자유와 권리의 본질적인 내용을 침해할 수 없다"고 규정하고 있는 헌법 제37조 제2항에서도 볼 수 있다. 일반적으로 일반조항은 가치충전이 필요한 개념과 동일시되고 있다.[37)]

또 법은 행위당시에 만들어져 있어야지 행위가 행해진 이후에 만들어진 다음에 과거의 행위에 대해서 효력을 거꾸로 미쳐서는 안 된다. 만일 사람들이 자신이 하는 모든 행위에 대하여 언젠가 징벌이 가하여질지도 모른다고 걱정하면서 살아야 한다면 사람들은 아무것도 할 수 없을 것이다.

그러나 법률불소급의 원칙이 지켜지는 것이 바람직하나, 소급입법

---

37) 그러나 이상돈, 앞의 책(주 19), 245쪽은 일반조항과 가치충전이 필요한 개념을 구별한다. 그에 따르면 가치충전필요개념은 정서적 요소나 평가적 요소가 포함되어 있는 규범적 개념과 마찬가지로 법률적용자의 정서적·규범적 평가로써 그 내용이 채워지게 되는 개념이기는 하나 규범적 개념과는 달리 경험적으로 지각할 수 없는 대상을 지시하는 개념을 가리킨다. 그에 반하여 일반조항이란 단지 일반원칙만 제시됨으로써 그것을 구체화하는 기준을 법률적용자가 만들어야만 비로소 그 조항의 적용이 가능해지는 규정을 가리킨다고 한다.

의 필요성이 있는 경우가 있을 수 있다. 과거의 사실관계나 법률관계를 규율하기 위한 소급입법에는 진정소급입법과 부진정소급입법이 있다. 진정소급입법은 과거에 완성된 사실 또는 법률관계를 규율대상으로 한다. 부진정소급입법은 이미 과거에 시작되었으나 아직 완성되지 아니하고 진행과정에 있는 사실 또는 법률관계를 규율대상으로 한다. 진정소급입법에 대해서는 입법권자의 입법형성권보다도 당사자가 구법질서에서 기대했던 신뢰를 보호하고 법적 안정성을 도모하기 위해서 특단의 사정이 없는 한 구법에 의하여 얻은 자격 또는 권리를 새 입법을 함에 있어서 존중하여야 한다. 그러나 부진정 소급입법의 경우에는 입법형성권을 중시하여야 하므로 특단의 사정이 없는 한 새 입법을 하면서 구법관계 내지 구법상의 기대이익을 존중하여야 할 의무가 발생하지 않는다. 진정소급입법은 원칙적으로 인정되지 않는다. 그러나 "일반적으로 국민이 소급입법을 예상할 수 있었거나, 법적 상태가 불확실하고 혼란스러웠거나 하여 보호할만한 신뢰의 이익이 적은 경우와 소급입법에 의한 당사자의 손실이 없거나 아주 경미한 경우, 그리고 신뢰보호의 요청에 우선하는 심히 중대한 공익상의 이유가 소급입법을 정당화하는 경우 등"[38]에는 예외적으로 진정소급입법이 허용된다.

또한 법률불소급의 적용을 엄격하게 적용하면 법이 만들어지지 못한 상태에서 저질러진 반인간적이고 비인도적인 범죄에 대하여는 평가할 수 없는 사태가 발생한다. 따라서 정의의 요구가 강력하게 제기될 때는 예외적으로 법률불소급의 원칙도 후퇴할 수밖에 없을 것이다.[39] 물론 이때 그 정의라는 것이 무엇이며, 어떠한 경우에 법률불소

38) 헌재 1998. 9. 30. 97헌바38 결정, 헌법재판소판례집 제10권 2집, 530쪽 이하 참조.

39) 이 부분과 관련해서는 G. Radbruch, 앞의 책(주 34), S. 40의 다음과 같은 언급을 비판적으로 생각해보아야 할 것이다. "법적 안정성은 실정법이 타당성이 있음

급의 원칙보다 정의의 원칙을 우선시켜야 할 중대한 필요가 있는가 하는 점이 문제될 수 있다. 예컨대 「5 · 18 광주민주화운동 등에 관한 특별법」 제2조에서 "1979년 12월 12일과 1980년 5월 18일을 전후하여 발생한 '헌정질서파괴범죄의공소시효등에관한특별법' 제2조의 헌정질서파괴 범죄행위에 대하여 국가의 소추권행사에 장애사유가 존재한 기간은 공소시효의 진행이 정지된 것으로 본다"고 규정한 것을 그 예로 들 수 있다.[40)]

## 2. 법변경의 곤란성

법은 함부로 개정되어서는 안 된다. 법이 조령모개(朝令暮改)식으로 개정되는 경우 사람들은 법이 언제 개정되었는지 언제 개정될지 항상 불안하여 안심하고 사회생활을 할 수 없음은 물론 법적용자들도 법적용에 있어 명확한 기준을 가질 수 없게 될 것이다.

그래서 우리나라의 최고법이자 기본법인 헌법은 특히 그 개정절차를 엄격하게 규정하고 있다(헌법 제128조 내지 제130조 참조). 이렇게 개정절차가 엄격한 헌법을 경성헌법이라 한다. 그에 반해서 헌법의 개정절차가 일반법률의 개정절차와 동일한 헌법을 연성헌법이라 한다.

---

을 요구하는데, 한편 법적 안정성의 필요는 사실적인 상태가 법적인 상태로 되며, 더구나 불법이 법으로 되는 등의 모순된 결과를 초래할 수도 있다. 혁명이나 대역은 그것이 성공하지 못하는 경우에는 범죄이지만, 승리한 뒤에는 그것이 법의 기초가 된다. 이 경우에는 반대로 법적 안정성이 오히려 불법을 신법으로 굳힌다. 혁명정부는 혁명이 성취된 뒤에는—자신의 대역으로 문란하여진—평화와 질서를 보증할 것이라고 선언하는 것이 보통이다. 그러므로 법적 안정성이란 사상은 실력과 법과의 관계에서 모순의 절정을 이룬다. 실력이 법에 앞서는 것은 아니지만, 승리한 실력은 새로운 법적 상태를 창조하는 것이다."

40) 구체적인 것은 헌재 1996. 2. 16. 96헌가2 등 병합결정, 헌법재판소판례집 제8권 1집(1996), 51쪽 이하, 특히 89 · 90쪽 참조.

## 3. 법의 실행성

법은 실제로 행해져야 한다. 예컨대 "사람의 신체에 대하여 폭행을 가한 자는 2년 이하의 징역, 500만원 이하의 벌금, 구류 또는 과료에 처한다"라는 형법 제260조 제1항이 존재하더라도 이것이 행해지지 않으면 불법으로 사람을 폭행하는 자가 많아져 사람들은 안심하고 생활할 수 없게 된다. 그러나 이것이 행해지면 우리들은 안심하는 동시에 한편 스스로 이러한 범죄를 행하지 않으면 처벌되지 않는다고 안심하게 된다.

## 4. 법의 적합성

법은 국민의 법의식에 합당하여야 한다. 법이 너무 엄하다거나 국민의 정의감에 반하는 경우에는 시민불복종이 일어나 법적 안정성은 유지될 수 없을 것이다.

일반적으로 "시민불복종"(Civil Disobedience)이라 함은 "양심상 부정하다고 확신하는 법이나 정책을 개선할 목적으로 기존의 법을 위반하여 행한 공적이고 비폭력적이며 정치적인 항의행위"[41]를 말한다. 즉 저항권[42]을 행사할 수 있는 경우처럼 총체적 불법상태는 아니고 어느 정도의 법치국가가 실현되고 있는 국가에서 합법적 절차에 의하여 자신이 생각하는 정의를 더 이상 모색할 수 없을 때 시민들은 자신이 생각하는 정의의 규범적·윤리적 근거를 공개적으로 널리 알릴 목적으로 법을 의식적으로 위반함으로써 상징적인 항거를 할 수 있는 바, 이를 시민불복종이라고 부른다. 예컨대 국영방송의 편파보도를 시정할 수 없을 때 시청료납부를 거부하는 경우가 그에 속한다.[43]

---

41) J. Rawls, *Eine Theorie der Gerechtigkeit*, 1975, S. 401.

42) 저항권에 대해서는 '제8장 법의 효력' 부분에서 악법을 설명하면서 다룬다.

이러한 시민불복종운동으로 승인되기 위한 조건으로는 (1) 시민불복종운동의 주체는 불복종운동이 민주적 의사형성의 의사소통적 흐름으로 자리매김될 수 있기에 적합한 특성, 곧 시민성을 갖출 것, (2) 운동은 비폭력적일 것, (3) 불복종의 근거와 주장내용을 공식적으로 천명하고, 실정법상의 처벌을 감수하겠다는 자세가 있을 것(공공성), (4) 기존의 모든 법적 절차에 의하여 불복종하려는 실정법을 변화시킬 수 있는 가능성이 다 소진된 경우이면서(보충성), 그 실정법에 의해 침해되는 이익이 불복종운동에 의해 침해되는 제3자의 이익보다도 더 중대한 것일 것(비례성), (5) 운동이 표방하는 정의내용이나 새로운 행위규범들이 공론영역에서 적어도 기존의 법규범과 함께 정당성을 향한 경쟁을 상당한 정도로 견디어내는 단계에 이를 수 있을 것(공론경쟁력) 등이다.[44]

---

43) 이상돈, 앞의 책(주 19), 22쪽.

44) 이상돈, 시민불복종운동－논쟁, 이론, 개념, 법제화, 『법치국가와 시민불복종』, 91쪽 이하, 여기서는 이상돈, 앞의 책(주 19), 23쪽에서 재인용. 시민불복종에 대하여 더 자세한 것은 김영환, 앞의 책(주 36), 142~154쪽 참조.

## 제5절
# 세 가지 법이념의 관계

이제까지 보아 왔듯이 라드브루흐는 법의 이념으로서 정의, 합목적성, 그리고 법적 안정성의 세 가지를 들었다. 이러한 법의 이념을 요약하면 (1) 정의는 주로 법의 내용에 관한 법이념이지만 법적 안정성이란 주로 법질서의 정립, 곧 기능에 관한 법이념이다. (2) 정의가 넓은 뜻에서 윤리적 가치와 결부된 법이념인데 대하여 합목적성은 공리적 가치와 맺어지는 법이념이라고 할 수 있다. (3) 정의가 일반화하는 경향이 있는데 대하여 합목적성은 개별화하는 경향이 있고, 정의니 합목적성이니 하는 것은 이념적인 것인데 대하여 법적 안정성이란 실정법을 요구하고 이 실정성은 실력, 곧 사실에서 나오는 것이라 한다.

법적 안정성은 법의 형식에 관하여 강조점을 두는 반면, 정의와 합목적성은 주로 법의 실질(내용)에 중점을 둔다. 따라서 법적 안정성은 법의 내용이 정의나 목적에 부합하느냐 여부와 관계없이 그 원리 자체를 고집하는 경향이 있기 때문에 양자 간에는 갈등이 생긴다. 또 정의와 합목적성이라는 것도 다 같이 법의 내용에 관한 것이지만, 그 내부에서는 각기 다른 가치관념들이 상존하기 때문에 이것들 사이에서도 갈등이 생기기 쉽다. 이른바 '악법도 법'(dura lex, sed lex)이냐 하는 문제도 이 세 가지 이념의 모순·갈등에서 오는 것이다.

라드브루흐는 이 세 가지 법의 이념이 시대에 따라 각각 달리 적용된다고 한다. 즉 자연법을 중요시하는 시대에는 정의의 이념이 강조되고, 경찰국가시대에는 합목적성의 이념이 강조되며, 법실증주의시대에는 법적 안정성의 이념이 강조된다고 한다. 또한 법체계에 있어서도 형법에는 정의의 이념이 강하게 작용하고, 행정법에는 합목적성

의 이념이 강하게 작용하며, 민법이나 소송법에서는 법적 안정성의 이념이 강하게 작용한다고 한다.[45)]

라드브루흐는 전전(戰前)에 법의 이념으로서 정의, 합목적성, 그리고 법적 안정성의 세 가지를 들었으며 그 중 어느 것을 택하느냐는 각자의 세계관의 문제로 보았다. 그러나 그는 사회질서의 유지를 위해서는 법적 안정성을 다른 두 가지보다 중시하였다. 즉 라드브루흐는 "법질서가 존재한다는 것은 법질서의 안정성이나 합목적성보다 중요하며, 따라서 정의나 합목적성은 법의 제2의 과제이나 법적 안정성, 즉 질서·평화는 제1의 과제이다"라고 하여 법적 안정성의 기능을 중시하였다.[46)] 그러나 나치스의 폭정을 경험한 그는 전전(戰前)의 학설을 수정하여 세 개의 법이념 중 정의에 우월성을 인정하였다. "정의와 법적 안정성의 충돌은 다음과 같이 해결될 수 있을 것이다. 즉 제정과 권력을 통해서 보장된 실정법은 내용적으로 불법이고 합목적적이지 않은 경우에도 실정법(률)의 정의에 대한 모순의 정도가 참을 수 없을 만큼 되어서 그 법률이 부정의한 법으로서 정의를 벗어나지 않는다면 여전히 우위를 점한다. 법률적 불법의 경우와 정당하지 않은 내용에도 불구하고 타당한 법률의 경우 간에 보다 예리한 선을 긋는 것은 불가능하지만, 다른 한계설정은 가장 예리하게 이루어질 수 있다. 즉 정의가 한 번도 추구되지 않고, 정의의 핵심을 구성하는 평등이 실정법을 제정할 때, 의식적으로 부인될 때, 그 법률은 예컨대 단지 '정당하지 않은 법으로'만 그치지 않고, 오히려 법의 속성을 갖지 않게 된다. 왜냐하면 법, 특히 실정법은, 그 의미상 정의에 봉사하도록 정해진 질서와 제정으로서만 정의될 수 있기 때문이다."[47)]

45) G. Radbruch, 앞의 책(주 22), S. 77.

46) G. Radbruch, 앞의 책(주 22), S. 74.

47) G. Radbruch, Gesetzliches Unrecht und übergesetzliches Recht(1946), in : *Rechtsphilosophie*, 8. Aufl., 1973, S. 345(윤재왕 역, 법률적 불법과 초

법에 있어서의 정의와 합목적성 그리고 법적 안정성은 서로 대립하고 모순된다 하더라도 법이 존재하는 한 이념으로서 영속할 것이다. 그렇다면 무엇이 정의이고, 무엇이 합목적성이며, 무엇이 법적 안정성인가 하는 것은 시대와 장소에 따라 상대적으로 결정할 수밖에 없을 것이다. 그러나 이러한 세 이념은 법이 진실로 추구해야 할 당위적인 목표이므로 이들이 조화되도록 하는 것이 중요한 과제라 할 수 있다. 그리고 법의 세 가지 이념이 조화하는 가운데 법의 생명은 유지·발전되어 간다고 하겠다.

---

법률적 법, 프랑크 살리거, 『라드브루흐 공식과 법치국가』, 2000, 132쪽 이하).

# 제6절
# 법의 기능

법의 목적을 실현하는 수단을 법의 기능이라고 할 수 있다. 따라서 법의 목적이 법의 내재적 · 이념적 문제(법철학적 문제)라면, 법의 기능은 법의 외면적 · 실재적 문제(법사회학적 문제)라고 할 수 있다.

법의 기능에는 여러 가지가 있을 수 있으나 중요한 것으로는 질서유지의 기능, 통제적 기능, 선도(先導)적 기능, 평가적 기능, 제도형성적 기능, 예측성 확보의 기능을 들 수 있다.

첫째, 법은 질서유지의 기능을 한다. 법은 개인의 생명, 신체, 재산, 인격 기타 여러 가지 권익을 침해로부터 보호하고, 사회와 국가의 이익까지 보호한다. 곧 사회공동체의 안녕과 질서를 유지하는 것이 법의 제1차적 기능이다. 따라서 질서유지를 위하여 선량한 풍속 기타 사회질서에 위반하는 사항을 내용으로 하는 법률행위는 무효가 되며(민법 제103조), 국가안전보장, 질서유지, 공공복리를 위하여 국민의 기본권은 제한될 수 있다(헌법 제37조 제2항).

둘째, 법은 통제적 기능을 한다. 법은 강제성을 수반하는 사회규범이다. 따라서 법에서 정하여 허용한 경우를 제외하고는 개인의 자유로운 의사결정은 허용되지 않는다. 곧 법은 명령 · 강제 · 금지하는 기능을 하며, 이에 위반하면 제재를 가한다.

셋째, 법은 사회의 윤리를 규범화시켜 사회를 선도하는 기능을 한다.

넷째, 법은 평가적 기능을 한다. 즉 법은 인간의 행위에 대한 타당성(當 · 不當)판단의 기준으로서 기능한다.

다섯째, 법은 제도형성적 기능을 한다. 즉 법은 정치, 경제, 교육제도, 소송제도, 친족 · 상속제도, 혼인제도, 공무원제도, 정당제도 등의 근거를 제공하며, 때로는 제도를 폐지 또는 개혁하는 기능을 한다.

여섯째, 법은 예측성확보의 기능을 한다. 즉 법은 사회생활에 척도를 제공함으로써 일정한 결과에 대한 정확한 예측 내지 기대를 가능하게 한다.

# 제6장

# 법 원(法源)

제1절 법원의 의의
제2절 성문법원(成文法源)
제3절 불문법원(不文法源)

## 제1절
# 법원의 의의

한 국가의 국민은 법에 복종하여야 한다. 그리고 법을 보호하는 기관은 필요한 경우에는 법에 대한 복종을 강제한다. 그렇다면 법보호기관은 자신들이 적용하여야 하는 법을 어디서 끌어내는가? 이것이 법원(法源)에 대한 문제이다.

우리가 법원으로 번역하여 사용하는 말은 독일어 Rechtsquelle에 해당되며, 이 독일어는 라틴어 'fontes iuris'(법의 원천 또는 법의 연원)에서 유래한다. 그러니까 법원은 법의 원천(源泉) 또는 법의 연원(淵源)의 줄인 말이다. 법원은 광의로는 법을 형성하는 원동력 또는 법규범의 타당성의 근거를 의미하며, 협의로는 종래 '법의 존재형식'으로 개념정의되어 왔다.[1] 그리고 최근에 들어서는 '법의 존재형식' 또는 '법의 인식근거' 또는 '법을 인식할 수 있는 법의 존재형식'이라고 정의되기도 한다.

그러나 지금까지도 통상적인 법원의 개념정의에 따라 법원을 '법의 존재형식'으로 이해하는 경우 논리적 모순이 생긴다. 그 이유를 살펴보자. 우리는 이미 실정법질서는 켈젠의 법단계설에 의하여 일정한 서열질서에 놓여 있는 것으로 배운 바 있다. 곧 실정법질서는 헌법을 정점으로 하여 그 밑에 법률－명령(규칙 포함)－지방자치법규의 순으로 상하의 질서를 이루고 있다. 그런데 우리가 행정에 관한 법령의 집합체인 행정법을 공부하는 경우 행정법의 법원으로서는 성문법원과 불문법원이 있고, 행정법의 성문법원에는 헌법－법률－명령－지방자치규칙이 있다고 배우게 된다. 여기에서 이 이야기를 분석해보면 행

1) 곽윤직, 민법총칙, 박영사, 1998, 19쪽.

정에 관한 법률과 명령의 집합체인 행정법이 그보다 상위에 있는 헌법의 형태로 존재한다는 논리적 모순을 발견하게 된다.

따라서 우리는 법원을 이러한 논리적 모순 없이 개념 정의해야 할 필요를 느끼며, 그러한 논리적 모순 없는 법원에 대한 개념 정의를 로스(Alf Roß 1866~1951)[2]에게서 발견하게 된다. 로스는 법원을 '법의 인식 근거', 곧 무엇으로부터 법을 알게 되는가라는 문제로 파악하고 있다. 법원을 '법의 인식근거'라고 한다면 행정법의 법원으로서 헌법을 드는 경우라 하더라도 행정법은 헌법으로부터 인식할 수 있다는 이야기가 되어 논리적으로 모순이 생기지 않는다.

법의 인식근거에는 외형에 따라 성문법원과 불문법원의 두 종류가 있다. 법이 불문법에서 성문법으로 발전해온 것처럼 법원도 불문법원에서부터 성문법원에로 발전하여 왔다. 그러나 오늘날은 몇몇 나라를 제외하고는 지구상의 대부분의 국가들이 성문법원을 법인식의 주된 근거로 삼고 있기 때문에 성문법원부터 설명하기로 하겠다.

---

2) A. Roß, *Theorie der Rechtsquellen*, 1929.

# 제2절
# 성문법원(成文法源)

성문법은 문장의 형식으로 표현된 법으로서 권한 있는 기관이 문서의 형식을 갖추고 일정한 절차와 형식에 따라서 제정·공포한 법으로 제정법이라고도 한다. 오늘날의 문명국가는 원칙적으로 성문법을 기본으로 하고 있다. 성문법원에는 헌법, 법률, 명령, 규칙, 지방자치규칙이 있다.

## Ⅰ. 헌법

'헌법'(憲法, Constitution, Verfassung)은 한 나라의 기본법으로, 이를 어떻게 이해하는가는 법실증주의적 헌법관, 결단론적 헌법관, 통합론적 헌법관이 있다. 그러나 여기서는 헌법을 "인간의 존엄을 실현하기 위하여 정치적 통일과 정의로운 경제질서를 형성하는 국가적 과제의 수행원리와 국가 내에서의 갈등을 극복할 절차 및 국가작용의 조직과 절차의 대강을 규정하는 국가의 법적 기본질서"[3]로 정의하기로 한다. 헌법에는 성문헌법과 불문헌법이 있는데, 영국 등 몇 나라를 제외한 대부분의 국가들은 성문헌법을 가지고 있다.

헌법은 국가의 최상위법이므로 그 효력은 법률·명령 등 하위법에 우선하며, 그 개정에 있어서도 일반법률의 경우보다 엄격한 절차에 따르도록 되어 있는 것이 보통이다(헌법 제128조 참조).

우리 헌법은 1948. 7. 12. 제정되어 동년 7. 17.에 공포·시행되기 시작했는데, 현재에 이르기까지 9차례에 걸친 개정이 있었다. 현행헌

3) 헌법관에 대하여 더 자세한 것은 홍성방, 헌법학, 현암사, 2007, 3~11쪽 참조.

법은 전문, 본칙 130개조, 부칙 6개조로 구성되어 있다.

## Ⅱ. 법률

### 1. 법률의 의의

'법률'(法律, Gesetz)은 입법부(국회)가 헌법에 규정된 일정한 입법절차에 따라 심의·의결하고 대통령이 서명·공포함으로써 효력이 발생하는 헌법하위의 법규범을 말한다.

법률은 원칙적으로 일반적·추상적이어야 한다. 일반적이라 함은 법률이 불특정다수인에게, 곧 모든 사람에게 적용되어야 하는 것을 말하고, 추상적이라 함은 법률이 모든 사건에 적용되어야 함을 뜻한다. 그러나 모든 법률이 일반적·추상적일 수는 없다. 곧 사회국가적·행정국가적 요청을 실현하기 위하여 개별적·구체적 사항을 규율하는 법률도 있을 수 있는데, 이러한 법률을 처분적 법률 또는 '처분법률'(Maßnahmegesetz)이라고 한다.

법률은 헌법 밑에 있기 때문에 헌법에 위배되는 법률은 무효이나, 헌법에 버금가는 효력을 가지고 있기 때문에 명령, 규칙이 법률에 위배될 수는 없다(헌법 제107조 제2항 참조).

헌법에서 반드시 법률로 정하도록 한 사항이 있는데 이를 법률사항 또는 입법사항이라고 한다. 법률사항 또는 입법사항은 헌법에서 '법률의 정하는 바에 따라(의하여)', '법률에 의하지 아니하고는'이라고 표현하고 있다. 예컨대 헌법 제12조 제1항 제2문 전단은 "누구든지 법률에 의하지 아니하고는 체포·구속·압수·수색 또는 심문을 받지 아니하며"라고 규정하고 있는 바, 여기서 체포·구속·압수·수색 또는 심문이 법률사항 또는 입법사항이다. 따라서 체포·구속·압수·

수색 또는 심문에 관한 사항을 법률보다 하위인 명령으로 규정한다면 그것은 위헌이 되어 무효가 될 것이다. 그밖에도 법치주의원칙에 따라 국민의 권리와 의무에 관한 사항은 법률로써 규정하여야 하므로 국민의 생명・신체・자유・재산에 대한 침해나 제한을 가져올 사항은 반드시 법률로써 정하여야 한다.

## 2. 법률의 성립과정

법률은 (법률안)제안－심의・의결－이송－공포의 과정을 거쳐 성립되고 시행된다.

### (1) 법률안제안

법률안제안권은 정부와 국회의원 10인 이상 및 국회의 상임위원회(소관사항에 한정)에게 있다(헌법 제52조, 국회법 제79조). 특히 정부가 법률안을 제출하고자 하면 국무회의의 심의를 거쳐(헌법 제89조 제3호) 국무총리와 관계 국무위원의 부서를 받은 후(헌법 제82조) 대통령이 국회의장에게 제출하게 된다. 그리고 예산상의 조치를 수반하는 법률안은 예산명세서를 제출하여야 한다(국회법 제79조).

### (2) 심의

법률안의 심의방법에는 위원회주의와 독회제(讀會制)가 있다. 위원회주의는 미국에서 유래하며, 법률안의 심의는 소관상임위원회에서 그리고 법률안의 의결은 본회의에서 하는 방법이다. 그에 반하여 독회제는 영국에서 유래하며, 법률안의 심의와 의결을 모두 본회의에서 하는 방법이다. 독회는 제1독회, 제2독회, 제3독회로 나누어지며, 제1독회에서는 법률안제안설명을, 제2독회에서는 법률안에 대한 심의를,

제3독회에서는 법률안에 대한 의결을 하는 것이 일반적이다. 우리의 경우 위원회주의를 채택하고 있다.

제안된 법률안의 심의는 상임위원회중심주의에 의하여 행해진다. 따라서 법률안이 제출되면 국회의장은 이를 인쇄하여 의원들에게 배부하고 본회의에 보고하며, 법률안의 내용과 성질에 따라 소관상임위원회에 회부해서 심의하게 된다. 상임위원회에서는 의원들에게 충분한 검토시간을 주기 위해서 법률안이 의원에게 배부된 후 원칙적으로 15일 또는 20일이 지난 후에야 이를 상정할 수 있다(국회법 제59조 참조). 상임위원회에서 심의·채택된 법률안은 일단 법제사법위원회에 넘겨 체계와 자구수정을 거쳐 본회의에 부의한다.

### (3) 의결

국회 본회의에서는 소관상임위원장의 심사보고를 듣고 질의와 토론을 거쳐 표결처리한다. 그러나 본회의는 의결로써 질의와 토론 또는 그 중의 하나를 생략할 수도 있다. 법률안이 본회의를 통과하려면 재적의원 과반수의 출석과 출석의원 과반수의 찬성이 있어야 한다(헌법 제49조). 의결 전에 수정안을 제시할 수 있는데, 이때 위원회에서의 수정안 외의 법률안에 대한 수정동의는 의원 30인 이상의 찬성을 필요로 한다.

### (4) 공포

국회에서 의결된 법률안은 정부에 이송되어 15일 이내에 대통령이 서명·공포하게 된다. 대통령의 서명·공포에는 국무회의의 심의와 국무총리 및 관계국무위원의 부서가 있어야 한다. 그리고 대통령은 법률안의 서명·공포절차에서 이송된 법률안에 이의가 있을 경우 거부권을 행사할 수 있다. 이러한 거부권의 행사는 이송된 날로부터 15

일 이내에 이의서를 붙여 국회로 환부하고 그 재의를 요구하게 된다. 법률안이 환부거부되면 국회는 재의에 붙이고 재적의원 과반수의 출석과 출석의원 3분의 2 이상의 찬성으로 재의결하면 법률로서 확정된다. 이와 같이 확정된 법률은 다시 정부로 이송되어 5일 이내에 대통령이 공포하지 않으면 국회의장이 이를 공포하게 된다. 그리고 법률안이 정부에 이송된 후 공포나 재의요구도 없이 15일이 경과됨으로써 법률로 확정된 경우에도 국회의장이 이를 공포하게 된다(헌법 제53조 참조).

공포된 법률은 특별한 규정이 없는 한 공포한 날로부터 20일을 경과함으로써 효력을 발생한다.

## Ⅲ. 명령

### 1. 명령의 의의

'명령'(命令, Verordnung)이란 국회의 입법절차를 거치지 않고 국가기관에 의하여 제정된 법규범을 말한다.[4] 명령은 법률의 하위에 있으므로 명령에 의하여 헌법 또는 법률을 개폐하지 못한다. 단 법률대위명령(法律代位命令, gesetzesersetzende Verordnung), 즉 형식은 명령이나 법률적 효력을 가지는 명령(헌법 제75조, 제76조 참조)은 법률을 개폐할 수 있다.

### 2. 명령의 종류

#### (1) 명령의 분류

명령은 제정권자를 표준으로 하여 분류할 수도 있고, 수권의 근거

4) H. Nawiasky, *Allgemeine Rechtslehre*, 1948, S. 73.

를 표준으로 하여 분류할 수도 있으며, 법률에 대한 관계를 표준으로 하여 분류할 수 있다. 그러나 이러한 분류방법은 중복되기 때문에 이곳에서는 제정권자를 표준으로 한 분류만을 설명하기로 한다. 명령을 제정권자를 기준으로 분류하면 대통령령(헌법 제75조), 총리령 및 부령(헌법 제95조)이 있다. 대통령령, 총리령, 부령 사이의 서열은 대통령령은 총리령과 부령보다 상위에 있으나, 총리령과 부령의 효력은 같다.

### (2) 대통령령

대통령령에는 법률에서 구체적으로 범위를 정하여 위임받은 위임명령과 법률을 집행하기 위하여 필요한 사항에 관한 집행명령(헌법 제75조)이 있다. 예컨대 상법의일부규정의시행에관한규정(대통령령 제11485호) 제2조는 상법 부칙 제1조에 의하여 위임된 사항을 대통령령으로 제정한 위임명령이며, 부정수표단속법시행령은 집행명령이다.

집행명령은 법률을 집행하기 위하여 필요한 사항에 관하여 행정기관이 발하는 명령이다. 특정법률에 종속하여 효력을 가지는 것이므로 기본이 되는 법률이 소멸한 때에는 따라서 소멸한다. 법률의 일부에 변경이 있을 때에는 그 변경된 부분에 종속한 한도에서 집행명령은 그 효력이 변경 또는 소멸된다. 위임명령과 집행명령은 다같이 법률에 종속하지만, 위임명령은 법률의 위임의 범위 내에서 입법사항에 관하여 새로운 규정을 할 수 있는 점에서 집행명령과 다르다. 집행명령은 보통 법시행령 또는 시행세칙이라는 이름으로 발하여진다.

### (3) 총리령 · 부령

총리령과 부령에는 위임명령과 직권명령이 있다(헌법 제95조). 위임명령은 법률 또는 대통령령의 위임에 의하여 발하는 것이며, 위임된 범위 내에서는 법률 또는 대통령령으로 규정할 사항을 새로이 정할 수 있다. 예컨대 공무원임용시험시행규칙(총리령 제82호)은 공무원임용령 제52조에 근거한 위임규정이며, 공증인수수료규정(법무부령 제138호)은 공증인법 제7조 제3항에 의하여 위임된 사항에 관한 위임명령이다. 이러한 것은 이른바 법규명령에 속한다.

직권명령에는 두 가지가 있다. 하나는 국무총리 또는 행정각부의 장이 헌법 또는 법률에 의한 수권 없이 그 직무권한의 범위 내에서 당연히 발할 수 있는 이른바 행정규칙 내지 협의의 행정명령이다. 그리고 이러한 것을 규정하는 사항은 입법사항이 아니다. 다른 하나는 법률 또는 대통령령을 집행하기 위하여 발하는 이른바 법규명령으로서의 집행명령이다(헌법 제95조의 직권명령이 그 예이다). 예컨대 인권침해사건처리규정(법무부령 제135호)은 이러한 직권명령으로서의 성격을 가진다.

## Ⅳ. 규칙

### 1. 규칙의 의의

일반적으로 규칙은 다음과 같은 세 가지 의미로 사용된다. 첫째, 규칙은 행정기관의 내부질서와 공법상 특별권력관계를 규율하기 위하여 제정되는 '행정규칙'(Verwaltungsverordnung)을 의미한다. 이때 규칙은 규칙, 훈령, 지시, 예규, 통첩, 규정, 수칙 등으로 표현된다. 둘째, 규칙에는 법규명령으로서의 성격을 가지는 규칙이 있다. 셋째, 규칙은 자치법규로서의 규칙을 뜻하는 때가 있다.

## 2. 법규명령으로서의 규칙

법규명령으로서의 규칙은 헌법의 규정에 따라 국가기관이 제정한 규칙을 말한다. 이러한 규칙에는 국회규칙(헌법 제64조 제1항), 대법원규칙(헌법 제108조), 헌법재판소규칙(헌법 제113조 제2항), 중앙선거관리위원회규칙(헌법 제114조 제6항)이 있다.

감사원규칙(헌법 제100조)의 법적 성질에 대하여는 행정규칙이라는 견해와 법규명령이라는 견해가 대립되어 있다. 그러나 감사원규칙은 헌법상 근거가 없다는 점에서 행정규칙으로 보아야 할 것이다.

## 3. 특별명령

특별명령이란 공무원근무관계, 병역의무관계, 학생교육관계, 수형자복역관계와 같은 이른바 특별권력관계를 규율하기 위하여 발해지는 명령을 말한다. 이러한 특별명령은 인격주체로서의 구성원의 지위를 규율한다는 점에서 법규의 성격을 갖고 있으며, 이 점에서 행정조직 내부에서 상급행정청이 하급행정기관의 조직이나 직무를 규율대상으로 하는 협의의 의미의 행정규칙과 구별된다.

그러나 특별권력관계를 근거로 기본권을 제한하는 것은 더 이상 정당화될 수 없으며, 기본권에 대한 모든 본질적 제한은 형식적·실질적 법률의 형태로 된 명시적인 수권을 필요로 한다. 따라서 법률의 수권 없는 특별명령은 허용되지 아니한다. 더 나아가서 그러한 관계에서 법률로써 제한할 수 있는 기본권이 있다 하더라도 그에 대한 제한은 그러한 법률관계의 기능(목적)에 불가피한 것이어야 한다.

## Ⅴ. 지방자치법규

'지방자치법규'(autonome Satzung)는 지방자치단체가 헌법에 규정된 자치입법권에 의거하여 법령의 범위 안에서 제정한 법규범이다(헌법 제117조 제1항 참조). 따라서 지방자치단체는 주민의 복지에 관한 사무를 처리하고 관리하며 법령의 범위 안에서 자치에 관한 규정을 제정한다. 지방자치단체가 제정하는 지방자치법규에는 조례(條例)와 규칙(規則)이 있다.

조례는 지방자치단체가 지방의회의 의결을 거쳐 그 사무에 관하여 제정한 자치법규이고(지방자치법 제15조), 규칙은 지방자치단체의 장이 조례에서 위임한 범위 안에서 그 권한에 속하는 사무에 관하여 제정한 자치법규이다(지방자치법 제16조).

## Ⅵ. 국제법

### 1. 국제법의 의의

국제법은 멀리는 자연을 다스리는 법칙이자 인간의 행위를 규율하는 도덕적·법적 규범인 '로고스'가 세계를 구성하는 모든 인간에게 동등하게 부여되어 있다고 설파한 고대 그리스의 스토아(Stoa)철학에서부터 시작하여 치체로(Cicero), 비토리아(Vitoria), 수아레즈(Suarez), 그로티우스(Grotius), 칸트 등의 사상을 토대로 하여 발전되었다.

국제법은 국제사회의 법이라고 개념정의될 수 있다. 그러나 국제법은 아직까지 그 관철을 위한 강제력이 결여되어 있다는 점에서 '불완전한 법'(leges imperfectae)이고 형성중에 있는 법이며, 그러한 한에서 세계인의 양심에 대한 호소적인 측면이 큰 법이라고 할 수 있다.

국제법은 효력을 기준으로 하면 일반국제법과 특수국제법으로 구별된다. 일반국제법은 국제사회 일반에 효력을 가지는 법인 반면, 특수국제법은 특정한 2개 국가 또는 수개 국가 사이에서만 효력을 가지는 법이다. 또 국제법은 성문화 여부에 따라 국제성문법과 국제불문법으로 나누어진다. 국제성문법은 (일반)조약, 국제기구의 법 및 지역공동체의 법으로 구성되나, 그 중에서 주된 것은 조약이다.

## 2. 조약

### (1) 조약의 개념

조약은 문서에 의한 국가간의 명시적 합의를 말한다. 조약은 '협정'(agreement), '협약'(convention), '약정'(arrangement), '규약'(con-venant), '헌장'(charter), '규정'(statute), '의정서'(protocol), '결정서'(act), '선언'(declaration), '합의서'(agreed minute), '교환공문서'(exchange of note), '잠정협정'(modus vivendi) 등의 명칭으로 불리운다.

### (2) 조약의 체결

조약의 체결은 원칙적으로 체약국의 전권위원에 의한 조인과 대통령 또는 내각의 비준으로 성립하고 비준서의 교환에 의하여 효력을 발생한다. 우리나라의 경우 조약은 대통령이 국무회의의 심의를 거쳐 체결하도록 되어 있으므로 대통령이 비준한다(헌법 제73조). 다만 중요한 조약의 비준에 대하여는 국회가 동의권을 가진다(헌법 제60조 제1항).

## 3. 국제법과 국내법의 관계

### (1) 국제평화주의의 선언

제2차 세계대전 이후에 제정되거나 개정된 헌법들은 일반적으로 국제평화주의(국제법존중주의)를 선언하고 있다. 그러나 그 유형은 나라마다 다르다.

- 1947. 12. 27. 이탈리아헌법 제10조 : "이탈리아 법질서는 일반적으로 인정된 국제 법규를 준수한다."
- 1949. 5. 23. 서독기본법 제25조 : "국제법의 일반원칙은 연방법의 일반적 부분을 이룬다. 국제법은 법률에 우선하며, 연방영토상의 주민에 대하여 직접 권리 · 의무를 발생시킨다."
- 1956. 네덜란드 개정헌법 제63조 : "국제법 질서의 발전상 필요하다면 조약이 헌법규정에 어긋날 수 있다."
- 1958. 10. 4. 프랑스헌법 전문 : "전통에 충실한 공화국은 국제법 규칙을 준수한다."

### (2) 우리 헌법의 입장

이러한 세계적인 추세를 따라 우리 헌법은 전문에서 "밖으로는 항구적인 세계평화와 인류공영에 이바지"한다고 했고, 헌법 제6조 제1항은 "헌법과 법률에 의하여 체결 · 공포된 조약과 일반적으로 승인된 국제법규는 국내법과 같은 효력을 가진다"라고 규정함으로써 국제평화주의와 국제법존중주의를 선언하고 있다.

그런데 헌법 제6조 제1항은 " … 국내법과 같은 효력을 가진다"고만 규정하고 있기 때문에 헌법과 법률에 의하여 체결된 조약과 일반적으로 승인된 국제법규가 국내법 중 어떤 효력을 가질 것인가가 문제된다. 통설적인 입장은 헌법과 법률에 의하여 체결된 조약과 일반적으로 승인된 국제법규는 국내법의 법률과 같은 효력을 가지는 것으로 이해하고 있다. 그러나 조약의 내용을 시행하기 위하여 필요한 세부사항을 행정부가 단독으로 의회의 동의 없이 결정한 규범, 즉 '행정협정'(executive agreement)은 국내법 중 명령·규칙과 같은 효력을 가진다고 한다.

그러나 개인적으로는 일반적으로 승인된 국제법규, 즉 성문·불문에 관계없이 또한 우리나라에 의하여 승인된 여부와는 관계없이 세계대다수국가에 의하여 승인된 국제법규에 대해서는 헌법보다는 하위이지만 법률보다는 상위의 효력을 인정하는 것이 타당하다고 생각한다. 일반적으로 승인된 국제법규는 국제사회에서 장기간에 걸쳐 '세계양심'(Weltgewissen)화 되어온 것으로 전체 국제법질서에서 핵심을 이루는 것이다. 그렇기 때문에 그러한 국제법규들을 국내법률로써 부인할 수 있도록 한다면, 우리 헌법이 선언한 평화국가원리가 유명무실한 것이 될 것이기 때문이다.[5)]

5) 홍성방, 앞의 책(주 3), 185쪽.

# 제3절
# 불문법원(不文法源)

불문법은 성문법 이외의 법, 곧 문장의 형식으로 표현되지 않았으며 특정한 제정기관에 의하여 일정한 절차에 따라서 제정되지 않고 별도로 형성된 법을 말한다. 불문법에는 관습법과 판례법 및 조리가 있다.

## Ⅰ. 관습법

### 1. 관습법의 개념

'관습법'(慣習法, customary law; Gewohnheitsrecht)이라 함은 사회에서 형성된 관습이 법적 확신(=법규범으로서의 의식)에 이르러 법으로 된 것을 말한다.

### 2. 관습법의 성립근거에 대한 학설

#### (1) 학설

관습법의 성립근거에 대하여는 관행설, 법적 확신설 및 국가승인설 등 견해가 대립되고 있다. '관행설'(慣行說, Übungstheorie)은 치텔만(Ernst Zittelmann 1852~1923)이 주장한 견해로, 관습법의 성립근거를 동일한 행위가 오랫동안 관행되어 온 사실에서 찾는다. 그러나 이 학설은 아직은 법이 아닌, 곧 강제성을 갖지 못하는 사실인 관습과 강제성을 가지는 관습법을 구별하지 않는 것이 문제점이다.

'법적 확신설'(法的 確信說, Rechtsüberzeugungstheorie)은 사비니(Savigny), 푸흐타(Puchta)와 같은 역사법학자 및 라반트(Paul Laband 1838~1918) 등이 주장하였다. 이 학설의 주장은 "한번 행해진 것은 아무것도 아니다. 한번의 관행으로는 관습이 되지 못한다"(Einmal ist keinmal. Einmal ist keine Gewohnheit)는 말로 대변된다. 따라서 법적 확신설에 따르면 관습법이 성립하기 위해서는 관행 외에 법적 확신, 곧 관습에 따르는 것을 권리 또는 의무라고 하는 확신이 있어야 한다.

'국가승인설'(國家承認說, Gestattungstheorie)은 빈딩(Karl Binding 1841~1920), 오스틴(Austin), 라손(Adolf Lasson) 등 법실증주의자들이 주장하였다. 법실증주의자들에 의하면 법은 제정법에 한정되는데, 관습법으로 성립되기 위해서는 제정에 해당되는 국가의 행위가 있어야 한다는 것이다. 따라서 이 견해에 따르면 관습법의 성립에는 국가가 어떤 관습을 법으로서 인정하는 것이 필요하다고 한다.

### (2) 사견

과거 국내에서는 법적 확신설이 다수설이었다. 그러나 최근에 국가승인설에 동조하는 입장이 점차 주장되고 있다. 관행설을 취하는 입장은 없는 것으로 보인다.

그러나 관행설은 '사실인 관습'과 관습법을 혼동하고 있으며, 국가승인설은 국가승인 이전에 관습법이 성립되어 사회에서 통용되고 있다는 사실을 오인(誤認)하고 있다. 특히 국가승인설은 관습은 비록 국가에 의하여 승인을 받지 않더라도 존재한다고 하나 국가가 그것을 부인하는 한 법으로서 성립할 수 없는 것이며, 따라서 관습법의 법으로서의 구속력은 그 근거를 국가의 승인에서 구하는 것이 타당하다고 한다.

그러나 불문법원으로서 관습법 외에 판례법을 인정하지 않는다면 모르겠거니와 관습법 외에 판례법을 인정하는 한 국가승인설은 관습법과 판례법의 근거가 되는 선결례추정 사이에 다음과 같은 차이가 있다는 것을 간과하고 있다. 1) 관습법은 구속력을 가지는 법원이다. 그러나 선결례는 구속력을 가지는 것이 아니라 단지 근거제시의무만을 전환시킨다. 2) 관습법은 국민의 실제 법적 확신을 전제로 한다. 그러나 선결례추정은 다음과 같은 점, 즉 문제가 되는 것이 국민 속에서 살아있는 법문제인가 아니면 기술적인 법전문가들만이 알고 있는 특수한 문제인가 하는 점과 전혀 무관하게 효력을 가진다. 3) 관습법의 구속력은 장기간에 걸친, 적어도 몇 년에 걸친 관용을 전제한다. 그러나 선결례추정은 이미 법적 본안문제에 대한 최초의 결정에서 발생한다. 왜냐하면 선결례추정은 바로 계속적 판결과 법제도가 형성될 수 있도록 하는 전제조건이기 때문이다.[6)]

따라서 관습법은 일정 기간 동안의 관행에 일반인의 법적 확신이 첨가됨으로써 성립된다고 하겠다. 그러나 이러한 관행은 공서양속에 반하지 않을 것이 요청된다. 왜냐하면 법의 본질 내지 이념에 반하는 것은 아무리 사회에서 하나의 규범으로서 준수되고 요구되어도 이것이 관습법으로 된다고는 말할 수 없기 때문이다.

## 3. 관습법이 성립하기 위한 요건

따라서 관습법이 성립하기 위해서는 다음과 같은 네 가지 요건을 충족하여야 한다.

첫째, 관행이 존재하고 있어야 한다. 관행은 어떤 사항에 관하여 상당히 긴 기간 동안 동일한 행위가 반복되고, 그 사항에 관하여는 일반

---

6) M. Kriele, *Recht und praktische Vernunft*, 1979, S. 107f.

적으로 같은 행위가 행하여진다고 인정되는 상태이다. 말하자면 그것은 일종의 사회규범인 것이다.

둘째, 그러한 관습이 일반인에 의하여 법적 확신 내지는 법적 인식에 이르러야 한다. 이 정도에 이르지 못한 관습은 사실로서의 관습에 지나지 않는다.

셋째, 관습이 선량한 풍속, 기타 사회질서에 반하지 아니하여야 한다. 법은 국가사회의 질서유지를 목적으로 하기 때문에 관습이 관습법으로서의 효력을 가지기 위해서는 사회질서에 위반해서는 안 된다(민법 제103조 참조).

넷째, 관습이 법령의 규정에 의하여 인정되거나 또는 원칙적으로 법령의 규정이 없는 사항에 관한 것이라야 한다. 법령에 명문규정이 있는 경우는 법령과 상이한 관습이 있을 경우에는 그 관습에 의하도록 명시한 경우에 한한다. 예컨대 민법 제224조의 저수·배수 시설의 설치비용에 있어서 관습에 의한 비용부담의 결정과 같은 것이다.

## 4. 관습법의 효력

관습법은 원칙적으로 성문법에 대하여 보충적 효력(補充的效力)을 가지고, 예외적으로는 개폐적 효력(開廢的效力 ; 변경적 효력)을 가진다. 민법 제1조는 "민사에 관하여 법률에 규정이 없으면 관습법에 의하고 관습법이 없으면 조리에 의한다"라고 하여 관습법의 성문법에 대한 보충적 효력을 분명히 하고 있다. 그러나 상법 제1조는 "상사에 관하여 본법에 규정이 없으면 상관습법에 의하고 상관습법이 없으면 민법의 규정에 의한다"라고 하여 성문법에 대한 보충적 효력과 개폐적 효력을 동시에 규정하고 있으며, 민법 제185조는 "물권은 법률 또는 관습법에 의하는 외에는 임의로 창설하지 못한다"라고 하여 예외적으로 성문법에 대한 개폐적 효력을 규정하고 있다.

그러나 형법에서는 죄형법정주의가 기본원리로 되어 있기 때문에 형벌에 관한 한 관습법의 효력은 전혀 인정되지 않는다.

## Ⅱ. 판례법

### 1. 판례법의 의의

'판례법'(判例法, Judikaturrecht)이란 같은 유형의 사건에 관하여(동일한 법률문제에 대하여) 같은 취지의 판결(선결례, judicial precedents)이 반복되어 사실상 법원을 구속하게 된 경우를 가리킨다. 달리 말하면, 판례법이란 '법원의 관행'(Gerichtsgebrauch), 즉 '개별 법규범의 의미와 범위 및 법적용의 형식에 대한 법원의 일관된 견해'(die ständige Auffassung der Gerichte über Sinn und Tragweite einzelner Rechtsnormen und Formen der Rechtsanwendung)[7]를 법인식의 근거로 인정하는 것을 말한다.

### 2. 영미법계와 대륙법계에 있어서의 판례법의 위치

영미법은 주로 판례에 의하여 발달하였으며 판례법이 가장 중요한 의미를 가진다. 판례법주의를 택하는 영미에 있어서는 판결은 동종사건에 대한 법적 구속력을 가지며, 특히 대륙법계와 성문법주의를 채택하는 국가에서는 선례는 사실상의 구속력을 가질 뿐이므로 판례법의 법원성을 부인하는 설도 있지만 통설은 법원성을 인정하고 있다. 이상이 일반적인 국내 교과서들의 설명이다. 그리고 라드브루흐도 영

---

7) H. Nawiasky, 앞의 책(주 4), S. 63.

국의 법관은 대륙의 법관과는 전혀 다른 위치를 가지고 있고, 그렇기 때문에 영미의 고찰방법은 대륙법계에는 전용(轉用)될 수 없다고 한다.[8)]

그러나 이러한 고찰방법은 지나치게 피상적이라고 하지 않을 수 없다. 왜냐하면 다음과 같은 이유에서 현실은 다르기 때문이다. "대륙의 법이론과 영미의 법이론 사이에 심원한 차이가 존재하는 것은 사실이며, 그 결과 법학적 표현과 이론의 종류와 방식 사이에도 역시 차이가 존재한다. 그러나 법실무의 현실에서, 즉 법의 해석과 적용에서 이러한 차이는 어떠한 결정적 역할도 수행하지 않는다. 오히려 선결례가 대륙의 법관에 대해서 가지는 의미는 영미의 법관에 대해서 가지는 것과 대체로 같다. 그리고 그것은 법영역이 성문화되어 있는지의 여부와 상관이 없다. 이곳 대륙에서 선결례는 영미에서와 마찬가지로, 대륙의 법이론이 가르치는 것처럼 그렇게 구속력을 가지지 않는 것도 아니고, 영미의 일부 법이론이 주장하는 것처럼 그렇게 구속력을 가지는 것도 아니다. 오히려 이곳에서도 영미에서와 마찬가지로 선결례에 우호적인 추측이 효력을 가지고 있다. 표면상의 차이는 오직 이론에만 존재할 뿐이고, 실무에 있어서는 차이가 존재하지 않는다."[9)]

어떻든 판례에는 '판결이유'(判決理由, ratio decidendi)와 '부수적 의견'(附隨的意見, obiter dictum)이 있는 바, 판례에서 구속력을 가지는 것은 판결이유이며, 판결이유는 '선례구속의 원칙'(doctrine of stare decisis)에 의하여 법으로서 재판에 원용되어 이것이 판례법이 된다.

---

8) G. Radbruch, *Der Geist des englischen Rechts*, 2. Aufl. 1947.
9) M. Kriele, 앞의 책(주 6), S. 102.

### 3. 우리나라에서의 판례법의 위치

우리 헌법 제103조는 "법관은 헌법과 법률에 의하여 그 양심에 따라 독립하여 심판한다"고 규정하고 있다. 따라서 법관은 헌법과 법률 및 양심에만 구속될 뿐 판례의 구속을 받지 않는다.

그러나 우리 법원조직법 제8조는 "상급법원의 재판에 있어서의 판단은 당해 사건에 관하여 하급심을 기속한다"고 규정하고 있고, 이를 대법원은 "환송 후의 심리과정에서 새로운 증거가 제시되어 기속적 판단의 기초가 된 증거관계에 변동이 생기지 않는 한 이에 기속된다"고 해석하고 있다.[10] 그리고 법원조직법 제7조 제1항 본문은 "대법원의 심판권은 대법관 전원의 3분의 2 이상의 합의체에서 이를 행하며 대법원장이 재판장이 된다"고 규정하고 있다. 이러한 규정들로부터 판례, 특히 최고법원의 일관된 판례는 사실상 구속력을 가지는 것으로 이해될 수 있다. 그러한 한에서 앞의 영미법과 대륙법에서의 판례의 위치를 설명하면서 인용한 부분, 즉 "표면상의 차이는 오직 이론에만 존재할 뿐이고, 실무에 있어서는 차이가 존재하지 않는다"라는 이야기는 우리나라에서의 판례법의 위치와 관련해서도 그대로 타당하다 하겠다. 따라서 판례법은 우리나라에서도 구속력을 가지는 살아 있는 법이라고 할 수 있다.

## Ⅲ. 조리

### 1. 조리의 의의

조리라 함은 '사물의 본성'(Natur der Sache, naturalio ratio)의 번역이다. 곧 조리란 생활관계에 내재하는 질서, 공동생활에 적합한 원

10) 대법원 1996. 12. 10. 95도830 판결.

리를 말한다. 조리는 자연법과 같은 의미로도 사용된다. 또한 조리는 경험법칙·사회통념·사회적 타당성·공서양속·신의성실·정의형평 등으로 표현하기도 한다.

이러한 조리는 두 가지 점에서 법과 관련을 가진다. 첫째로는 실정법 및 계약내용을 해석·결정함에 있어서 표준이 되고, 둘째로는 법의 흠결시에 재판의 전제가 된다. 전자는 법률 및 계약내용의 해석상의 문제이고, 후자는 특히 조리의 법원성이라는 법철학적 문제와 연결된다.[11]

## 2. 조리의 법원성

조리가 법규범인가에 대하여 논의가 있다. 곧 조리가 사회생활관계를 규율하는 법이 없을 때 이를 보충하는 해석상 또는 재판상의 궁극의 표준이 되는데 불과하고, 법적용상의 일종의 이념에 지나지 않으며, 법 그 자체로는 볼 수 없다는 법실증주의자들의 입장이 그것이다.

그러나 법관은 문제된 사건에 적용할 성문법도 관습법도 존재하지 않는 경우라고 하더라도 법의 흠결(欠缺)을 이유로 재판을 거부할 수는 없다(non liquet). 이 경우 법관은 자기 자신이 입법자(立法者)라면 그 경우에 어떤 법률을 제정하여 재판할 것인가를 생각하고 그에 좇아 재판을 하여야 한다. 그렇다면 조리의 법원성을 부인할 수 없다. 우리 민법은 제1조에서 "민사에 관하여 법률에 규정이 없으면 관습법에 의하고 관습법이 없으면 조리에 의한다"라고 규정하여 조리의 법원성을 명시적으로 인정하고 있다. 그러나 형사사건에 있어서는 적용할 법이 없을 때에는 죄형법정주의의 원칙에 의하여 무죄를 선고하여야 한다.

---

11) 곽윤직, 앞의 책(주 1), 37쪽.

조리의 법원성을 인정한다고 하더라도 법관이 어느 정도까지 입법자의 지위를 대체할 수 있는가에 대해서는 견해의 차이가 있다. 어떤 사람들은 법관에게 완전한 법의 계속형성을 기대한다. 즉 법관은 그가 개인적으로 옳다고 생각하는 규범을 정립하여야 한다고 한다. 이는 이른바 자유법학을 지지하는 사람들의 생각이다. 그에 반하여 다른 사람들은 입법자가 법의 흠결을 인식했더라면 입법자가 최선의 확신에 따라 정립했을 법규범을 찾아내는 것에 그쳐야 한다고 한다. 권력분립원칙에 따라 법관의 본래의 임무는 법적용에 있는 것이지 법형성에 있지 않다는 것을 생각한다면 개인적으로는 후자의 견해가 옳은 것으로 생각된다.

## 3. 조리의 본질과 관련된 의문

법의 공백시 법관은 재판을 거부할 수 있는가와 관련된 부분을 우리나라의 대표적 민법총칙 교과서의 하나에서는 다음과 같이 설명하고 있다.

> 불란서민법은 현대법제에 이르는 과도기의 입법으로서 유명한 재판의 거부에 관한 규정이 있으며, 재판을 거부한 법관은 재판거부의 책임이 있는 것으로서 이를 소추할 수 있는 것으로 하고 있다(동법 제4조).
>
> 그 후에 제정된 오지리민법은 제7조에서 훨씬 자세히 또한 구체적으로 규정하였다. 그리하여 적용할 법률이 없는 경우에는 궁극에는 '자연법원칙'(natürliche Rechtsgrundsätzen)에 따라 판단한다고 하였다.
>
> 다시 20세기 초의 서서민법은 제1조에서 다음과 같은 유명한 규정을 두었다. 즉,
>
> "문자상 또는 해석상 이 법률에 규정이 있는 법률문제에 관하여

> 는 모두 이 법률을 적용한다. 이 법률에 규정이 없는 경우에는 법관은 관습법에 좇아서, 관습법도 또한 존재하지 않는 경우에는, 자기가 입법자라면 법규로서 설정하였을 것에 좇아서 재판하여야 한다. 전 2항의 경우에 있어서 법관은 확정된 학설 및 선례에 따라야 한다."[12)]

따라서 이러한 설명에 따라 '조리'(우리 민법 제1조) = '사물의 본성'(Natur der Sache)의 번역 = '자연법원칙'(오스트리아민법 제7조) = '자기가 입법자라면 법규로서 설정하였을 것'(스위스민법 제1조)이라는 것이 우리 국내의 조리에 대한 이해인 것으로 보인다. 우리 민법 제1조가 조리를 오스트리아민법의 자연법원칙과 같은 것으로 생각했다면 조리는 '사물의 본성'의 번역임에 틀림없다. 왜냐하면 오스트리아민법의 제정자는 자연법을 생각하고 있는 것이 분명하기 때문이다.[13)]

그러나 우리 민법 제1조가 조리를 스위스민법 제1조와 같은 것으로 보았다면 조리는 '사물의 본성'의 번역이라고 보기는 힘들다. 왜냐하면 스위스민법 제1조는 우리 민법의 '조리'에 해당되는 것을 '자기가(=법관이) 입법자라면 설정하였을 원칙'(die Regel, die er(=der Richter) nach als Gesetzgeber aufstellen würde)이라고 하였고, 또한 이것을 "그 경우에 법관은 확증된 학설과 전통에 따른다"(Er folgt dabei bewährter Lehre und Überlieferung)라고 부연설명하고 있기 때문이다. 그렇다면 스위스민법 제1조의 '자기가 입법자라면 설정하였을 원칙'='확증된 학설과 전통에 따르는 것'이 되고, 따라서 우리 민법 제1조의 조리는 '사물의 본성'일 수 없다.

또한 스위스의 민법학자들도 이 문제를 같은 방향으로 생각하고 있

12) 곽윤직, 앞의 책(주 1), 37쪽.
13) H. Nawiasky, 앞의 책(주 4), S. 146.

는 듯하다. 예컨대 투오르(Tuor)는 '자기가(=법관이) 입법자라면 설정하였을 원칙'은 『니코마코스 윤리학』 제5권 제14장에서 아리스토텔레스가 말한 부분, 즉 "입법자가 그곳에 있어서 그러한 경우를 보았더라면 입법자 스스로가 말하고 법률로 규정할지도 모르는 바대로"(Wie es der Gesetzgeber selbst, wenn er zugegen wäre und den Fall sähe, sagen und gesetzlich bestimmen würde)라는 부분을 축약된 형태로 채택한 것이라고 한다.[14] 또한 스위스민법전을 기초한 후버(E. Huber)도 다음과 같이 생각하고 있다. "그러나 법관은 객관적 법의 다른 법문들이 흠결되어 있는 경우에 형식적으로 적용하는 법문을 입법자가 법문의 구성에 소명받은 그러한 원칙들에 따라 형성한다. 그 경우에 법관은 모든 표준적 사실에 의존한다. 그러한 표준적 사실에는 가장 넓은 의미의 입법학, 더 나아가서 학문의 제 학설에 대한 지식과 이제까지의 자신의 판결과 다른 법원의 판결에 대한 관찰까지도 포함된다."[15] 그리고 이러한 것이 스위스민법 제1조 제3항 "그 경우에 법관은 확증된 학설과 전통에 따른다"가 뜻하는 바이다.[16] 그렇다면 우리 민법 제1조의 '조리'는 '사물의 본성'의 번역이 아니거나 스위스민법 제1조 제2항이 말하는 바와 다르다고 하여야 할 것이다.

또한 조리를 법의 일반원리 또는 법의 일반원칙으로 설명하는 견해가 있다. 그러나 조리가 '사물의 본성'의 번역이라면 조리는 불문법인 반면, 법의 일반원리 또는 법의 일반원칙은 성문법규범으로부터 구성되는 것이기 때문에 양자는 다른 것이 될 것이다. 그리고 조리를 스위

14) Tuor, *Das Schweizerische Zivilgesetzbuch*, 3. Aufl.(1934). 여기서는 H. Nawiasky, 앞의 책(주 4), S. 45에서 재인용.

15) E. Huber, *Recht und Rechtsverwirklichung*, 1921, S. 335. 여기서는 H. Nawiasky, 앞의 책(주 4), S. 145에서 재인용.

16) Tuor, 앞의 책(주 14), S. 67, 144. 여기서는 H. Nawiasky, 앞의 책(주 4), S. 145에서 재인용.

스민법 제1조 제2항과 같은 것으로 이해하는 경우라 하더라도 조리는 법의 일반원리보다는 훨씬 광범위한 개념이므로 양자를 혼동하는 것은 문제가 있다.

어떻든 조리에 대한 이해에 문제가 있다는 점을 우리는 지적하였다. 그에 대한 대답은 앞으로 특히 민법학에서 주어져야 할 것으로 보인다.

# 제7장

# 법의 분류

제1절 개관

제2절 국내법과 국제법

제3절 공법과 사법과 사회법

제4절 실체법과 절차법

제5절 일반법과 특별법

제6절 고유법과 계수법

제7절 조직법과 행위법

제8절 강행법과 임의법

제9절 원칙법과 예외법

## 제1절
## 개 관

법은 여러 가지 방법으로 구별된다. 예를 들면 법은 실정화(實定化) 여부에 따라 실정법(성문법)과 불문법으로 나누어지며, 법이 제정된 장소에 따라 국내에서 제정되었으면 국내법, 국제사회에서 제정되었으면 국제법으로 분류되기도 한다. 또한 법은 그 규율 대상이 공적(公的)인 것이냐 사적(私的)인 것이냐에 따라 공법과 사법으로 나누기도 하고, 규율대상이 권리·의무 등 실체적인 것이면 실체법(實體法), 그러한 실체적인 내용을 실현하는 절차에 대하여 규율하고 있으면 절차법(節次法)으로 나누기도 한다. 그밖에도 법은 일반법(一般法)과 특별법(特別法), 고유법(固有法)과 계수법(繼受法), 조직법(組織法)과 행위법(行爲法), 임의법(任意法)과 강제법(强制法), 원칙법(原則法)과 예외법(例外法) 등 여러 가지 분류방법이 있다.

이곳에서는 법의 분류와 관련하여 몇 가지 중요한 분류방법과 그 실익(實益)에 대하여 간단하게 살펴보기로 한다.

# 제2절
# 국내법과 국제법

## Ⅰ. 분류

법이 국가사회에 속하는가, 국제사회에 속하는가를 표준으로 법은 '국내법'(staatliches Recht, Landesrecht)과 '국제법'(Völkerrecht)으로 분류된다. 일국에 의해서 승인되고, 그 효력범위가 일국의 영역에만 미치는 법을 국내법이라 한다. 그에 반하여 국제법은 국제사회에서 승인되고, 효력이 국제사회에 속하는 나라들에 미치는 법을 말한다. 국제법은 국제사회에 있어서 관행·관습·규칙과 국가간에 준수를 약속한 계약사항들과 관련되어 있다. 국제법의 법원에는 조약 기타 국가간의 협약이나 국제법원의 판결 및 유엔에서 형성된 법 등을 들 수 있다.

## Ⅱ. 국내법과 국제법의 관계

국내법과 국제법의 관계, 즉 국내법상 국제법의 지위에 대하여는 일원론과 이원론이 대립되어 있다. 일원론을 대표하는 학자는 켈젠이다. 그리고 일원론을 대표하는 '빈학파'(Wiener Schule)에서는 국제법을 국내법보다 우위에 둔다.

그러나 오늘날 이원론과 일원론의 입장은 완화된 형태로 상호접근하였다고 볼 수 있다. 즉 일원론에서도 국제법이 국내법질서를 지배하고 이에 반하는 국내법은 무효라고 보지는 않는다. 또한 이원론자들도 국제법과 상치되는 국내법은 잠정적으로 유효할 뿐 국제법과 조화되는 국내법의 제정 · 개정을 통하여 양자는 일치되어야 한다고 한다.

## Ⅲ. 국제사법

법의 규율을 받는 생활관계가 둘 이상의 나라와 관련되어 있는 경우가 있다. 예컨대 한국사람이 프랑스사람과 결혼을 하거나, 한국회사가 독일수입상에게 물건을 수출하는 경우 등이다. 이와 같이 국제적 요소를 갖는 생활관계를 보통 섭외적 생활관계라 한다. 이러한 섭외적 생활관계에 적용될 준거법을 결정하여 주는 법을 국제사법(國際私法)이라 한다. 예컨대 한국인과 외국인이 결혼할 때 어느 나라의 법에 따라 결혼의 효력을 부여할 것인가, 외국인과 외국인이 매매(賣買)를 할 때 어느 나라의 법에 따라 매매의 효력이 발생할 것인가 등이 국제사법의 규율 대상이다. 따라서 국제사법은 법률관계를 직접 규율하는 법이 아니고, 이것을 직접 규율하는 민법 · 상법(준거법) 등을 지정함으로써 간접적으로 규율하는 법이다. 그러므로 국제사법을 간접법이라고도 한다.

국제사법은 그 명칭에서 국제라는 수식어가 있기 때문에 국제법이라고 오해하기 쉽다. 그러나 국제사법은 국제법이 아니라 국내법이다.

# 제3절
# 공법과 사법과 사회법

## Ⅰ. 3분법과 2분법

법을 '공법'(öffentliches Recht)과 '사법'(Privatrecht)과 '사회법'(Sozialrecht)으로 나눈 것은 라드브루흐이다. 이렇게 법을 3분할 때 공법에 속하는 것은 헌법, 행정법, 형법, 형사소송법, 민사소송법, 행정쟁송법 등이며, 사법에 속하는 것은 민법과 상법이 대표적인 것이다. 공법과 사법의 어느 것에도 분류하기 어려운 노동법, 경제법, 사회보장법을 보통 사회법이라 한다. 이러한 사회법은 자본주의경제의 발전이 고도화됨에 따라 나타난 폐해를 시정하기 위하여 사법원리(私法原理)의 수정으로 사법의 일부분에 관하여 개인의사의 자유나 계약자유에 대한 간섭 또는 제한을 가하게 된 결과 나타난 '사법의 공법화' 또는 '공법에 의한 사법에의 간섭' 현상의 결과물이라고 할 수 있다.

이러한 3분법을 취하지 않고 2분법을 택하여 법을 공법과 사법으로만 나누는 경우에는 노동법은 사법으로, 경제법과 사회보장법은 공법으로 분류된다. 그러나 1970년대 이후에 새로운 분야로 등장한 환경법(環境法)은 이러한 2분법과 3분법의 어느 하나로 분류하기 힘든 법이다.

## Ⅱ. 공법과 사법의 분류

### 1. 공법과 사법의 구별이유

어떤 법이 공법에 속하느냐 사법에 속하느냐에 따라 다르게 형성된 조직형태와 행동형태 그리고 더 나아가서는 행동의 척도와 효력의 적용에 있어서 차이가 있다. 공법의 경우에는 행동형태로서 일방적으로 구속하는 법률, 행정행위, 판결 등이 특징을 이룸에 반하여, 사법에서는 계약(契約)의 자유와 형성의 자유와 같은 동등한 질서가 효력을 가진다.

실제생활에서 공법과 사법을 구별하는 가장 중요한 의미는 법구제(法救濟)의 차이에 있다. 민사법상의 분쟁은 정규법원(正規法院)에 해결을 요구하여야 함에 반하여, 공법상의 분쟁은 헌법적인 것을 제외하고는 행정쟁송을 통하여 구제받게 된다(행정소송법 제1조, 국가배상법 제2조 등 참조).

### 2. 공법과 사법의 구별기준

공법과 사법을 어떤 기준에 따라 구별할 것인가에 대해서는 무수히 많은 학설이 주장되어 왔다. 아래에서는 몇 가지 대표적인 학설을 소개하고자 한다.

#### (1) 이익설

'이익설'(Interessentheorie)은 법을 규율목적에 따라 '공법'(ius publicum)과 '사법'(ius privatum)으로 나누는 방법이다. 예컨대 울피아누스(Ulpianus 170경-228)[1]와 기이르케(Gierke) 등이 주장하였다. 이

1) 공법은 로마제국과 관련된 법이고, 사법은 개인들의 이익과 관련된 법이다. Digesten 1.1.1.2.

익설은 공법과 사법의 구별에 관한 학설로는 가장 오래된 것이다. 이 설은 법률관계나 법문이 개인의 이해관계에 봉사하는 것이냐 공공의 이해관계에 봉사하느냐에 따라 개인적 이익에 봉사하면 사법, 일반적 이익에 봉사하면 공법으로 법을 구분한다.

이 학설에 대해서는 첫째, 사익과 공익의 구별이 명확하지 않으며, 둘째, 사회국가에서 법의 역할은 변했다(곧 공익과 사익을 동시에 보호하고자 한다)는 것을 이유로 들어 비판되고 있다.

### (2) 종속설

'종속설'(Subjektionstheorie, Subordinationstheorie)은 부르크하르트(Burckhardt), 포르스트호프(Forsthoff) 등에 의하여 주장된 견해로 법률관계설, 성질설, 권력설이라고도 불리운다. 이 설은 법률관계의 당사자들의 관계가 상하관계인가 대등관계인가에 따라 공법과 사법을 구별한다. 즉 상・하관계, 명령・강제관계, 수직관계를 다루는 법은 공법, 동등한 관계, 자유로운 형성의 관계, 수평관계를 규율하는 법은 사법이라고 한다.

이 학설에 대해서는 첫째, 국제법과 같이 공법인 경우에도 동등한 관계가 성립될 뿐만 아니라 공법상의 계약의 당사자는 동등한 관계에 놓여 있으며, 둘째, 사법의 경우에도 친자관계나 사용자와 피용자의 관계와 같이 복종관계가 있을 수 있다는 사실을 설명할 수 없다는 비판이 있다. 더 나아가서 이 학설은 시민적 법치국가시대에 자유방임주의 사상을 배경으로 한 경찰국가를 토대로 하여 나타난 이론이다. 따라서 오늘날과 같이 국가가 개인의 생존배려를 도모하는 급부국가시대에는 타당하지 않다는 비판도 받고 있다.

### (3) 구주체설과 신주체설

#### 1) 구주체설

'구주체설'(Subjektstheorie, Sonderrechtstheorie)은 옐리네크가 주장한 학설이다. 이 견해는 법률관계의 주체를 기준으로 하여 적어도 한 당사자가 국가 또는 행정주체로 되어 있는 법률관계를 규율하는 법을 공법, 사인 상호간의 법률관계를 규율하는 법을 사법이라고 한다.

그러나 이 견해는 행정주체도 사인의 지위(국고적國庫的 지위)에서 활동할 때에는 사법의 적용을 받으며, 사인도 예컨대 공무수탁사인(公務受託私人)과 같이 공권을 부여받으면 행정주체로서 활동할 수 있다는 것을 설명하지 못한다. 현재 이 견해를 따르고 있는 학자는 거의 없는 것으로 보인다.

#### 2) 신주체설

신주체설 또는 '귀속설'(Zuordnungstheorie)은 구주체설의 문제점을 보완하기 위하여 볼프(H.-J. Wolff)가 주장하였다. 볼프는 공권력주체 및 개인을 포함하여 누구에게나 권리와 의무를 귀속시키는 법을 사법, 권리나 의무의 귀속주체의 한 쪽을 반드시 국가 및 기타 공권력주체로 하는 법을 공법이라고 한다. 독일에서는 현재 이 견해가 다수설이다.

이러한 입장은 국가 또는 공공단체가 사경제의 주체로서 행하는 영역, 즉 국고영역을 공법에서 제외하고, 공권력을 부여받은 사인에 의한 법률관계에 있어서 사인도 공법적 주체에 포함시키게 한 장점이 인정된다. 그러나 이 설은 하나의 법률관계가 공법과 사법 양자에 의해서 동시에 규율되는 경우를 제대로 설명하지 못한다는 단점이 있다.

### (4) 생활관계설

생활관계설은 인간의 생활관계에 있어서 정치적 생활관계(국가생활관계)를 규율하는 법을 공법이라 하고, 민사적 생활관계(사적 생활관계)를 규율하는 법을 사법이라고 하는 설이다. 이 설에 따르면 정치적 권력의 당사자로서의 입장에 있는 모든 국가 또는 공법인 상호간 및 그들과 사인간을 규율하는 법은 공법이 되고, 정치적 권력의 담당자로서의 지위를 떠난 국가 또는 공법인 상호간 및 그들과 사인과의 관계, 그리고 사인 상호간의 관계를 규율하는 법은 사법이 된다.

그러나 이 학설은 종속설과 별다른 차이가 없으며, 생활관계의 한계를 명백하게 구별하기 어려운 점을 간과하고 있다는 점에서 문제가 있다.

### (5) 공 · 사법 구별부인설

이렇듯 대부분의 학자가 공·사법을 구별하고 있지만 모든 학자가 공법과 사법의 구별을 인정하고 있는 것은 아니다. 영미법계에서는 공 · 사법을 구별하지 않고 있으며(어떻게 보면 공법은 사법의 특수법이라고 관념되고 있으며), 대륙법계에서도 켈젠은 근본규범을 들어, 듀기(Leon Duguit, 1859～1928)는 의무본위의 법이론, 즉 권리부인의 법이론을 근거로, 불링거(Bullinger)는 공통법(Gemeinrecht)을 근거로 각각 공 · 사법의 구별을 부정하고 있다.

## 3. 공 · 사법의 구체적 구별

이렇듯 공 · 사법의 구별에 대해서 여러 학설이 있지만 어느 학설도 완벽하다고 할 수 없다. 물론 신주체설이 가장 세련된 점이 있지만 그 또한 문제점이 있다. 따라서 실제로 공법과 사법의 구별이 문제되는 경우에는 신주체설을 우선하고 거기에 이익설과 종속설을 보조적으로 사용하여 당해 법규가 규율하는 취지에 따라 판단하면 될 것이다.

## 4. 공법과 사법은 어느 것이 우선하는가

공법과 사법 중 어느 것이 우선하는가에 대해서는 한마디로 어느 것이 우선한다고 말할 수 없다. 따라서 라드브루흐는 공법과 사법의 순위관계는 역사적 변천과 세계관적 평가 아래 놓여 있다고 하였다. 즉 자유주의적 견해에 따르면 사법이 모든 법의 핵심이며, 공법은 사법의 울타리에 불과하다고 보게 된다. 그에 반하여 보수주의적 견해에 따르면 사법은 공법의 범주 내에서 인정되는 사적인 활동범위를 의미할 뿐이다.

# 제4절
# 실체법과 절차법

## Ⅰ. 구별

법을 법률의 규정내용을 기준으로 분류하면 실체법과 절차법으로 구별된다. '실체법'(materielles Recht)은 법이 실현시키고자 하는 상태 자체에 관한 법, 곧 권리·의무의 내용, 성질, 발생, 변경, 소멸 등을 규정한 법이다.

그에 반하여 '절차법'(Verfahrensrecht)은 법을 관철하는 절차를 규율한 법, 곧 실체법상의 권리의 보장과 실현, 의무의 이행 또는 강제를 구체적으로 실현하는 절차를 규정한 법이다. 절차법 가운데는 직접 소송에 관한 것과 그렇지 않은 것이 있으며, 민사소송법·형사소송법 등은 전자에 속하고, 비송사건절차법·부동산등기법·호적법 등은 후자에 속한다. 어떻든 절차법은 원고, 피고, 증인, 감정인, 법관, 수사기관 및 집행관 등이 법을 관철하는 절차에서 어떻게 행동해야 하는지에 관한 규율을 담고 있다. 그런 법적 규율에는 진실발견에 이바지하는 규정뿐만 아니라 예컨대 증인의 증언거부권(민사소송법 제285조, 제286조 ; 형사소송법 제148조, 제149조)과 같이 절차에 참여하거나 관여하는 자의 권리를 보장함으로써 예컨대 프라이버시권과 같이 증인이나 그와 밀접한 관계에 있는 자의 기본권을 보호하는 규정까지 포함되어 있다.

벤담(J. Bentham)은 실체법을 '주법'(主法, principal code), 절차법을 '조법'(助法 accessary law)이라고 표현하기도 한다. 즉 실체법과 절차법과의 관계는 실체법이 목적인 데 대하여, 절차법은 수단을 의미한다는 것이다. 그러나 "소권(訴權)이 없으면 권리가 없다"라는 로마법상의 법언(法諺)이 이야기하듯이 절차법이 없으면 재판을 할 수가 없게 되어 사실상 권리는 보장받을 수가 없다. 그러한 한에서 양자는 상호불가분의 관계에 있을 뿐만 아니라 절차법은 실체법과 마찬가지로 법적 평화에 기여한다. 실체법은 절차법이라는 수단을 통하여 실현이 가능한 것이기 때문에 절차법의 적용에 있어서는 신중을 기하여야 한다.

그러나 실체법의 규정 중에도 절차규정이 있는가 하면, 반대로 절차법 중에도 실체적 규정이 있어 입법기술상 혼재하고 있는 부분도 있다.

## Ⅱ. 구별의 실익

실체법과 절차법을 구분하는 실익은 양법의 효력이 상충되는 경우에 실체법의 효력이 우선해야 한다는 점에 있다.

법원은 실체법과 절차법이 서로 저촉되는 경우에는 실체법에 의하여 재판을 하여야 하며, 실체법이 존재하지 아니하더라도 재판을 거부할 수 없지만 절차법이 없을 때에는 재판을 할 수 없는 것이 원칙이다. 또한 실체법이 개정되면 그것은 법률불소급의 원칙이 적용되는 데 반하여, 절차법이 개정되면 실체법의 운용방식을 변경하는 데 불과하므로 새로운 절차법을 적용하는 것이 원칙이다.

# 제5절 일반법과 특별법

## Ⅰ. 구별

'일반법'(gemeingültiges Recht)과 '특별법'(Spezialrecht)은 법이 적용되는 효력범위를 기준으로 법을 분류한 것이다.

일반법은 효력 범위에 특별한 제한이 없는 법이다. 그에 반하여 특별법은 시간적·장소적·인적·사항적으로 일정한 범위 내에서만 효력을 가지는 법이다.

## Ⅱ. 구별의 실익

법의 적용에 있어서 '특별법 우선의 원칙'(Lex specialis derogat legi generali)이 적용되기 때문에 일반법과 특별법을 구별한다. 곧 법을 적용함에 있어서 동일한 사항에 일반법과 특별법이 있는 경우에는 특별법이 적용되고, 특별법에 규정이 없는 경우에만 일반법이 보충적으로 적용된다.

## Ⅲ. 구별의 기준

법령 상호간에는 지역적(장소적) 범위, 인적 범위, 사항적 범위에 따라 구별된다.

지역적 범위를 기준으로 하면, 전국을 대상으로 적용되는 법은 일반법이고, 한 지방에만 적용되는 법은 특별법이다. 예컨대 지방자치법은 전국에 효력을 미치는 일반법이고, 시·도의 조례는 그 시·도라는 제한된 지역에서만 효력을 미치는 지역적 특별법이다.

인적 범위를 기준으로 하면, 모든 국민에게 적용되는 법은 일반법이고, 특정한 직업이나 신분을 가진 사람들에게만 적용되는 법은 특별법이다. 예컨대 민법·형법은 일반법임에 반하여, 국가공무원법이나 군형법은 국가공무원이나 군인에게만 적용되는 특별법이다.

사항적 범위를 기준으로 하면, 어떤 사항 전반에 걸쳐서 효력이 미치는 법은 일반법이고, 특정한 사항에만 효력이 미치는 법은 특별법이다. 예컨대 민법은 민사에 관한 일반법이고, 상법은 민사 중 특히 상사에 한하여 효력을 미치는 민사에 관한 특별법이다.

경우에 따라서는 동일한 법령 중의 규정 상호간에도 일반-특수의 관계가 성립한다. 이러한 경우에 전자를 일반규정, 후자를 특별규정이라 한다. 예컨대 형법 제250조 제1항 "사람을 살해한 자는 사형, 무기 또는 5년 이상의 징역에 처한다"는 일반규정임에 반하여, 형법 제250조 제2항 "자기 또는 배우자의 직계존속을 살해한 자는 사형, 무기 또는 7년 이상의 징역에 처한다"는 특별규정이다.

# 제6절
# 고유법과 계수법

## Ⅰ. 구별

'고유법'(indigenous law, heimisches Recht)이란 한 나라의 고유한 소재(고유의 풍속, 관습, 도덕, 사회규범이나 윤리, 경제적 · 사회적 조건 등)를 기초로 하여 그 나라에서 만들어지고 그 나라에서 적용되는 법이고, '계수법'(rezipiertes Recht)이란 외국의 법을 수입해서(계수해서) 사용하는 경우를 말한다. 계수과정에서 받아들여진 법, 자료가 된 법을 '모법'(母法, mother law)이라 하고, 반대로 받아서 성립된 법 또는 자료로 삼아서 제정된 법을 '자법'(子法, filial law)이라 한다.

계수의 방법에는 직접계수(외국법을 그대로 번역하여 자국법으로 만든 경우)와 간접계수(외국법을 참고로 하고 모범으로 하여 자국의 특수사정을 참작하여 만든 경우)(예 : 일본 민법의 사용, 헌법소원제도), 자발적 계수와 강제적 계수, 입법적 계수와 관습적 계수가 있다. 관습적 계수는 적용에 있어서의 계수 또는 학설적 계수라고도 한다.

고유법과 계수법의 구별은 상대적이다. 곧 계수법도 오랜 시일을 경과함으로써 국민생활 속에 소화되고 흡수되면 계수법의 성질은 없어지고 고유법으로서의 성질을 가지게 된다.

## Ⅱ. 구별의 실익

고유법과 계수법의 구별실익은 연구방법을 달리해야 한다는 점에 있다. 곧 고유법의 경우에는 자기 국가의 법제의 연혁을 연구하면 되지만, 계수법의 경우에는 그 모법을 발달시킨 나라의 법제를 연구하여야 한다.

# 제7절
# 조직법과 행위법

## Ⅰ. 구별

'조직법'(Organisationsrecht)이란 사람의 행위의 기초 또는 수단으로 될 조직 · 제도를 정하는 법을 말하고, '행위법'(Geschäftsrecht)이란 사회생활에서 사람의 행위 자체를 규율하는 법을 말한다. 일반적으로 헌법 · 형사소송법 · 민사소송법 등은 조직법이고, 민법 · 상법 · 형법 등은 행위법에 속한다.

그러나 이에는 예외가 있다. 곧 헌법 중 기본권편은 행위법적 성격이 짙고, 민법과 상법 중에도 물권법, 친족 · 상속법, 어음 · 수표법 등은 조직법적인 성격이 강하다.

## Ⅱ. 구별의 실익

조직법과 행위법을 구별하는 실익은 조직법과 행위법은 각기 다른 원리에 의하여 지배되는 점에 있다. 조직에 있어서는 그것이 법률질서의 기초에 관한 것이므로 주로 엄격주의로서 일관하는데 반하여, 행위법은 비교적 자유주의에 의하여 자치의 원칙이 인정된다. 즉 행위법은 비교적 자유롭게 적용할 수 있고, 조직법은 엄격히 해석하여 적용하여야 한다. 그러나 이것은 행위법은 대부분 임의법이고, 조직법은 강행법이기 때문이다.

# 제8절
# 강행법과 임의법

## Ⅰ. 구별

이 구별은 당사자의 의사에 의하여 법의 적용을 배제할 수 있느냐의 여부에 따른 구별이다. '강행법'(zwingendes Recht)은 당사자의 의사와는 관계없이 적용되는 법이고, '임의법'(nachgiebiges Recht)은 당사자가 그 법의 규정과 다른 의사표시를 한 때에는 그 법의 규정이 적용되지 않는 법이다. 그러나 임의법도 일단 당사자의 의사에 의하여 적용하기로 한 다음에는 강행되는 것이며, 이 점에서는 강행법과 같다. 다만 미리 당사자가 반대의 의사를 표시함으로써 그 적용을 면할 수 있는 점에서 강행법과 다를 뿐이다. 헌법·형법·소송법 등 공법규정의 대부분은 강행법에 속하고, 이에 대하여 민법·상법 등 사법분야에는 임의법이 많다.

## Ⅱ. 구별방법

### 1. 취지에 따른 구별

법의 취지가 사회 전체의 이익이나 당사자 이외의 제3자의 이익을 보호하기 위한 것이거나 또는 당사자 사이에 공평을 유지하기 위한 것인 경우에는 강행법인 경우가 많고, 단지 당사자의 이익을 보호하려는 것이면 임의법인 경우가 많다.

민법의 계약에 대한 부분은 대부분 임의법, 나머지 대부분은 강행법이라 할 수 있다. 즉 대체로 사법규정은 임의법인 경우가 많고, 공법규정은 강행법으로 되어 있는 경우가 많다. 그러나 반드시 그렇지만은 않다. 예컨대 민법 중의 무능력자제도나 물권 및 친족관계에 관한 규정들은 대체로 강행규정으로 되어 있으며, 상법 중 회사법의 규정도 그러하다. 이에 반하여 공법인 민사소송법의 합의관할에 관한 제26조 같은 것은 임의규정이다.

## 2. 법문의 표현에 따른 구별

강행법과 임의법은 법문의 표현에 따라서도 구별할 수 있다. 예컨대 강행법은 민법 제5조 제1항 "미성년자가 법률행위를 함에는 법정대리인의 동의를 얻어야 한다"나 민법 제17조 제1항 "무능력자가 사술로써 능력자로 믿게 한 때에는 그 행위를 취소하지 못한다"에서 보듯이 '…하여야 한다' 또는 '하지 못한다'라는 표현을 쓴다.

그에 반하여 임의법은 민법 제468조 제1문 "당사자의 특별한 의사가 없으면 변제기 전이라도 채무자는 변제할 수 있다"나 민법 제473조 제1문 "변제비용은 다른 의사표시가 없으면 채무자의 부담으로 한다"에서 보듯이 '당사자의 특별한 의사가 없으면' 또는 '다른 의사가 없으면'이라는 표현을 사용한다.

그리고 강행법은 효력규정(능력규정)과 제한규정(단속규정·명령규정)으로 나눌 수 있다. 효력규정이란 이에 반하는 행위의 효력이 무효 또는 불완전한 흠(하자瑕疵)이 있는 것이 되어버리는 강행법을 말하고, 제한규정이란 이에 반하는 행위를 한 특정인에 대하여 일정의 불이익, 예컨대 형벌적 제재, 배상책임을 부과하게 되는 강행법을 말한다. 효력규정의 위반시에는 효력이 발생하지 않고 무효인 데 대하여, 제한규정에 위반한 때에는 효력에는 관계없고 제재나 불이익을 받는데 불과하다. 임의법은 당사자의 의사표시가 없을 때에 이를 보충하는 보충규정(민법 제133조, 제408조)과 의사표시가 있기는 하였으나 명료하지 않을 때에 이를 해석하는 해석규정(민법 제393조 제3항, 제436조)이 있다.

## Ⅲ. 구별의 실익

강행법과 임의법을 구별하는 이유는 양자간에 효력이 다르기 때문이다. 즉 어떤 법률행위가 임의법과 다르다 하더라도 유효하거나(민법 제105조) 불법한 것이 되지 않음에 반하여, 강행법에 위반한 경우에는 무효가 되거나(민법 제103조) 취소할 수 있고(민법 제5조 제2항) 경우에 따라서는 제재를 받게 된다(민법 제97조).

# 제9절
# 원칙법과 예외법

## Ⅰ. 구별

'원칙법'(prinzipmäßiges Recht)은 어떤 일정한 사항에 관하여 일반적으로 적용되는 법을 말하고, '예외법'(Ausnahmerecht)은 원칙법에 대하여 예외를 인정함으로써 원칙법의 적용을 배제하는 법을 말한다. 원래 원칙법의 규정은 보편적·추상적이기 때문에 이것을 모든 구체적인 사례에 일률적으로 적용한다면 오히려 불합리한 결과가 발생될 경우가 있을 것이므로, 이것을 조절하기 위하여 예외법을 두었다.

일반법과 특별법은 법령과 법령 사이에서 구별됨이 보통이나, 원칙법과 예외법은 하나의 법률 가운데 또는 하나의 법조문 가운데 포함되어 있는 경우가 많다. 법령 가운데 '단서'는 대부분의 경우 예외 없이 예외법으로서의 성격을 갖는다. 예컨대 민법 제5조 제1항 "미성년자가 법률행위를 함에는 법정대리인의 동의를 얻어야 한다. 그러나 권리만을 얻거나 의무만을 면하는 행위는 그러하지 아니하다"에서 본문은 원칙법(원칙규정), 단서는 예외법(예외규정)이다.

## Ⅱ. 구별의 실익

원칙법과 예외법을 구별하는 실익은 다음과 같은 두 가지 점에서 찾아볼 수 있다. 첫째, '예외법은 엄격하게 해석하여야 한다'(Exeptio est strictissimae interpretationis)는 해석원칙이 있어 예외규정을 함부로 확장해석해서는 안 된다는 점에 있다.

둘째, 원칙법의 경우 입증책임은 원고 또는 주장자가 진다. 그러나 예외법의 경우에는 피고 또는 피주장자가 진다. 예컨대 민법 제5조 제1항 "미성년자가 법률행위를 함에는 법정대리인의 동의를 얻어야 한다. 그러나 권리만을 얻거나 의무만을 면하는 행위는 그러하지 아니하다"에서 본문은 원칙법, 단서는 예외법이므로, 본문에 대한 입증책임은 원고 또는 주장자가, 단서에 대한 입증책임은 피고 또는 주장자가 지게 된다. 입증책임은 거증책임이라고도 하며 요증사실(要證事實)의 존부에 대하여 증명이 불충분한 경우에 불이익을 받을 당사자의 법적 지위를 말한다.

# 제8장

# 법의 효력

제1절 법의 효력의 의의
제2절 법의 규범적 타당성
제3절 법의 실효성
제4절 법의 형식적 효력

# 제1절
# 법의 효력의 의의

법이 하나의 규범으로서 제 구실을 할 수 있는 경우, 곧 법(또는 법의 이념)이 현실에서 그 내용대로 실현되는 경우를 법이 효력을 가진다고 한다. '법의 효력'(Geltung des Rechts)에는 실질적 효력과 형식적 효력이 있다.

법의 실질적 효력은 법의 타당성 문제와 법의 실효성 문제를 포함한다. 법의 타당성은 행위규범에 관계되는 문제이며, 법의 실효성은 강제규범과 관계된 문제이다. 달리 표현한다면 가령 살인행위를 범하는 자가 있어서 "살인행위를 범하지 말라"는 행위규범이 사실상 실현되지 못한다 할지라도, 행위규범으로서의 법은 규정대로 준수해야 한다는 요구를 하고 있다는 것이 '법의 규범적 타당성'(normative Gültigkeit des Rechts)이다. 그에 반하여 실정법이며 효력 있는 법이 적어도 원칙상 사실을 규정대로 움직일만한 힘을 가질 필요가 있으며, 사람들에 의하여 실제로 준수되는 것을 '법의 실효성'(Wirksamkeit des Rechts)이라 하고, 이 효력은 강제규범에 의하여 뒷받침을 얻는다. 곧 법의 실효성은 법이 강제규범으로서 국가권력에 의하여 보장받아 강행되는 것을 뜻한다. 그러나 법을 강제규범으로 하는 단층구조로 보고 있는 켈젠은 "한 사람의 복종자도 없고 또 범죄자가 사실상 처벌되지 않는다고 하더라도 법은 여전히 효력이 있다"라고 하여 양자의 연관을 필수적인 것으로 생각하지 않는다.

법의 형식적 효력은 법을 해석·적용하기에 앞서 법의 효력 범위를 정하는 문제이다.

# 제2절
# 법의 규범적 타당성

## Ⅰ. 근거에 관한 학설

### 1. 개관

예로부터 법의 규범적 타당성과 관련해서는 여러 가지 학설이 주장되어 왔다. 이러한 여러 학설들은 법개념의 세 가지 요소들인 내용적 정당성, 규정에 맞는 제정성, 사회적 실효성에 상응하여 철학적(윤리학적) 효력론, 법률적(법학적) 효력론, 사회학적 효력론으로 나눌 수 있다. 그밖에도 사회학적 효력론의 범주에 속하나 내재적 타당성론으로 부를 수 있는 것도 있다.

### 2. 철학적 효력론

철학적 효력론은 자연법을 상정하여, 자연법은 실정법 이전에 존재하는 만고불변의 법으로서 실정법의 기본원리로 그 타당성을 갖는 근거 또는 기준이 된다고 한다. 자연법의 내용으로서는 자연의 섭리(고대), 신의(神意)[1](중세), 인간의 이성(근대), 사물의 본성(현대) 등을

1) 자연법을 신과 관계있는 것이라고 최초로 생각한 것은 그리스도교 신자가 아니라 플라톤, 스토아학자 및 그 영향을 받은 치체로였다. 이때부터 자연법의 불변성이 강조되게 되었다. 치체로는 자연법을 다음과 같이 설명하고 있다. "참된 법은 자연과 조화되는 정당한 도리이다. 그것은 보편타당성이 있는 것이며, 불변적이고 항상적이다. 그것은 명령에 의해 의무를 지게 하고 그 금지에 의해 악행을 막는다. 그것이 명령 또는 금지를 선인에게 과하는 것은 헛된 일이 아니다. 설령 악인에 대해서는 아무런 효과도 갖지 않는다 해도 이 법을 변경하고자 하는 것은 죄악이며 그 어떠한 부분을 무효로 하려는 것도 허용되지 않는다. 또 그것을 완전히 폐지하는

든다. 그리고 입법자는 자연법의 내용을 성문화하는 것이라고 한다.

예컨대 이러한 전통을 대표하는 아퀴나스는 다음과 같이 말하고 있다. "아우구스티누스가 말한 것처럼 정당하지 못한 법은 결코 법이 아니라고 생각한다. 따라서 법이 가진 힘은 그것이 가진 정당성의 정도에 달려 있다. … 모든 인정법은 그것이 자연법에서 유출된 바로 그 만큼만 법의 본질을 갖게 된다. 그러나 어떤 점에서라도 자연법에서 이탈하면 그것은 더 이상 법이 아니라 법의 타락인 것이다."[2] 아퀴나스에 의하면 법이란 '공동체를 배려하는 자에 의하여 공포된 공동선을 위한 이성의 포고'이다. 이러한 일반적인 정의는 네 종류의 법, 즉 영구법, 신정법, 자연법, 인정(실정)법에 적용하기 위한 뜻을 가지고 있다. 영구법이란 우주의 전체 및 그 부분을 지배하기 위한 신의 법이다. 신정법이란 인간들로 하여금 인간의 초자연적 목적(신의 목적)을 지향하도록 해준다. 반면에 자연법은 인간에게 그 지상의 목적(행복)을 추구하게 한다. 자연법이란 합리적 피조물의 영구법에의 참여이며, 따라서 자연법의 제1의 계율은 '선을 행하고 악을 피하라'가 된다. 인정법은 인간 존재를 그들이 속해 있는 특정 공동체의 일원으로서 지배한다. 아퀴나스에게 있어 실정법이란 강제력을 가진 것, 즉 제재로써 지지되고 있는 것임을 바로 지적할 수 있다. 따라서 아퀴나스는 법에 법으로서의 성격을 부여해주는 것은 강제력의 뒷받침이 아니라고

---

것은 불가능하다. 우리들은 원로원에 의해서나 민회에 의해서나 그 의무로부터 해방될 수는 없다. 그리고 우리들은 그 설명자라든가 해석자를 우리들 자신 이외에 구할 필요가 없다. 그리고 로마와 아테네에서 서로 다른 법은 없으며, 또 현재와 미래에서 서로 다른 법은 없을 것이다. 하나의 영구불변한 법이 모든 국민에 대하여, 모든 시대를 통해서 타당하다. 그리고 우리 모두 위에 한 사람의 주인, 한 사람의 지배자, 즉 신이 있을 것이다. 왜냐하면 신은 이 법의 창조자이며 공포자이고, 그것을 시행하는 재판관이기 때문이다."(*De republica*, III, XXII, 33. 여기서는 호세 욤파르트 저 · 정종휴 역, 법철학의 길잡이, 경세원, 2006, 234쪽에서 재인용)

2) *Summa Theologia*, I-II, q. 95.

주장한다. 법이란 그것이 이성에 근거를 두고 있는 한은 지시력(指示力)을 가지며, 행위를 규제할 권한을 갖는다. 입법기관의 결정이 의무를 부과하고, 그 사회에서 효력 있는 법으로 존속하게 되는 것은 바로 이 때문이다. 인정법이란 목적을 위한 수단이며, 또 그러한 목적에 대하여 합리적인 수단이어야 한다. 어떤 법이 법력을 갖는가의 여부는 그것이 주어진 목적을 달성하기 위한 합리적인 지시인가의 여부에 있다.

자연법론은 실정법의 효력을 시공을 초월하는 고차원적인 객관적 규범에서 찾아 법의 가치를 구하려고 하였으나, 자연법은 하나의 관념에 불과하여 실정법의 효력을 그 자체에서 구하지 못했다는 단점이 있다.

## 3. 법률적 효력론

법률적 효력론의 대표적인 것은 켈젠의 법단계설이다. 순수법학자인 켈젠에 따르면 국가의 법규범은 평면적으로 병존하는 것이 아니라, 입체적으로 상하의 종적 단계적 질서를 이루면서 하나의 법질서를 구성하고 있다고 한다. 즉 법질서의 단계구조는 상위의 법으로부터 하위의 법으로 구성되어 있어서, 하위규범은 상위규범의 위임을 받아 정립되어야 비로소 하위규범의 타당성이 인정된다는 것이다. 그 이유는 하위 법규범의 내용이 상위 법규범의 내용과 부합하든가 아니면 하위 법규범의 창설이 상위 법규범에 의해 수권되었기 때문이다. 어떤 법의 효력을 다른 법으로 거슬러 추구해 들어가다 보면 우리는 궁극적으로 주어진 체계 내의 모든 여타의 법이 그 효력을 이끌어내는 법에 도달하게 된다. 이것이 바로 그 체계의 근본규범이다. 근본규범이란 동일한 질서에 속하는 모든 규범의 효력에 대한 공통적인 원천이며 공통적인 효력근거를 말한다. 근본규범의 효력은 입법과정 그리고 의지행위를 법창설 행위로 인식하는 가운데 효력이 있다고 전제되어 있다. 즉 근본규범은 규범적 관점을 제공해주는 것이다. 바꾸어 말하면 실정법질서는 제1위인 근본규범・헌법・법률・명령・처분의 순서로 상하의 위계적 질서를 이루고 있다고 한다.

그러나 켈젠의 법단계설은 헌법보다 우위에 있는 근본규범이 무엇인지에 대한 설명이 없어서 지나친 형식적 이론이라는 비판을 받는다. 결국 근본규범, 즉 법을 제정할 수 있는 최고권위의 소재를 가리키는 정치적 근본원리를 통하여 우리는 법실증주의의 한계에 도달하게 된다.

## 4. 사회학적 효력론

### (1) 사회학적 효력론의 핵심

사회학적 효력론에는 여러 가지가 있으나 그 핵심은 "실력은 권리이다"(Might is right) 또는 "실력은 법에 우선한다"(Macht geht vor Recht)라는 말로써 표현될 수 있다. 곧 사회학적 효력론은 법에 사람이 복종하는 것은 법이 사실적 실력을 가지기 때문이라고 한다.

### (2) 지배자권리설

지배자권리설은 사람들이 법에 복종하는 것은 강자가 그의 권리로서 법실력을 행사하기 때문이라고 한다. 이 견해는 소피스트들이 처음 주장하였고, 근세에 이르러서는 스피노자(Baruch de Spinoza 1632~1677)와 같은 일부 자연법론자, 메르켈(Adolf Josef Merkel 1836~1896), 오펜하이머(Franz Oppenheimer 1864~1943) 등이 주장하였다. 그런가 하면 크로포트킨(Pyotr Alekseevich Kropotokin 1842~

1921)은 법은 계급적 지배수단으로서 지배계급이 국가권력과 결합하여 규범화한 것이라고 한다.

그러나 지배자권리설은 법에 있어서 실력적 요소만을 강조하여 그 실력의 타당성을 무시한 채 법과 힘을 동일시하여 법의 행사에 있어서 폭력과의 구별을 하지 못하고 있다. 실력설은 법의 현실적・외면적인 측면만을 파악하고 있을 뿐 그 내면적인 타당성을 설명하는 데는 충분하지 않다고 할 것이다.

### (3) 주권자명령설

철저한 법실증주의자이자 분석법학을 창시한 오스틴(John Austin 1790~1859)은 "법이 존재한다는 것과 그 법이 좋으냐 나쁘냐 하는 것은 별개의 문제이다"라고 주장한다. 따라서 오스틴은 법학의 대상을 실정법에 한정시키고, 이 실정법의 본질을 통치권자인 국가의 명령이라고 보고 법의 타당성근거를 명령의 발동에서 찾는다. 곧 오스틴에 따르면 법은 단순한 욕구의 의사가 아니고 주권자인 명령자가 피지배자인 수명자에게 유효한 제재수단을 가지고 실효성을 확보하려는 욕구의 표시이다. 그러한 한에서 법의 규범적 타당성의 근거는 주권자의 실력이나 지배자의 의지에 있을 수밖에 없다. 그러나 오스틴에 의하면 모든 종류의 명령이 모두 법이 되는 것은 아니다. 오직 사람들에게 일련의 행위나 금지를 의무지우는 일반적인 명령만이 법의 속성을 갖는다.

또한 사이델(Max von Seydel 1846~1901)은 오스틴의 주권자명령설을 보충해서 지배자의사설을 주장하였다. 곧 사이델에 따르면 법은 국가구성원의 공동생활의 질서를 유지하기 위하여 지배의지에 의하여 정립된 실체이며, 이 지배의지는 국가 위에서 지배하는 실력행사를 의미한다고 한다.

어떻든 명령설은 의식적으로 발달된 법제만을 그 대상으로 하고 통치자의 명령만을 법이라 하기 때문에 불문법은 물론 국제법도 법이 아닌 것이 되게 된다. 또한 법적 타당성의 근거가 통치자의 명령이기 때문에 법을 준수한다고 설명할 뿐 법적 근거가 무엇인지에 대해서는 이론적 설명이 없다. 그러한 한에서 지배자라고 하는 단순한 사실만으로 사회에서 행해지는 법의 정립이나 타당성을 설명할 수는 없을 것이다.

### (4) 사실의 규범력설

사실의 규범력설은 옐리네크의 주장으로 사실 가운데 그것이 규범으로 전화될 수 있는 힘이 내재하고 있다고 하는 견해이다. 옐리네크의 법이론은 철저한 국가주의를 바탕으로 한다. 그는 법이란 국가의사의 표현이라고 하면서 국가가 제정하지 않은 법은 인정될 수 없으며 관습도 국가의 승인을 받아야 법으로서의 효력을 가진다고 한다. 이러한 법실증주의적 사고를 뒷받침하기 위하여 옐리네크가 주장하고 있는 것이 '사실의 규범력'(normative Kraft des Faktischen)이다. 사실의 규범력이란 지배복종관계에 있는 힘의 조직으로서의 국가가 힘의 지배에 기초하여 완성된 사실을 만들어내면 이 완성된 사실은 성립과정이나 그 내용의 옳고 그름을 따질 필요없이 규범적 효력을 가진다는 것이다. 옐리네크에 따르면 법의 타당성은 의식적인 목적활동에 의하여 생기는 경우와 사실의 힘에 의하여 생기는 경우가 있다고 한다. 또 후자의 경우에는 사실상의 관행이 서서히 법으로 전화하는 경우와 법의 변혁이 실력에 의하여 단번에 이루어지는 경우가 있다.

그러나 법의 규범적 효력을 뒷받침하는 국가의 힘, 즉 지배권이 저항할 수 없는 권력이고 무조건적 명령이기 때문에 그 내용적 타당성이나 도덕성을 따지지 않고 국가가 하나의 기성사실을 만들어내면 이것이 무조건 법으로서의 효력을 가지게 된다는 논리는 너무나 국가지상주의 내지 실력주의적인 것이라고 하지 않을 수 없다. 혁명을 통하여 새로운 법질서의 수립이 가능하게 되는 것은 그러한 법질서가 혁명적 실력 그 자체보다 우월한 상위의 근거에 의하여 정당화되기 때문이다.

#### (5) 법실력설

쇼믈로(Felix Somlo)에 따르면 신앙, 관습 또는 규범 복종자의 윤리적 감정 등이 규범 정립자의 실력의 기초를 이룬다고 한다.

### 5. 내재적 타당성론

#### (1) 사회 계약설

국가의 성립은 국민의 합의에 의한 것이기 때문에 법도 그 구성원인 국민의 의사의 표현이라는 사상은 18세기의 시민혁명의 이론으로서 미국의 독립선언, 프랑스 인권선언 등도 이러한 사상을 선언하고 있다. 이 설은 국가는 시민에 의한 사회계약에 의하여 성립되었다는 데에서 법의 타당성을 구하고 있다.

그러나 실제적인 측면에서 볼 때 반드시 국가나 법이 사회계약에 의하여 성립되었다고는 볼 수 없기 때문에 이 설은 하나의 가설에 불과하다. 그러나 논리적 타당성을 추구하는 면에서 사회계약설의 민주성은 높이 평가할 수 있다.

#### (2) 승인설

승인설에는 개별적 승인설(벨커 C. T. Welcker 1790~1869, 비얼링 E. R. Bierling 1841~1919, 라운 R. Laun 1882~1975)과 일반적 승인설(메르켈 A. J. Merkel 1836~1896, 옐리네크 G. Jellinek 1851~1911, 마이어 M. E. Mayer 1875~1923)이 있다.

개별적 승인설에서는 각 개인, 즉 한 사람 한 사람이 마음 속으로 법을 인정하기 때문에 심리적으로 구속되며 이로써 법의 효력도 발생한다. 예컨대 비얼링에 따르면 다만 계약은 당사자의 자발적 의사에 의하여 이루어지는 일시적·쌍방적 행위임에 반하여, 승인은 의지를 요하지 않는 계속적·일방적 행위로서 양자를 혼동해서는 안 된다고 한다. 이러한 승인은 계약개념보다는 넓은 것으로서 자발적 의지를 요하지 않는 계속적·일방적 행위로서, 강제된 승인과 무의식의 승인까지를 포함한다. 따라서 승인은 통상적인 감정이나 공동생활의 규범을 계속적으로 승인하는 태도를 일반적으로 지적하는 것으로 보아도 좋을 것이라 한다. 이와 같은 피치자의 승인적인 태도와 의식이 없이는 법은 유지되지 않는다고 한다.

그러나 만약 법의 효력이 발생하기 위해 요구되는 승인이 개개인의 승인이라고 한다면 법은 그것을 승인하지 않는 악한 자에 대하여는 아무런 구속력도 가질 수 없다는 모순이 생겨난다. 그래서 일반적 승인설이 생겨난다. 예컨대 메르켈은 법의 효력이 발생하기 위해 필요한 것은 한 사람 한 사람의 승인이 아니라 일반적인 승인 내지 지배적인 확신만으로 족하다고 하고, 옐리네크는 법에는 외적인 강제가 있는 반면 주관적인 요소도 있는데, 이것은 심리적인 사실 즉 법적 구속력에 대한 확신이라고 한다. 그런가 하면 마이어는 이른바 문화규범론을 주장하면서(이때 문화란 가치 있는 현실 또는 현실화된 가치를 말한다) 법규범의 의무는 각 시대의 문화규범에서 유래한다고 한다.

그러나 강제된 승인도 승인으로 본다고 하는 것은 반대의 의사도 승인으로 본다고 하는 것이 되는데, 이것은 비논리적이며 또 승인의 내용이 매우 막연하다는 비판이 가능하다. 더구나 백치나 어린이, 법에 반대하는 자들까지 법에 복종하는 한 승인한 것으로 보고 있는데, 이는 법을 움직이는 사회력이 자각적·적극적인 피치자의 의식에 존재한다는 것을 간과한 이론이다.

실제로 법의 승인은 법의 실효성, 법의 관철가능성을 위해 없어서는 안 될 요소이기는 한다. 그러나 법의 구속력의 궁극적 근거, 즉 무엇 때문에 법과 그 내용을 승인하는가라는 문제에 관해 승인설은 심리학적 설명만을 하고 있을 뿐 그 이상의 설명을 하지 않고 있다. 나아가 승인이라는 사실이 내용의 정당성의 근거가 된다는 것은 문제가 되어 있지 않기 때문에 법의 효력의 설명으로서는 불충분하다.[3)]

### (3) 여론설

여론설은 영국의 다이시(Albert Venn Dicey 1835~1922)가 주장하였다. 다이시는 여론을 "일정한 법을 유익하다고 인정하는 동시에 해롭다고 인정할 수 있는 사회에서 통용되는 신념"이라고 정의하고, 무릇 사회제도는 사회의 신념과 감정으로 이루어지는 보편적인 의지, 곧 여론에 의지한다고 하여 이를 입법의 근거와 법의 효력근거로서 인정하였다.

그러나 이 견해는 사상과 언론의 자유가 보장되어야 하고 '알'권리가 사회 일반에 보편화되어야 한다는 전제하에서만 가능한 이론이다. 오늘날 여론이 최대의 입법적 압력이라고는 하지만, 무엇이 구체적 정의이고 무엇이 법목적에 적합한 것인가에 대한 생각 없이 여론에서만 법의 타당성을 구할 수는 없다. 곧 사이비 여론 내지 가장된 여론 또는 선동된 여론의 문제가 해결되지 않고 있다.

---

3) 호세 욤파르트 저·정종휴 역, 앞의 책(주 1), 116쪽.

## 6. 사 견

앞에서 법의 규범적 타당성의 근거에 관한 학설을 살펴보았다. 그런데 철학적 효력론은 법의 규범적 타당성의 근거를 실정법 자체 내에서 찾지 못했다는 점에서, 법학적 효력론은 근본규범의 전제에 불과하기 때문에, 그리고 내재적 타당성론을 포함하는 사회학적 효력론은 단순한 사실로부터 당위와 규범이 생겨나는가 하는 것을 설명해줄 수 없다는 점에서 문제가 있었다.

실정법질서는 헌법-법률-명령(규칙 포함)-지방자치법규의 순으로 상하의 질서를 이루는 통일체이다. 헌법 하위에 있는 법규범들은 궁극적으로 헌법으로부터 정당화된다. 그러나 헌법보다 상위에는 법이 없기 때문에 이를 정당화하는 규범, 즉 법체계에 속한 모든 규범들의 효력을 그 외부에서 근거짓는 규범(근본규범)을 상정할 필요가 있다. 그리고 근본규범은 여러 가지 구분이 가능하나, 그것을 분석적 근본규범, 규범적 근본규범, 경험적 근본규범으로 구분할 수 있다.[4] 분석적 근본규범의 가장 중요한 형태는 '그 효력근거에 대해서는 더 이상 물을 수 없는',[5] 즉 '선험논리적 전제'인 근본규범을 가정하는 켈젠에게서 발견된다. 그에 반하여 규범적 근본규범의 가장 중요한 형태는 칸트에게서 발견된다. 칸트는 입법자의 권위, 즉 자신의 단순한 자의에 따라 다른 사람을 구속할 수 있는 권한을 근거짓는 어떤 자연법률이 선행해야만 하며, 그 자연법률이란 그 구속력이 외부적 입법 없이도 선험적으로 이성에 따라 인식될 수 있는 법률,[6] 곧 이성법(또는 자연법)의 규범이다. 그리고 경험적 근본규범의 대표적인 형태는 하

4) R. Alexy, *Begriff und Wesen des Rechts*, 1992, S. 154ff.

5) H. Kelsen, *Reine Rechtslehre*, 1960, S. 197.

6) I. Kant, *Metaphysik der Sitten*, in : Kant's gesammelte Schriften, Bd. 6, 1907, S. 224.

트(H. L. A. Hart)의 법체계의 '최상위의 규칙'(ultimate rule)인 '식별규칙'(rule of recognition)에서 찾아볼 수 있다. 하트에 따르면 식별규칙은 그 자체로서 자기 자신을 제외한 법체계의 모든 다른 규칙의 효력에 대한 기준과 근거를 담고 있으며, 식별규칙의 존재는 사실의 문제라고 한다.[7]

그러나 이러한 근본규범들을 법의 타당성의 근거에 관한 학설과 비교하면, 칸트의 규범적 근본규범은 철학적 효력론에, 켈젠의 분석적 근본규범은 법률적 효력론에, 그리고 하트의 경험적 규범론은 사회학적 효력론에 각각 비교할 수 있다. 그렇다면 이들 근본규범에 대해서도 각각의 효력론에 가해지는 비판이 그대로 적용된다고 할 수 있다. 그러한 한에서 다음과 같은 결론은 문제가 있다고 아니할 수 없다.

> "근본규범을 분석적 근본규범으로 이해하는 경우에는 법학적 효력개념이 근본적으로 부딪히는 '순환의 오류'의 문제점에서 영원히 벗어날 수 없다. 또한 근본규범을 경험적 근본규범으로 이해하는 경우에는 법학적 효력의 최종근거를 '경험적 사실'에서 찾게 되므로, 왜 존재가 당위가 되어야 하느냐 하는지에 관한 문제점을 해결해야 하는 어려움에 봉착하게 된다. 결국 우리가 찾아야 될 문제해결의 통로는 규범적 근본규범의 구성이라고 생각된다. 즉 법의 효력에 대한 최종근거에 대한 해답은 그 도덕적 정당성에서 비롯되어야 하는 것이다."[8]

왜냐하면 이러한 결론은 철학적 효력론에 대한 비판, 즉 법의 규범적 타당성을 실정법 내에서 찾지 못하였다는 비판으로부터 자유롭지 못하기 때문이다. 그래서 우리는 근본규범을 켈젠과는 달리 전제되어

7) H. L. A. Hart, *The Concept of Law*, 1961, p. 102, 104, 107(오병선 역, 법의 개념, 아카넷, 2001).

8) 이준일, 법학입문, 박영사, 2004, 124쪽.

있는 규범이 아니라, 종교적 · 윤리적으로 입증된 또는 선존하는 규범으로 보고자 한다.[9] 또한 우리는 철학적 효력론에 대한 비판에서 자유로워지기 위하여 근본규범을 '법체계에 속한 모든 규범들의 효력을 그 외부에서 근거짓는 규범'으로 보는 일반적인 생각과는 달리 '법체계 내부에서 법체계에 속한 모든 규범들의 효력을 근거짓는 규범'으로 이해하고자 한다. 다시 말하면 실정법질서를 실정법질서 내에서 정당화하려고 할 때 그 근본규범은 실정법 내에 존재하는 것이어야 한다. 그리고 실정법체계의 정점에는 헌법이 자리하고 있다. 그렇다면 실정헌법 내에 성문화되어 있으면서 실정헌법을 구성하는 규범을 근본규범으로 보아야 할 것이다. 즉 국가를 구성하는 규범이자 국가의 존재목적을 규정하는 규범을 근본규범으로 보아야 할 것이다. 오늘날 국가는 국민의 기본권을 실현하기 위하여 존재하고, 기본권은 인권에서 유래하며, 인권은 인간의 존엄의 구체적 표현이라고 한다면 근본규범은 인간의 존엄일 수밖에 없다.[10]

---

9) 홍성방, 헌법학, 현암사, 2007, 370쪽 및 각주 38.

10) 이와 비슷한 뜻을 M. Kriele, *Recht und praktische Vernunft*, 1979, S. 10f.는 다음과 같이 표현하고 있다. "윤리는 수백년에 걸쳐서 변화하고 발전한다. 만일 우리가 지난 3세기 동안에 서양문화권에서 이루어진 법의 발전을 어느 정도 조망하고, 그리고 대략 그 진행방향은 무엇이고, 법정책적 근거들은 그들의 최후의 원칙으로서 무엇을 지향했는가? 라고 묻는다면, 그것은 다음과 같은 원칙이다. 모든 인간은 자유와 존엄에 대한 동등한 청구권을 가진다. 이 원칙의 이면에는 다음과 같은 자연법이념, 즉 인간은 인간으로서 인간의 본성에 맞게 살 수 있어야 한다는 스토아학파와 그리스도교에 깊은 영향을 받은 견해가 존재한다. 이 이념은 인권에서 구체화된다."

# 제3절
# 법의 실효성

## Ⅰ. 법의 실효성의 개념

실정법이며 효력 있는 법이 적어도 원칙상 사실을 규정대로 움직일 만한 힘을 가질 필요가 있으며, 사람들에 의하여 실제로 준수되는 것을 '법의 실효성'(Wirksamkeit des Rechts)이라 하고, 이 효력은 강제규범에 의하여 뒷받침을 얻는다. 곧 법의 실효성은 법이 강제규범으로서 국가권력에 의하여 보장받아 강행되는 것을 뜻한다.

## Ⅱ. 악법의 문제

그러나 법의 실효성은 법의 타당성을 전제로 한다. 그렇다면 규범적 타당성을 결여한 법이 실효성을 가질 때, 즉 악법(惡法)이 존재할 때 그 법은 어떻게 되는가.

이 문제에 대하여는 태도가 나누어져 있다. 즉 법적 안정성을 강조하는 입장에서는 악법도 준수해야 한다고 보고, 자연법을 부정하는 법실증주의자들은 악법도 정당한 절차만 밟아 제정되었으면 법이라고 주장한다. 즉 악법도 법으로서 사회를 지배하는 한 '악법도 법이다'(Dura lex, sed lex)라는 명제가 성립되며, 법으로서 적용되는 것이어야 한다고 한다.

그러나 법적 안정성이라는 형식적인 이념이 내용적인 정의보다도 우위에 설 수 있을 것인가가 문제된다. 자연법론자들은 정의의 원리에 반하는 법은 법이라고 보지 않는다. 제2차 세계대전 후 법실증주의에서 자연법론으로 전향한 라드브루흐는 악법은 정법의 반대개념이고, 정법의 이론은 수천 년에 걸쳐 자연법이란 개념을 가지고 있었다[11]고 하면서 악법에 복종하는 것은 범죄행위라고 한다. 그러나 무엇이 자연법인가 하는데 대해서는 확실한 결론이 없다. 그래서 라드브루흐는 "우리들은 어떠한 명령이 법의 성격을 지니고 있는가, 법의 개념에 적합한 것인가를 결정하는데 있어서는 오직 실현하려고 하는 정의의 표준에 의해서만 행해야 한다"고 하면서 "참을 수 없을 정도로 악한 법"은 법이 아니라고 한다.[12] 다른 말로 바꾸어 말하자면 '극단적'으로 악한 법은 법으로서의 효력을 상실하는 것이다. 그렇다면 극단적으로 악한 법은 어떤 법인가. 한 마디로 인간의 존엄을 송두리째 부정하는 법을 극단적으로 악한 법으로 볼 수 있을 것이다.[13]

앞에서 극단적으로 악한 법, 즉 인간의 존엄을 송두리째 부정하는 악한 법은 법으로서의 효력을 상실한다고 하였다. 그러나 이것은 하나의 요청이다. 그러니까 극단적 악법은 효력을 상실하여야 한다는 이야기이지 당연히 무효가 된다는 이야기는 아니다. 이러한 악법이 효력을 상실하여야 함에도 불구하고 현실에서 법으로서 통용되고 있을 때 국민들은 어떻게 하여야 하는가. 그것은 정도에 따라 다를 것이다.

악법에도 참을 수 없을 정도로 악한 법과 그 정도는 아니지만 여전히 악한 법이 구별된다. 후자의 경우에 국민들은 시민불복종이나 법

11) G. Radbruch, *Einführung in die Rechtswissenschaft*, 12. Aufl.(1969), S. 34.

12) G. Radbruch, Gesetzliches Unrecht und übergesetzliches Recht(1946), in : ders., *Rechtsphilosophie*, 8. Aufl.(1973), S. 345.

13) 이와 관련하여 이준일, 앞의 책(주 8), 62쪽은 예를 들어 인체실험이라든지, 인종말살이라든지, 집단학살이라든지, 종군위안부와 같은 것을 정당화하는 법은 어렵지 않게 극단적인 악법의 예로서 들 수 있을 것이라고 한다.

개정운동을 할 수 있을 것이다. 그러나 전자의 경우에는 저항권행사만이 문제된다.

## Ⅲ. 저항권

저항권은 고도의 가치, 곧 자연법을 근거로 불법한 국가권력에 대하여 실력으로써 대항할 수 있는 권리 또는 극단적으로 악한 법인 '실정법에 반대할 수 있는 권리'(ius contra legem)를 말한다. 따라서 여기서 말하는 저항권은 불법국가를 전제로 해서 형식적으로는 법치국가를, 실질적으로는 인간의 존엄을 방어하고 회복하려는 '인권으로서의 저항권'(Widerstandsrecht als Menschenrecht)을 의미한다. 그리고 불법상태를 제거하기 위해서는 비례의 원칙을 지키는 한 적극적·소극적인 모든 수단을 사용할 수 있다.

저항권을 행사한다는 것은 국가 이전의 자연상태로 돌아간다는 것을 뜻한다. 따라서 저항권은 최후수단성·명백성·성공가능성이라는 세 가지 요건이 충족된 경우에 비로소 행사될 수 있다.[14)]

14) 저항권에 대하여 더 자세한 것은 홍성방, 앞의 책(주 9), 64~68쪽 및 홍성방, '저항권', 『한국가톨릭 대사전』 제10권, 2004, 7390~7393쪽 참조.

# 제4절
# 법의 형식적 효력

법의 형식적 효력은 구체적으로 법이 적용되는 범위를 말한다. 법의 형식적 효력은 시간, 장소, 인(人)의 3가지 면에서 다룰 수 있다.

## Ⅰ. 법의 시간적 효력

### 1. 법의 시행

법(성문법)의 시간적 효력은 법의 효력의 시간적 범위를 말한다. 법은 시행일(施行日)로부터 폐지일까지 효력을 갖는다. 법의 시행일로부터 폐지일까지의 기간을 법의 시행기간 또는 유효기간이라고 한다. 법은 시행에 앞서 공포되며(헌법 제53조 제1항), 공포는 관보에 게재함으로써 하는 것이 원칙이나, 국회의장이 법률을 공포하여야 하는 경우에는 서울특별시에서 발행하는 둘 이상의 일간신문에 게재하여야 한다(법령등공포에관한법률 제11조). 공포는 법을 시행하는 전제로서 법의 내용을 국민에게 널리 알리기 위한 것이다. 공포일로부터 시행일까지의 사이에는 일정한 기간을 설정하는 것이 보통이며, 이 기간을 법의 주지(周知)기간이라고 한다. 그러나 주지를 필요로 하지 않는 경우나 시급하게 시행하여야 하는 경우에는 공포일로부터 시행하는 수가 있으며, 이러한 경우에는 주지기간이 없게 된다. 예를 들어 국경일에관한법률은 1949. 10. 1.에 제정되고 2005. 12. 29.에 개정되었으나, 부칙에 의하면 공포한 날로부터 시행한다고 규정되어 있다.

법령의 시행기일에 관하여는 부칙에서 정하는 일이 많다. 예컨대 민법은 1958. 2. 22.에 제정되었으나, 부칙 제28조에 의하여 1960. 1. 1.부터 시행한다고 명시되어 있다. 그리고 시행일이 특별히 정하여 있지 않은 경우는 공포한 날로부터 20일을 경과함으로써 효력을 발생한다(헌법 제53조 제7항, 법령등공포에관한법률 제13조).

관습법은 성문법처럼 시행기일을 정할 수 없으므로 성립과 동시에 효력을 발생하는 것으로 보아야 할 것이다. 그러나 관습법은 성립시기가 불분명한 경우가 많다.

## 2. 법의 폐지

법의 폐지란 법이 가진 효력을 명시적・묵시적으로 소멸시키는 것을 말한다.

### (1) 법의 명시적 폐지

법의 명시적 폐지에는 다음과 같은 두 가지 경우가 있다.

첫째, 시행기간(유효기간)을 정한 때에는 그 기간의 종료로 당연히 그 법령은 폐지된다. 이렇게 일정기간 동안만 효력을 발생하도록 제정된 법을 '한시법'(Zeitgrenzerecht)이라 한다.

둘째, 신법에서 명시적 규정으로 구법의 일부 또는 전부를 폐지한다고 정한 때에는 구법의 일부 또는 전부는 당연히 폐지된다. 이러한 경우에는 신법은 구법을 대신하여 효력을 갖는다. 예컨대 부동산등기법 제191조 "조선부동산등기령은 이를 폐지한다"와 같이 그 대부분은 신법 중에 기존의 법을 폐지한다는 취지의 규정을 두고 있다. 또한 민법부칙 제27조 제1호에 의하면 구민법 등 폐지되는 법률이 명시되어 있다. 그리고 구법의 일부만 폐지된 경우에는 폐지되지 아니한 부분은 물론 신법과 병존하여 효력을 갖게 된다. 예컨대 민법부칙 제27조 제2호 및 제3호에 의하면 종전의 법령 중 민법(신법)과 저촉되는 법조만 폐지되므로, 저촉되지 않는 법조는 계속하여 효력을 가지게 되는 것이다.

### (2) 법의 묵시적 폐지

법이 묵시적으로 폐지되는 경우에는 다음과 같은 두 가지 경우가 있다.

우선, 동일 사항에 관하여 서로 모순·저촉되는 신법이 제정되면 그 범위 내에서 구법은 묵시적으로 폐지된다. '신법은 구법을 개폐한다.'(Lex posterior derogat legi priori). 그러나 특별법은 일반법에 우선하여 적용되므로 '일반신법은 특별구법을 개폐하지 못한다'(Lex posterior generalis non derogat legi priori speciali).[15] 따라서 법률은 특별신법－특별구법－일반신법－일반구법의 순으로 적용된다.

묵시적 폐지의 두 번째 경우는 법령이 '해제조건'(auflösende Bedingung)의 법으로서 처음부터 일정한 조건의 성취, 목적의 달성을 위하여 제정된 법은 그 조건의 성취, 목적의 달성이나 소멸로써 당연히 폐지가 된다. 이 경우에는 법이 규율할 사항이 완전히 소멸되어 버렸으므로 법은 허공에 뜬 것이 되고, 따라서 법도 자연히 폐지되는 것이다.

### (3) 법률불소급의 원칙

'법률불소급의 원칙'(Prinzip der Nichtrückwirkung)은 법의 효력

---

15) 그러나 H. Nawiasky, *Allgemeine Rechtslehre*, 1948, S. 92는 특별법우선의 원칙은 하나의 해석규범이지, 신법우선의 원칙과 같이 강제적 원칙이 아니므로, 입법자가 일반신법을 특별구법에 우선하는 것으로 한 경우에는 일반신법이 우선한다고 한다.

은 시행 후에 생긴 사항에 관해서만 적용되며, 시행 이전에 발생한 사항에 대하여는 소급하여 적용하지 못한다는 원칙이다. 이것은 행위시에는 적용되지 않는 것이 사후에 제정된 법률에 의하여 범죄가 된다고 할 수 없다는 이유에서 '사후법'(ex post facto law)의 제정을 금지한다는 원칙이다. 만일 소급효를 인정한다면 법률생활의 안정이 동요되어 법질서가 혼란에 빠질 우려가 있을 뿐만 아니라 어떤 법에 의하여 일단 부여된 권리가 침해될 수 있기 때문에 법률불소급의 원칙은 '기득권'(wohlerworbene Rechte)불가침의 원칙이라고도 한다.

그러나 법률불소급의 원칙은 오직 신법은 기왕의 사실에 거슬러서 적용될 수 없다는 법해석적용상의 원칙이지, 소급효 있는 법을 제정조차 금하는 입법상의 원칙은 아니다. 예컨대 민법부칙 제2조 본문은 "본법은 특별한 규정 있는 경우 외에는 본법 시행일 전의 사항에 대하여도 이를 적용한다"라고 규정하여 법률불소급의 원칙은 입법으로 완전히 배제되어 있다.

그러나 법률불소급의 원칙은 형벌법규의 영역에 있어서만은 입법상의 원칙으로서 확립되어 있다(헌법 제13조 제1항, 형법 제1조 제1항, 헌법 제13조 제2항). 그러한 경우에도 소급효를 인정하는 것이 사회의 현실적 요구에 적합하거나, 정의·형평의 관념에 부합하거나, 관계자의 인권존중의 입장에서 유익할 때에는 입법으로서 소급효를 인정함은 무방하다. 따라서 형법 제1조 제2항은 "범죄 후 법률의 변경에 의하여 그 행위가 범죄를 구성하지 아니하거나 형이 구법보다 경한 때에는 신법에 의한다"고 규정하고 있다.

### (4) 경과규정

구법시대에 발생한 사항에 관해서는 구법이 적용되고, 신법 이후에 발생한 사항에 관해서는 신법이 적용되는 것이 원칙이다.

그러나 어떤 사항이 신·구 양법 사이에 걸쳐 발생했을 때, 곧 구법시에 발생한 사항이 신법시까지 진행되고 있을 때가 있다. '경과규정'(경과법, transitorisches Recht)이란 이러한 경우를 정하고 있는 규정을 말한다. 경과규정은 법으로 따로 제정하는 것이 아니고, 보통 신법의 부칙 또는 시행령에 특별규정을 두어 해결하는 것이 일반적이다. 그 예로는 "구법에 의하여 처가 부의 허가를 요할 사항에 관하여 허가 없이 그 행위를 한 경우에도 본법 시행일 후에는 이를 취소하지 못한다"는 민법부칙 제5조와 "상법시행 당시 구법에 의한 소멸시효기간을 경과하지 아니한 권리에는 상법의 시효에 관한 규정을 적용한다"는 상법시행령 제4조 제1항을 들 수 있다.

## Ⅱ. 법의 장소적 효력

법의 장소적 효력에 대하여는 속지주의, 속인주의, 보호주의 및 세계주의와 같은 원칙들이 있다. 속지주의는 범죄인의 국적 여하(내국인이든 외국인이든)를 불문하고 자국영토 안에서 발생한 일체의 범죄에 대하여 자국의 법을 적용할 수 있다는 원칙이다. 속인주의는 범죄지 여하를 불문하고, 즉 외국에서의 행위라 하더라도 자국민의 법익을 침해하는 범죄에 대하여는 자국법을 적용할 수 있다는 원칙이다. 보호주의는 범죄지 및 범죄인의 여하를 불문하고 자국 또는 자국민의 법익을 침해하는 범죄에 대하여 자국법을 적용할 수 있다는 원칙이다. 세계주의는 범죄에 대한 사회방위의 국제적 연대성이라는 견지에서 범죄인 및 범죄지 여하를 불문하고 일체의 반인류적 범죄에 대하여 자국법을 적용하여야 한다는 원칙이다.

법제사적 관점에서 보면 초기의 법질서에 있어서는 주로 인적 연결, 즉 어떤 인간그룹에의 소속이 기준이 되고 있다(속인주의). 이에 반하여 16세기에 성립한 근대 영토국가에서는 영토가 법공동사회의 통일의 기초를 이루게 된다. 즉 "영토 내에 있는 것은 그 영토의 지배를 받는다"(Quidquid est in territorio, est etiam de territorio)(속지주의). 이러한 속지주의원칙이 관철되어 있는 정도에 따라 그 영토 내에 체류하는 외국인은 점차적으로 내국인과 법적으로 동등하게 취급되었다. 그러나 아직도 속인주의적 경향은 부분적으로 남아 있다.

우리 현행법은 속지주의를 기본원칙으로 하고 속인주의 및 보호주의를 가미하고 있다. 속지주의만을 철저하게 고집한다면 국외에서 발생한 일체의 범죄에 대하여 우리나라 법을 적용할 수 없기 때문이다.

## Ⅲ. 법의 대인적 효력

### 1. 속지주의 우선의 원칙

법의 대인적 효력이란 법을 적용할 때 어떠한 범위의 사람에게 적용하여야 하느냐 하는 문제를 말한다.

법의 대인적 효력과 관련해서는 '속인주의'(System des persönlichen Rechts)와 '속지주의'(System des Territorialismus)가 있다. 속인주의란 대인고권(국민에 대한 국가의 최고권력)의 속성상 사람의 소재여하를 불문하고 그 사람이 속하는 국적을 표준으로 하여 그 국가의 법을 적용하여야 한다는 원칙이다.

그러나 국가의 대인고권은 타국의 영토고권과 경합하여 타국에 있는 자국민에 대하여 자국법을 적용하기가 곤란할 때가 많다. 곧 타국에 있는 자국민에 대하여는 그 국가의 영토고권의 발동으로 그 체류국의 법이 적용되고, 본국법이 적용된다는 원칙은 그대로 관철되기가 어렵다. 이와 마찬가지로 자국 안에 있는 타국민에 대하여는 자국의 영토고권을 발동시켜 자국법을 적용하는 것이 또한 원칙이다. 이를 속지주의라 한다.

근대국가의 성립과 더불어 영토권이 확립되면서 속지주의가 관철되었고, 현대국가는 양자를 병용하면서도 속지주의를 우선하고 있다.

## 2. 속지주의 우선의 원칙에 대한 예외

속지주의에 대한 예외로는 속인주의가 인정되는 경우, 재외 타국민에 대하여 국내법이 적용되는 경우 및 외교관특권이 있다.

속인주의가 인정되는 경우는 타국에 체류하는 자국민에 대하여도 자국법을 적용하는 경우를 말한다. 예컨대 참정권(헌법 제24조), 청원권(헌법 제26조), 병역의무(헌법 제39조) 등은 자국법의 적용을 받고, 또 신분이나 능력에 관한 사항도 자국법의 적용을 받는 것이 보통이다. 따라서 예컨대 국제사법 제11조는 "사람의 권리능력은 그의 본국법에 의한다"라고 규정하고 있다.

형법상의 일정한 범죄에 대하여는 타국에 있는 자국민뿐만 아니라 타국에 있는 타국민에게도 적용되는 것이 있다. 우리 형법 제5조는 "본법은 대한민국영역 외에서 다음에 기재한 죄를 범한 외국인에 적용한다"고 하고, 그러한 죄로서 내란의 죄, 외환의 죄, 국기에 관한 죄, 통화에 관한 죄, 유가증권・우표와 인지에 관한 죄, 문서에 관한 죄 중 일부 및 인장에 관한 죄 중 일부를 들고 있다. 그런데 자국민의 국외범소추권에 대하여는 이론이 없으나, 외국인의 국외범에 대하여는 문제가 있다. 외국인의 국외범에 대하여도 국가권력의 존립유지상 이를 적극적으로 해석하여야 할 것이다. 그러나 실제에 있어서는 결국 당해 국가의 실력에 따라 결정되는 수가 많다.

속지주의는 외교관특권(치외법권)을 가진 자에게도 적용되지 아니한다. 외교관특권이란 체제국의 법의 적용을 받지 아니하고 본국법의 적용을 받을 권리를 말한다. 즉 국가원수, 외교사절, 그 가족 · 수행원, 외국영해상의 군함의 승무원, 일정한 책임 있는 지휘자의 인솔하에 있는 군대의 구성원들은 국제예의상 또는 직무수행의 편의상 체재국의 법에 따르지 아니하고 본국법에 따른다는 것이 일반국제관습법 · 영사조약 및 주둔군지위협정 등에 의하여 인정되어 있다. 외교관특권은 접수국의 재판권 · 경찰권 및 과세권으로부터의 면제를 내용으로 한다.

제9장

# 법의 적용과 해석

제1절 법의 적용
제2절 사실의 확정
제3절 법의 해석

# 제1절
# 법의 적용

구체적인 사안을 법규범에 적용하는 것, 곧 법을 구체적 사실에 대입하여 결론을 내리는 일을 법의 적용이라 한다. 즉 추상적인 법규범을 상위개념으로 하고 구체적인 사안을 하위개념으로 하여 3단논법에 의하여 결론을 도출해내는 것이 법의 적용이다.

법의 적용은 법관의 임무에 속한다. 그리고 법을 적용하는 법관의 임무는 제1단계로 사실의 확정, 곧 구체적 사실의 유무와 내용을 확정하고, 제2단계로 법의 해석, 곧 확인된 사실관계에 적용할 법규를 찾아 해석함으로써 결론을 도출하는 두 단계를 밟아 행하여진다. 예컨대 "甲이 乙을 폭행하였다"는 사실이 있는 경우에 정말 갑이 을을 폭행한 사실이 있는지의 여부를 정확하게 확정짓고(사실의 확정), 과연 폭행한 사실이 드러나면 폭행죄로서 형법 제260조 제1항 "사람의 신체에 대하여 폭행을 가한 자는 2년 이상의 징역, 500만원 이하의 벌금, 구류 또는 과료에 처한다"가 적용된다. 그러나 이 형법 제260조 제1항도 추상적인 법조문이다. 즉, 2년 이상의 징역에 처할 것인가 아니면 500만원 이하의 벌금에 처할 것인가 그것도 아니면 구류나 과료로 처벌할 것인가가 문제된다. 따라서 법을 적용하기에 앞서 범인의 연령·정신상태·범죄의 동기 등을 참작하여 '벌금 300만원'을 적용하여 구체적이고도 합법적 판결을 내려야 하는 것이다.

일반적으로 제1단계의 사실확정의 문제를 사실문제, 제2단계의 법의 검색·해석문제를 법률문제라 한다.

# 제2절

# 사실의 확정

## Ⅰ. 사실확정의 중요성

법을 적용하는 과정에서 기초가 되는 것은 법의 적용을 받게 될 사실이 존재하느냐 않느냐 하는 것과 그것이 존재한다면 어떠한 형태로 존재하느냐를 확정하는 것이다. 예컨대 살인행위를 했다는 사실을 확정하지 못하면 어떠한 법문을 적용할 것인지를 결정하지 못할 것이다. 따라서 사실의 확정은 법을 적용하는데 있어서 매우 중요한 과정이다. 보통 사실의 확정은 어떤 사안에서 법적으로 중요하지 않은 사항을 제거하여 법적으로 중요한 사항만을 추출해내는 방법으로 행해진다.

## Ⅱ. 사실확정의 방법

사실확정의 방법에는 사실의 입증과 사실의 추정 및 의제(간주)가 있다.

### 1. 사실의 입증

그런데 사실의 인정은 그 사실의 발생 후에 행하여지게 되므로 진실의 발견에는 많은 곤란이 따른다. 따라서 사실의 인정은 이를 납득할 수 있는 객관적이고 합리적인 자료에 의할 것이 요구된다. 이 자료를 증거라 한다. 즉 증거란 재판을 행함에 있어서 사실의 존부에 관하여 확신을 얻게 하는 자료이다. 소송법은 증거재판주의를 채택하여 증거를 사실인정의 중요한 자료로 제시하게 하고, 증거를 내세우는 데도 일정한 원칙을 세우고 있다. 사실의 존부는 원칙적으로 그 사실의 존부를 주장하는 자가 입증하여야 한다. 소송법이 인정하는 증거방식으로는 인적 증거로서 증인·감정인 및 당사자 본인과 물적 증거로서 문서 및 검증물 등 5종이 있다.

증거에 관하여는 형사소송과 민사소송에 있어서 본질상 상당한 차이가 있다. 형사소송에 있어서는 원고인 검사가 공소사실을 입증할 책임이 있고 피고인은 법률상 추정되는 사실에 대한 반대사실이나 위법성조각사유의 존재를 입증하면 되며, 증거능력에 관하여도 자백에는 제한이 있고 피고인에게는 묵비권이 인정된다. 그에 반하여 민사소송에서는 사적 자치의 원칙에 따라 증거능력에 제한을 인정하지 않는 것이 원칙이다. 따라서 당사자는 상대방이 자백한 사실과 현저한 사실은 증명할 필요가 없고 당사자주의에 의한 증거조사도 당사자의 신청에 의하여 하는 것이 원칙이다.

증거는 재판상 사실인정의 중요한 자료가 됨과 동시에 소송 이외의 법적 관계를 입증하는 수단으로서도 필요하다. 영수증, 계약서, 차용증서 등은 후일에 증거가 된다.

## 2. 사실의 추정과 의제(간주)

법은 때로는 당사자의 입증의 곤란을 피하기 위해서 또는 공익상의 이유에서 사실의 존재나 부존재를 '추정'(Vermutung) 또는 '의제'(Fiktion) 하는 경우가 있다. 예컨대 민법 제844조 제1항은 "처가 혼인 중에 포태한 자는 부(夫)의 자로 추정한다"라고 규정하고 있고, 민법 제197조 제2항에는 "선의의 점유자라 하더라도 본권에 관한 소에 패소한 때에는 그 소가 제기된 때로부터 악의의 점유자로 본다"라고 규정하고 있다. 이처럼 법규정 중에 "…으로 추정한다"고 되어 있는 규정을 추정규정, "…으로 본다"고 되어 있는 규정을 간주규정 또는 의제규정이라 한다.

추정이란 사실의 존재나 부존재가 명확하지 않은 경우에 일단 존재하는 것으로 가정하여 법률효과를 부여하는 것을 말한다. 즉 추정은 입증을 기다리지 않고 사실을 가정하는 것이다. 따라서 甲남과 乙녀가 혼인 중이고 乙녀가 자를 포태하였다면 민법 제844조 제1항에 의하여 처인 乙녀가 포태한 자는 부(夫)인 甲남의 자로 추정된다. 그러나 乙녀가 포태한 자가 乙녀의 불륜행위로 인한 타인의 자라는 것이 입증된다면 추정된 효과는 생겨나지 않는다. 곧 추정된 사실과 다른 사실을 주장하는 자는 반증을 들어 이를 전복시킬 수 있다. 다만 법은 이 경우에도 사회의 질서라든가 평화의 유지라는 다른 이유로 부인(否認)을 무제한으로 인정하지 않고 부인을 위한 기간을 한정하고 있다. 앞의 예에서 그 자가 친생자임을 부인하는 소는 그 출생을 안 날로부터 1년 이내에 제기하여야 한다(민법 제847조 제1항).

간주(또는 의제)란 사실의 진실여부에 관계없이 사실이 존재하는 것으로 확정적으로 보는 것이다. 그 때문에 간주는 반증을 들어 전복시킬 수 없다. 예컨대 민법 제28조 "실종선고를 받은 자는 전조의 기간이 만료한 때에 사망한 것으로 본다"는 실종규정의 경우 그것은 사망한 것으로 추정하는 것이 아니라 사망한 것으로 간주하여 버리므로 그 실종선고가 사실과 다르다는 것이 뒤늦게 입증되더라도 민법 제29조 제1항에 따라 그 실종선고를 취소하지 않는 한 사망이라는 법률적 효과를 소멸시키지 못한다. 따라서 사실의 확정에 있어서 추정규정보다는 간주규정의 효력이 더 강하다고 할 수 있다.

# 제3절
# 법의 해석

## Ⅰ. 법의 해석의 의의

법의 해석에는 광의의 해석과 협의의 해석이 구별된다. '광의의 해석'(Interpretation), 곧 '법발견'(Rechtsgewinnung, Rechtsfindung)은 협의의 해석, 곧 '실정법 해석'(Auslegung)과 법관에 의한 '법형성'(Rechtsfortbildung) 또는 '법문보충' (Rechtssatzergänzung)을 포함한다.[1)]

그러나 일반적으로 법의 해석이라 할 때는 협의의 해석, 즉 일반적·추상적으로 규정되어 있는 법문의 내용을 구체적 사실에 적용할 수 있도록 분명히 하고 구체화하며 또한 법적인 의미를 정확하게 밝혀내는 작업을 말한다. 관습법도 해석을 필요로 하지만, 관습법은 대개 사회생활의 실제 속에 구체적인 형태로 존재하고 있기 때문에 해석상 그다지 곤란한 문제가 일어나지 않는다. 불문법의 경우에는 해석보다 오히려 그 존부가 문제된다.

로마의 유스티니아누스 황제는 자신의 법전을 완전무결한 것으로 믿고 그 주석서가 세상에 나오는 것을 금한 바 있다. 나폴레옹도 자신

---

1) 법의 해석(Interpretation)이란 개념은 일부에서는 법발견 일반으로, 다른 일부에서는 '협의의 해석'(Auslegung)의 의미로 일정하지 않게 사용되고 있다. 여기에서는 법의 해석을 K. Larenz, *Methodenlehre der Rechtswissenschaft*, 1960와 M. Kriele, *Theorie der Rechtsgewinnung*, 2. Aufl.(1967)(홍성방 역, 법발견론, 한림대학교출판부, 1995)에 따라 협의의 해석과 법문보충(Rechtssatzergänzung, 목적론적 환원을 포함하는 흠결보충)에 대한 상위개념으로 이해하는 입장에 따른다. 이렇게 사용하는 것이 'interpretatio'라는 단어가 가지는 본래의 의미와도 일치할 것이다.

이 제정한 민법전이 공포된 후 얼마 안 되어서 학자들의 주석서가 나온 것을 보고 "나의 법전은 없어졌다"고 한탄하였다고 한다. 그런가 하면 프리드리히 대제는 프로이센 일반란트법 제정위원회에 업무를 부과한 1780년 4월 14일의 칙령에서 "어떠한 법관에 대해서도, 꿈에라도 … 이 법을 해석하고 확장하거나 제한하는 것을 허용하지 않을 것이며 더욱이 새로운 법률을 제정하는 것에 대해서는 말할 것도 없다"고 선언하였다.[2)]

그럼에도 법이 해석되는 것을 막을 수는 없었다. 그리고 법은 해석될 수밖에 없다. 법의 해석이 필요한 이유는 아무리 치밀하게 법규범을 정립한다 하더라도 복잡한 사회현상을 빠짐없이 규정하여 해석상 한 점의 의문이 없도록 완전하게 제정할 수는 없기 때문이다.

## Ⅱ. 실정법 해석의 종류

법의 해석은 그 해석이 구속력을 가지는가 여부에 따라 유권해석(공권해석)과 학리해석(무권해석)으로 나누어진다. 유권해석은 헌법상 권한을 가진 국가기관에 의해서 해석되는 것이고, 학리해석은 법률학자에 의한 해석을 말한다. 보통 법의 해석이라 할 때에는 학리해석을 의미하며, 유권해석도 학리해석을 기초로 하게 된다. 그러나 다른 한편으로 학리해석은 유권해석에 받아들여질 때에만 실제적 의미를 갖는다고 할 수 있다.

### 1. 유권해석

유권해석은 해석기관에 따라 입법해석, 행정해석, 사법해석의 세

2) M. Kriele, *Recht und praktische Vernunft*, 1979, S. 72 참조.

가지로 구별된다.

### (1) 입법해석

입법해석이란 입법기관이 행하는 법의 해석, 곧 입법기관이 법을 제정할 때 어떤 법령규정의 의미를 분명히 하기 위하여 그 법령 중에 또는 별도의 법령으로 특별규정을 두어 법규정 자체에 의하여 법규정에 대한 해석을 하는 것, 곧 법문으로 어떤 용어의 뜻을 확정하는 경우를 말한다. 입법해석은 법규해석 또는 법정해석이라고도 한다. 입법해석은 그 규정의 내용에 따라 정의규정·목적규정·취지규정 및 해석규정 등이 있다. 입법해석의 방법으로는 예컨대 민법 제98조 "본법에서 물건이라 함은 유체물 및 전기 기타 관리할 수 있는 자연력을 말한다"와 같이 동일법령 중에 그 해석규정을 두는 방법, 예컨대 수표법 부칙 제66조 "본법에서 휴일이라 함은 국경일, 공휴일, 일요일 기타 일반 휴일을 이른다"나 외국환거래법 제3조 제8호 "외화증권이라 함은 외국통화로 표시된 증권 또는 외국에서 지급받을 수 있는 증권을 말한다"와 같이 부속법규에 해석규정을 두는 방법 및 민법 제32조 "학술, 종교, 자선, 기예, 사교 기타 영리 아닌 사업을 목적으로 하는 사단 또는 재단은 주무관청의 허가를 얻어 이를 법인으로 할 수 있다"와 같이 법문 중에 실례를 들어 해석의 표준을 두고 있는 방법 등이 있다.

위의 예에서 보듯이 입법해석은 그 스스로가 법이므로 강제력이 있어 절대적인 구속력을 갖는다. 따라서 밑줄친 부분 이외의 것을 그 개념 속에 포함시켜 해석하지는 못한다. 그러나 어떤 사항이 밑줄친 부분에 속하는가 여부에 대해서는 다시 해석할 수 있다. 그리고 입법적 해석은 사실에 있어서는 그 법문 자체가 해석을 내리고 있으므로 정확하게는 법문의 제정이라고 보는 것이 타당할 것이다.

### (2) 행정해석

행정해석이란 행정관청이 소속기관이나 지방자치단체에 대하여 법령의 실시나 집행을 위하여 하는 해석을 말한다. 예컨대 상급 행정관청이 법령집행에 관하여 하급관청에 대해서 그 의의를 해석하여 훈령을 내리거나 또는 하급관청의 신청이나 질의에 대하여 지령이나 회답을 발하는 것이 행정해석이다.

행정해석은 대외적인 구속력은 없으나, 하급관청은 상급관청의 법해석에 구속되기 때문에 대내적으로는 일정한 구속력을 가진다. 행정해석에 이의가 있는 경우에는 행정쟁송, 곧 행정심판과 행정소송의 대상이 된다.

### (3) 사법해석

사법해석은 법원에 의하여 행해지는 법문의 해석을 말한다. 사법해석은 구체적으로는 판결로 나타난다.

판례법주의를 채택하고 있는 영미법계국가에서는 말할 것도 없고 대륙법계국가에서도 상급법원에 의하여 내려진 법의 해석은 일정한 한계 내에서 하급법원을 구속하는 것이 사실이다. 법원조직법 제8조는 "상급법원의 재판에 있어서의 판단은 당해 사건에 관하여 하급심을 기속한다"고 규정하고 있다.

## 2. 학리해석

### (1) 학리해석의 의의

학리해석은 학술적 해석, 곧 학리적 방법에 의하여 법규의 의미를 해석하는 방법을 말하고, 보통 법의 해석이라고 할 때에는 학리해석을 가리킨다. 학리해석은 법이론을 기초로 한 개인의 법에 관한 자유로운 견해에 지나지 않으므로 강제력을 갖지 못하여 무권해석이라고도 한다.

학리해석의 여러 원칙을 처음으로 체계화한 학자는 사비니(F. v. Savigny)이다. 그는 「로마법대계」 제1권[3]에서 법률해석의 원칙으로 문법(문리)적 해석, 논리적 해석, 역사적 해석, 체계적 해석이라는 4가지 해석원칙을 제시하였다. 그 후 이러한 해석원칙을 토대로 학자들은 여러 가지 해석원칙을 주장하고 있으나 아직도 이 해석방법들은 존중되고 있다.

### (2) 문리해석

#### 1) 문리해석의 의의

문리해석 또는 '문법적 해석'(grammatische Auslegung)은 법문의 단어와 문장의 의미를 밝혀내는 해석방법이다. 법령은 문자로 표시되어 있으므로 문리해석은 법해석의 첫 단계를 이룬다. 예컨대 형법의 절도죄의 규정, 즉 형법 제329조 "타인의 재물을 절취한 자는 6년 이하의 징역 또는 1천만 원 이하의 징역에 처한다" 중 '타인의 재물'이 뜻하는 바를 밝히는 것이 그것이다.

문리해석이 필요한 이유는 법률의 용어사용방법은 일반의 용어사용방법과 다르기 때문이다. 예컨대 일반적으로는 "선의(善意)로"라고 하면 그 뜻은 "호의로"이나 법률 용어로서는 "어떤 사정을 알지 못하고"의 뜻이며, 일반적으로는 "악의(惡意)로"는 "해할 의사로"를 뜻하나 법률 용어로서는 "어떤 사정을 알면서"의 뜻으로 사용된다.

그러나 어떤 법률에서 사용한 용어는 시대와 사회사정의 변화에 따라 그 의미가 변화될 수 있다. 이러한 경우 그 법률의 제정시의 뜻대로 해석할 것인가(연혁적 해석론 ; 주관적 해석론 ; 법 제정자의 정신

---

3) *System des heutigen Römischen Rechts*, 1. Bd., 1840, §32-35.

에 따른 해석) 현재의 의미에 따라 해석할 것인가(진화적 해석론 ; 객관적 해석론[4] ; 법의 정신에 따른 해석)가 문제된다. 일반적으로는 후자의 해석방법이 통설로 되어 있다. 이러한 문제는 민법 제103조 "선량한 풍속 기타 사회 질서에 위반한 사항을 내용으로 하는 법률행위는 무효로 한다"와 같은 일반조항(개괄조항)의 경우와 같이 불확정개념이 들어 있는 경우 특히 의미를 가진다. 위에서 든 법문에서 밑줄친 부분은 시대나 장소에 따른 진화적 해석이 필요하다.

#### 2) 문리해석을 함에 있어서 유의할 점

문리해석을 함에 있어서는 다음과 같은 세 가지 점을 유의하여야 한다.

① 법규범의 내용은 사회평균인을 표준으로 하고 있기 때문에 사회일반인에게 통용되는 의미와 전문가에 통용되는 의미가 있을 때에는 사회평균인에게 통용되는 의미로 해석하는 것이 원칙이다. 예컨대 마약류관리에관한법률 제15조에는 마약을 관리할 때에 '잠금장치가 되어 있는 견고한 장소'에 저장할 것을 규정하고 있으나, 여기서 '잠금

4) 이 이론은 빈딩(Binding, *Handbuch des Strafrechts* I, 1885, S. 450ff.)과 바하(Wach, *Handbuch des deutschen Zivilprozeßrechts*, 1886, S. 254ff.)에 의해서 발전되었고, 곧바로 관철되었다. 이 이론에 따르면 해석은 입법자의 의사가 아니라 법률의 의사를 탐구해야만 한다. 입법자의 의사는 상황에 따라서 예컨대 의회의사록과 위원회의사록으로부터 역사적으로 탐구되어야만 한다. 입법자의 의사에 대한 탐구가 의미하는 것은 변화하는 관계들과의 관련에서 법률을 파악하는 것이다. 이 이론은 의식적으로 배척된 오랜 전통을 가지고 있는 사정변경의 원칙과 같은 법제도들을 법관이 허용하는 것을 허용한다. 객관적 해석론은 이러한 광범한 법관의 활동영역 때문에 다투어진다. 이 이론이 가지는 논의의 여지는 법률의 해석시에 판결이 이 이론 또는 다른 이론(주관적 이론)에 의존하는 것을 가능하게 한다. 판결은 주권적으로 선택할 수 있고 또한 그렇게 한다. 두 이론은 모두 실무에서 응용되고 있다.

장치가 되어 있는 견고한 장소'는 일반 사회통념에 비추어 보통으로 견고한 정도의 것으로 충분하고 은행의 금고와 같은 것을 요구하는 취지는 아니라고 보아야 한다. 또 형법 제10조의 '심신장애자'의 형사책임무능력에 관한 규정도 정신의학적으로 어려운 정의가 있을 수 있겠으나, 동조의 심신장애자는 법규범의 명령적 내용을 이해할 수 없을 정도의 정신장애를 의미하는 것으로 해석된다.

② 입법기술상 용어의 사용에 일정한 관례가 있을 때에는 그 관례에 따라 해석하지 않으면 안 된다. 법문에 한하여 세상 일반의 회화나 문장과는 다른 의미를 부과한다는 것 자체가 바람직스러운 것은 아니다. 그러나 법문 가운데는 특히 표현의 정확성이 중시되는 경우가 있으므로 세상일반에서는 그렇게 구별하지 않는 경우라도 법문에서는 의의적으로 구별하여 사용되는 경우가 있다. 예컨대 '추정한다'와 '간주한다'의 차이가 그러한 예에 속한다.

③ 법문 가운데는 그 표면적인 의미만을 고집할 수 없는 경우가 있다. 예컨대 하천법 제33조 제1항 제6호에는 하천관리청의 허가를 얻지 않고서는 하천의 토석・모래・자갈 기타 대통령령이 정하는 하천산출물을 채취하지 못한다고 규정하고 있다. 그렇다고 한 주먹의 모래나 돌을 가져갔다 하여 동조 위반으로 처벌되지는 않는다.

### (3) 논리적 해석

#### 1) 논리해석의 의의

'논리해석'(logische Auslegung)이란 법문의 자구(字句)에 구속됨이 없이 논리적 조작에 의하여 법문의 의미를 해석하는 것이다. 대체로 법령의 해석은 문리적 해석만으로는 불충분하기 때문에 문리적 해석을 기초로 하되 그것을 넘어서서 논리해석을 하게 된다. 논리해석의 방법에는 확장해석, 축소해석, 반대해석, 물론해석, 보정해석 등의 방법이 있다.

### 2) 논리해석의 방법

① 확장해석

확장해석이란 법문의 의미를 보통의 뜻보다 넓게 해석하여 법에 내재된 진의를 탐구하는 해석방법을 말한다. 예컨대 형법 제257조 제1항 "사람의 신체를 상해한 자는 7년 이하의 징역, 10년 이하의 자격정지 또는 1천만 원 이하의 벌금에 처한다"에서 상해란 생리적 장애에 국한되나 예컨대 연예인의 (특별한) 머리카락을 짜른 경우를 포함한다고 해석하는 경우가 그것이다. 또한 민법 제752조 "타인의 생명을 해한 자는 피해자의 직계존속, 직계비손 및 배우자에 대하여는 재산상의 손해 없는 경우에도 손해배상의 책임이 있다"의 '배우자'의 개념에서 법률상의 배우자뿐만 아니라 사실상의 배우자도 포함시키는 것은 확장해석의 예이다.

② 축소해석

축소해석이란 제한해석 또는 한정해석이라고도 하는데, 법문의 의미를 보통의 경우보다 좁게 해석하는 방법을 말한다. 예컨대 민법 제212조가 "토지의 소유권은 정당한 이익 있는 범위 내에서 그 상하에 미친다"라고 정하고 있다 해서 상하를 무제한적인 것으로 해석할 수는 없을 것이다. 또 형법 제329조가 "타인의 재물을 절취한 자는 6년 이하의 징역 또는 1천만 원 이하의 벌금에 처한다"라고 규정하고 있는 경우 절도죄의 객체인 '재물'에 부동산은 포함되지 않는다고 해석하는 것이 축소해석이다. 또 민법 제109조 제2항 "전항의 의사표시의

무효는 선의의 제3자에게 대항하지 못한다"에서 '제3자'는 원래 당사자 이외의 모든 사람이 되나, 조문의 진의를 올바르게 파악하려면 이 제3자를 축소시켜서 당사자와 그 포괄적 승계인 이외의 자로서 착오에 의한 의사표시로 생긴 법률관계에 기하여 새로운 이해관계를 가지게 되는 자로 축소해석하여야 할 것이다. 또 도로교통법 제20조의2(앞지르기 금지장소)에는 '도로의 구부러진 곳'에서는 앞지르기를 못하도록 규정하고 있는 바, 이와 관련 헌법재판소는 "도로의 구부러진 곳이란 문의 그대로 해석하면 조금이라도 휘어진 도로, 즉 도로가 완전히 직선이 아닌 모든 곳을 말한다. 그러나 이 사건 법률규정과 관련된 제반규정과 입법목적에 비추어 볼 때, 앞지르기로 인하여 위험을 초래하고 교통안전에 지장을 줄 수 있는 정도의 구부러진 도로로 한정해석하여야 한다"고 하였다.[5]

축소해석은 예컨대 계약자유의 원칙을 제한하는 공법상의 규정과 같이 특히 일정한 원칙을 제한하는 법리를 해석할 때 또는 법의 목적론적 해석과 결부지어 흔히 요구된다.

③ 반대해석

'반대해석'(argumentum a contrario)이란 법을 해석함에 있어 명문으로 규정되어 있지 않을 경우에는 그와 반대로 해석하는 것을 말한다. 예컨대 민법 제762조는 손해 배상청구권에 있어서의 태아의 지위와 관련하여 "태아는 손해배상의 청구권에 관하여는 이미 출생한 것으로 본다"고 규정하고 있다. 따라서 그 이외의 경우에는 태아는 권리능력을 가지지 않은 것으로 해석된다. 또 민법 제800조는 "성년에 달한 자는 자유로 약혼할 수 있다"라고 규정하고 있으므로 미성년

---

5) 헌재 2000. 2. 24. 99헌가4 결정, 헌법재판소판례집 제12권 1집(2000), 98쪽 이하 참조.

자는 동의나 승락을 얻어서만 약혼할 수 있다고 해석되는 것이다. 또한 민법 제184조 제1항에서 "소멸시효의 이익은 미리 포기하지 못한다"라고 규정되어 있는 경우 시효완성 후의 포기는 허용된다고 해석하는 것이다. 민법 제832조에 "부부의 일방이 일상의 가사에 관하여 제3자와 법률행위를 한 때에는 다른 일방은 이로 인한 채무에 대하여 연대책임이 있다"고 규정되어 있기 때믄에 일상가사에 관하지 않는 한 연대책임이 없다고 하는 해석이다. 그리고 민법 제303조 제1항에서 "전세권자는 전세금을 지급하고 타인의 부동산을 점용하여 그 부동산의 용도에 좇아 사용·수익하며, 그 부동산 전부에 대하여 후순위 권리자 기타 채권자보다 전세금의 우선변제를 받을 권리가 있다"라고 규정하고 있으므로 전세권의 목적이 될 수 있는 것은 부동산에 한하고 동산에 대하여는 전세권을 설정할 수 없다고 해석한다.

④ 물론해석

물론해석이란 법문에 일정한 사례를 규정하고 있는 경우 그 밖의 사례에 대해서도 사물의 성질상 또는 입법정신에 비추어 당연히 그 규정에 포함된 것이라고 해석하는 것이다. 예컨대 민법 제396조는 "채무불이행에 관하여 채권자에게 과실이 있는 때에는 법원은 손해배상의 책임 및 그 금액을 정함에 이를 참작하여야 한다"라고 규정하고 있는 바, 이 때 과실은 물론 고의를 포함한다. 또 민법 제808조 제2항은 "금치산자는 부모 또는 후견인의 동의를 얻어 혼인할 수 있다"라고 규정하고 있으므로 금치산자보다는 심신결함의 정도가 경한 한정치산자는 부모의 동의를 얻었을 경우 혼인할 수 있음은 물론이라고 해석하게 된다.

⑤ 보정해석

보정해석(補正解釋) 또는 변경해석은 법문의 자구가 틀렸거나 부정확하게 사용되었을 때 이를 보충·정정하는 해석을 말한다. 예컨대 민법 제7조는 "법정대리인은 미성년자가 아직 법률행위를 하기 전에는 전2조의 동의와 허락을 취소할 수 있다"라고 규정하고 있는 바, 이때 취소는 철회로 해석되어야 한다. 취소는 의사표시의 효과를 소급적으로 소멸시키는데 반하여, 철회는 의사표시의 효력을 장래에 대해서만 소멸시키기 때문이다. 민법 제240조 제3항은 "인접지의 수목의 뿌리가 경계를 넘은 때에는 임의로 제거할 수 있다"고 규정하고 있는 바, 제거한 수목의 뿌리가 누구에게 속할 것인가는 보정해석을 할 수밖에 없다. 또 구 상법 제679조는 보험의 목적을 양도한 때에는 '보험계약으로 인하여 생긴 권리'를 동시에 양도한 것으로 추정한다고 규정한 바 있으나, 양도된 것으로 추정되는 것은 '권리'뿐 아니라 계약상의 의무도 포함되는 것이다. 따라서 이 법문의 부분은 명백히 잘못된 것이므로 보정해석에 의하여 위와 같이 그 의미를 해석한다.

보정해석은 해석의 범위를 벗어나 법적 안정성을 해칠 수 있으므로 신중히 하여야 한다. 따라서 법문의 표현이 명백히 잘못되었다고 인정될 때에 한하여 허용되어야 할 것이다.

### 3) 논리해석을 함에 있어서 유의할 점

논리해석을 함에 있어서는 다음과 같은 세 가지 점이 중요하다.

① 입법목적의 중요성이다. 모든 법은 애당초 그것이 제정되는 목적이 있으므로 그 법의 규정을 해석함에 있어서 입법목적이 무엇인가는 당해법의 해석의 중요한 하나의 근거가 된다. 대부분의 법은 서두의 제1조에 입법목적이 천명되는 경우가 허다하며 이러한 목적규정

은 그 법 각 규정의 해석상 중요한 지침이 된다. 그러나 법은 일단 제정되면 입법자의 구체적인 의사를 떠나서 그 자체로서 법으로서의 의미를 가지고, 또 입법 당시에는 예상할 수 없었던 사회정세의 변화가 주어진 때는 이제는 입법자의 의사가 아니라 법문 자체에서 얻어지는 합리적인 입법목적에 적응한 해석이 요구된다.

② 하나의 법은 다른 많은 법과 무관하게 존재하는 것이 아니라 서로 연관을 가지고 존재한다. 즉 하나의 법은 전체 법질서의 일부가 되어 하나의 통일된 법질서를 이룬다. 이것은 하나의 법의 해석이 다른 법과의 관계에서 모순충돌하여 법질서 전체의 조화를 깨뜨리는 일이 있어서는 안 된다는 것을 의미한다. 예컨대 지방공무원법과 국가공무원법은 전자가 지방공무원에 대하여 적용되고 후자는 국가공무원에 적용되므로 각기의 특수성에 의거한 상이한 내용의 규정이 있을 수 있으며, 또 상이한 취지로 해석해야 할 규정이 있을 수 있음은 당연하다. 그렇다고 공무원에 관한 인사행정의 실체에 법제도로서 근본적인 차이가 있을 수는 없으므로 지방공무원법의 해석에서는 지방공무원의 특수성에 관한 규정은 제쳐놓고 국가공무원법의 상당규정이 어떻게 해석되고 있는가를 유념하여야 한다.

③ 법의 궁극적 이념은 사회정의의 실현에 있으므로 어떻게 해석하는 것이 정의, 형평, 공공의 복지에 적합한가도 잊어서는 안 된다. 또한 그 법이 계수법일 때는 외국의 모법에서의 해석이 어떠한가도 논리해석의 중요한 자료가 될 것이다.

### (4) 역사적 해석

'역사적 해석'(historische Auslegung) 또는 연혁해석은 법이 성립한 배경을 중심으로 해석하는 것이다. 법안의 이유서, 제안자의 의견, 의사록 및 정부위원의 설명 등이 역사적 해석을 위하여 중요한 의미를 가진다. 이 해석방법은 법문의 의미를 사회의 진화과정에 적합하도록 해석하는 진화적 해석방법에 대립된다.

역사적 해석은 특히 공법상의 제도와 관련된 법문을 해석할 때 많은 도움을 준다.

### (5) 체계적 해석

법은 전체로서 하나의 체계를 이루고 있다. 따라서 '체계적 해석'(systematische Auslegung)은 법조문이 전체 법률 내에서 다른 법조문들과의 관계를 따져 해석하는 것이다. 예를 들어 민법 제759조의 동물점유자의 책임은 민법 제750조의 일반불법행위의 특수유형이므로 그 책임의 존속기간은 불법행위책임에 관한 존속기간인 불법행위책임에 관한 존속기간인 민법 제766조를 적용하는 것과 같다. 이 때 서로 모순·충돌되는 것처럼 보이는 조문들 사이에는 조화가 이루어지도록 해석되어야 한다.

이처럼 체계적 해석을 함에는 각 규정간의 논리적 체계를 중시하여 해석하여야 한다. 더 나아가서 체계적 해석에 있어서는 상하규범간의 체계 또한 중시하여야 한다. 왜냐하면 법은 헌법을 정점으로 하나의 체계를 이루고 있기 때문이다. 따라서 법을 해석한 결과 여러 가지 해석이 가능한 경우에는 헌법의 이념에 부합하는 해석을 우선하여야 한다.

### (6) 목적론적 해석

'목적론적 해석'(teleologische Auslegung)은 법의 근본취지 또는 규율목적(입법취지, ratio legis)에 맞게 해석하는 것을 말한다. 이러한 목적론적 해석은 개개의 법규의 목적뿐만 아니라 널리 법의 목적을 고려하여 행해진다. 또한 법의 성립 당시의 목적뿐만 아니라 법의 적용시에 요청되는 법의 목적도 고려하게 된다. 이러한 해석방법은 논리해석이 막다른 골목에 부딪혔을 때 헤어날 수 있는 방법이기는 하지만, 자칫하면 목적을 구실로 본래의 의미를 왜곡할 위험도 있다.

### (7) 유추

이밖에도 유추(또는 유추해석 Analogie)라는 것이 있다. 유추란 어떠한 사항에 대하여 적용할 법조문이 존재하지 아니할 경우 그와 비슷한 다른 법조문을 적용하는 것을 말한다. 예컨대 민법 제326조의 유치권에 대한 소멸시효의 규정을 질권에도 유추적용하는 것과 같은 것이 그것이다.

유추는 법문의 해석도 아니고, 법문의 적용도 아닌 법조리에 의한 법의 결함을 보충하는 방법에 불과하다. 유추해석은 명문규정에 없는 사항이 명문규정에 있는 사항과 유사함을 이유로 확대적용한 경우이므로 법률의 범위 내에서 행해지는 확장해석과도 구별되며 또한 법조문에 근거를 두고 행해지는 반대해석과도 구별된다. 더 나아가서 유추는 중복하여 규정할 필요성이 없기 때문에 규정하지 않는 준용(민법 제10조)과도 구별된다. 엄격하게 말하면 유추는 법해석의 한 방법이나, 준용은 입법기술상의 방법이다.

따라서 유추는 엄격한 조건 하에서만 가능하며, 형법에서는 죄형법정주의의 원칙이 적용되기 때문에 유추는 전적으로 금지된다.

## Ⅲ. 법형성

법형성은 특히 실정법에 흠결이 있는 경우와 실정법에 명문규정이 있다 하더라도 법률이 성립할 때의 법상황과 법적용시의 법상황이 현저히 달라진 경우에 문제된다. 특히 법관의 법형성이 문제되는 것은 어떤 분쟁상황이 법적으로 규율되어 있지 않다 하더라도 법원은 그것을 근거로 판단을 거부할 수 없기 때문이다.

성문법국가에서 아무리 법을 완비하기 위한 노력을 한다 하더라도 모든 생활사실을 남김없이 규율할 수는 없다. 왜냐하면 생활사실은 항상 변하기 때문이다. 따라서 법에는 법이 불완전하여 문제되는 생활사실을 규율할 수 없는 틈(Lücke), 곧 흠결이 있을 수밖에 없다.

법의 흠결에는 여러 가지 형태가 있을 수 있다. 우선, 일정한 사항에 관하여 입법자가 법제정시부터 규율하지 못한 '원시적 흠결'(primäre Lücke)과 법의 틈이 사후에 존재하는 '후발적 흠결'(sekundäre Lücke)이 있다. 또 법의 흠결에는 문제된 사항에 관하여 법이 규율했어야 하는데 규율하지 못한 '알려진(공개된) 흠결'(offene Lücke)과 입법자가 법에서 규율하였으나 그 규율이 문제된 특수한 사정을 제대로 고려하지 못하고 지나치게 광범위한 결과 틈이 존재하는 '숨겨진 흠결'(verdeckte Lücke)로 나누어 볼 수 있다.

이러한 경우 법관의 법의 흠결에 대한 보충작업이 요구된다.[6] 특히

---

6) 이 부분과 관련해서는 다음과 같은 M. Kriele, 앞의 책(주 2), S. 71f. 참조. "처음으로-그리고 후에는 법학자들의 도움을 얻어-무엇이 법인가를 말한 것은 법관들이었다. 입법자들이 존재하게 된 이후, 입법자들은 법적 논쟁을 독점하여 결정을 내릴 우선권을 갖게 되기는 하였다. 그러나 처음에는 그것이 법제정 독점권을 의미하는 것은 아니었다. 오히려 입법자들이 미처 결정내리지 않은 모든 법적 논쟁들은 법률가들에 의해 결정되었다. -이 때에 법관들은 다른 법관들의 이전의 결정들을 원용하고 경우에 따라서는 선결례에 구속력을 부여하는 경향이 있었다. 이러한 의미에서 대체로 로마법은 대부분 법관법이었다. 유스티니아누스 황제가 이러한 법제정 우월권을 법제정 독점권으로 바꾸었다. 유스티니아누스 법전은 그 이후로 유일한 법원(法源)으로 간주되었다. 법의 변경뿐만 아니라 보충까지도 황제는 이를 금지하였다. 이러한 요청은 그때부터 유럽의 법실무뿐만 아니라 법이론에도 매우 깊은 영향을 미쳤다. 법실증주의의 핵심은 입법자가 법률가들에 대해서 가지고 있

법흠결에 대한 합리적인 규율이 사회에서 절실히 요구되나 입법자가 상당기간 동안 입법을 해태하고 있는 경우 법관의 법발견이 요구된다 하겠다. 그러나 이러한 경우에도 법관은 개인적인 가치관이나 자의적인 해석에 따라 법의 흠결을 보충하는 것은 허용될 수 없다 하겠다.

이와 관련하여 스위스민법 제1조는 하나의 귀감을 보여주고 있다. "법률과 관습법도 존재하지 않을 때 법관은 자기가 입법자라면 법규로서 설정할 것에 좇아서 재판하여야 한다. 이 경우 법관은 확정된 학설과 선례를 따라야 한다."

## Ⅳ. 법해석학(방법론)의 역사적 전개

### 1. 주석법학

476년 서로마가 멸망하고 1453년에는 동로마 또한 멸망하였다. 그리고 1094년 셀쥬크 터키에 대한 십자군원정이 시작되었고, 그 결과로 동로마제국의 유스티니아누스 법전이 서유럽에 전파되면서 유럽에서도 체계적 법학이 대학에서 강의되기 시작하였다.

그 당시 서유럽은 불문법시대였기 때문에 대학에서 법학교재로는 유스티니아누스법전이 사용되었다. 즉 11~12세기 이탈리아의 볼료냐(Bologna)에서 로마법, 특히 「학설휘찬」(Digesta, Pandectae)을 주

---

는 법제정 우월권을 법제정 독점권으로 바꾸는 것이 유익하고 의미 있으며, 또한 정당하다는 주장이다. 이러한 의미에서 법실증주의는 언제나 성문법만능주의의 이념과 연결되어 있다. 법실증주의는 특히 18세기에서 19세기로의 전환기에 번성했고, 법관에 의한 법의 계속형성이 훌륭한 성문화에 의해서 전혀 불필요한 것이 될 수 있다는 견해(법관을 법을 말하는 입이라는 몽테스키외의 입장)에서 정점을 이루었다.

법관에 의한 법의 계속형성을 완전히 차단하는 것은 결국 불가능하다는 것이 입증되었다."

석하면서 법학이 시작되었다. 이를 '주석학파'(Glossatoren) 또는 볼로냐 학파라고 한다. 이어서 13~14세기부터 로마법에 대한 연구는 체계적인 '주석'(commentaria)의 형식으로 이루어지기 시작하였으며, 이에 참여한 학자들을 주석학파 또는 후기주석학파라고 한다.

## 2. 역사법학

'역사법학'(historische Schule)은 사비니에 의하여 제시되고 푸흐타(Georg Friedrich Puchta 1798~1846)에 의하여 완성된 견해이다. 사비니는 법은 이성의 산물이 아니라, 역사 속에서 형성된 민족정신의 산물이라고 보았으며, 자연법은 사변적이며 철학자의 근거 없는 자만이라고 비난하였다. 즉 사비니는 자연법이론과 이성법이론을 배척했다. 사비니는 법관에게 전적으로 '문법적', '논리적', '역사적', '체계적' 수단을 통해서 '법률에 내재하는 사상들'의 재구성을 허용하는 해석론을 고안했다. 이는 무엇보다도 법관이 법조문에 포함되어 있는 단어들의 자연적 의미를 뒤흔들 수 있다는 것을 의미한다. 사비니는 불변하고 모든 민족에게 동일한 법의 존재를 부인하였는데, 그 이유는 각각의 민족은 그들 고유의 개성, 즉 그들 고유의 민족정신을 가지고 있으며, 그러한 정신으로 법도 역시 변하고 그 결과 법은 끊임없이 발전하고 있다고 주장하였다.

1814년 티보(Anton Friedrich Justus Thibaut 1772~1840)는 『독일 일반민법의 필요성에 관하여』(Über die Notwendigkeit eines allgemeinen Bürgerlichen Rechts für Deutschland)에서 여러 독일분국(獨逸分國)들 내의 법과 관습을 법전화하는 작업은 로마법과 나폴레옹법전을 기초로 하여 일관성 있게 행해져야 한다고 주장하였다. 이에 대하여 사비니는 같은 해 『입법과 법리학을 위한 우리 시대의

사명에 대하여』(Vom Beruf unserer Zeit für Gesetzgebung und Rechtswissenschaft 1814)란 소책자에서 티보의 제안을 맹렬히 공격하였다. 그에 따르면, 법은 입법자에 의하여 자의적이고 계획적으로 제정되어야 하는 것이 아니라, 조용히 작용하는 내면적인 힘의 산물이라는 것이다. 법은 민족의 과거에 뿌리내리고 있으며, 그 진정한 근원은 대중의 믿음, 관습 그리고 국민의 공동의식이다. 언어, 조직, 국민의 예법과 마찬가지로 법은 그 국민의 독특한 성격, 즉 국민정신에 의해 결정된다. 전통과 관습들이 모든 국민 속에서 성장하여 끊임없는 실행을 거쳐 법규로 진화한다. 이러한 전통과 관습을 주의 깊게 연구함으로써 법의 진정한 내용이 밝혀질 수 있다는 것이다. 진정한 의미에서의 법은 권리와 정의에 대한 국민의 감정과 일치한다. 이처럼 사비니의 견해에 따르면, 법은 언어와 마찬가지로 자의적이고 계획적인 의사의 산물이 아니라, 느리고 점진적이고 유기적인 성장의 산물이다. 법은 분리된 실체를 갖고 있는 것이 아니라, 국민들의 전체 생활 중의 한 기능에 불과하다. 법은 국민과 함께 성장하고 국민의 힘과 함께 강해지고 국가가 그 개체성을 상실할 때 사라진다.

이 견해는 법을 국가의 형식적인 제정법만에 한정시키지 않고 법의 내용적·실질적인 면을 강조하고, 법에 관하여 발생적·역사적 고찰을 행한 점에 큰 의의가 있다. 그러나 민족의 법적 확신이 결여되더라도 합리성의 목적에서 법을 제정하는 경우가 있는 것을 이 설은 설명하지 못하고 있다. 이 설은 법의 근거를 지나치게 민족의 신비한 역사적 확신에서 구하고 있을 뿐 그 실체에 대한 과학적 설명을 하지 못하였다는 점에서 문제가 있다.

## 3. 개념법학

우리가 잘 알다시피 19세기 초 자연과학의 영역에서 성취된 엄청난 성공에 고무되어 꽁트(Auguste Comte, 1798~1857)는 인식가능한 것을 지각가능한 것에 한정하고 그 이외의 것들을 형이상학으로 배격하는 철학적 실증주의를 주장하였다. 이러한 철학적 실증주의를 법학에 차용한 것이 법실증주의이다.

법실증주의는 일반적인 실증주의 이론과 같이 형이상학적인 사색이나 궁극적인 원리의 추구를 전적으로 반대하였다. 법실증주의는 기존 법체계의 경험적 현실을 초월하는 법의 이념을 인식하고 밝히려는 법학자들의 모든 시도를 거부했다. 그것은 법학에서 가치에 대한 고려를 배제하고자 했으며, 법학의 임무를 실정법의 분석과 해부에 국한시키려 했다. 법실증주의자는 실정법만이 법이며, 실정법이란 국가의 권한에 의해서 확립된 법규범을 의미한다고 보았다. 다시 말해서 법실증주의란 역사과정에서 사회의 지배세력에 의해 법이 제정된다고 보는 견해이다. 이러한 견해에 비추어 볼 때, 법은 단지 지배세력이 명령한 것이며, 지배세력이 명령한 것은 어떠한 것이든지 바로 그 사실 때문에 법이 된다. 또한 법실증주의는 윤리와 사회정책으로부터 실정법을 엄격히 분리시켜야 한다고 주장하여, 정의를 국가에 의하여 규정된 법규의 준수라는 합법성과 동일시하였다.

이러한 법실증주의의 구체적인 예가 푸흐타에게서 시작되어 예링, 빈트샤이트 등에 의하여 지지되고 19세기 독일의 법학을 지배한 이른바 구성적 '개념법학'(Begriffsjurisprudenz)이다. 이 방법은 특히 법에 있어서의 '학문적 실증주의'라고도 표현된다.[7] 개념법학은 모든 법적 개념들을 하나의 포괄적 체계에서 정리하고자 한다. 법학은 우선

7) F. Wiacker, *Privatrechtsgeschichte der Neuzeit*, 2. Aufl.(1967), S. 430ff. 의 표현.

적으로 흠을 가지고 있는 모순적인 체계를 점진적으로 보완하고 조화시키는 데에서 설명적·계속적 법형성 기능만을 가져야 한다고 한다. 실제 법적으로 의심스러운 문제들은 오직 체계에 대한 연구에서만, 즉 개념을 제한적이거나 확장적으로 정의내리거나 혹은 체계의 흠결을 개념을 다시 규정함으로써 대답되어야만 한다. 그래서 예컨대 푸흐타는 전체개념의 피라미드를 완성하여, 그 최상부에 최고의 개념을, 최고의 개념으로부터 매우 추상적인 일반개념을 그리고 일반개념으로부터 다시금 구체적인 내용이 있는 개념을 연역해내었다. 개념법학에 따르면 법질서는 완결된 구조로 생각되고 그 불완전한 표현이 법률이다. 법개념은 자명한, 피라미드식 형태를 가진 체계 내에 일정한 위치를 가지고 있고 서로 논리적으로 추론될 수 있다. 이 당시 사용되었던 논리법칙으로서는 첫째, 법을 운영하는 자의 주관적 호오(好惡)를 배제하고 법의 규범의미에 맞추어 객관적인 법적용을 하기 위해서 법규를 대전제로 하고 사건을 소전제로 하여 그 필연적인 결론으로서 판결을 끄집어내는 형식논리학상의 3단논법과 법규에 나타난 자구를 해석함에 있어서는 엄격한 모순율(A is not non-A)이었다. 그리고 이러한 태도는 법규의 해석·적용에 있어서 유추해석을 해서는 안 된다는 것을 의미하였다. 이러한 형식논리적인 태도를 비판하려는 목적에서 예링은 이를 개념법학이라고 명명하였다.

그 결과 법학은 변화하는 사회현실에 적응하지 못하게 되었다. 즉 개념법학도 그 개념이 내포하는 내재적 가치와는 관계없이 논리를 형식적으로만 전개한 결과 개념의 유희로 타락하여 사회생활의 실천적 요구로부터 유리되고 법의 목적을 저버리게 되었다. 그러나 개념법학은 사상사적으로 보면 그 논리적 정치성(精緻性) 때문에 개인주의와 관련되어 개인의 자유를 보장하는 결과가 되고, 소유권의 절대·계약자유의 원칙·죄형법정주의를 주축으로 하는 19세기의 개인주의적 법률문화를 완성시켰다.

## 4. 목적법학 내지 이익법학

이러한 개념법학과는 다른 생각을 한 학자는 예링이다.[8] 즉 예링은 개념법학의 형식주의 내지 논리주의의 편협성을 비판하고 법은 목적에 의하여 창조되므로, 법의 해석에서도 목적개념을 지도이념으로 삼아야 한다고 하였다. 법의 목적론적 해석은 법의 문리적 내지 논리적 해석을 전적으로 배척하는 것이 아니라, 이를 통하여 법의 이념·목적에 비추어 해석함으로써 법해석의 교조적인 개념의 유희에서 벗어날 수 있다는 것이다. 예링에 따르면 사람들이 체계로부터 구성하고자 하는 것은 사전에 법정책적 근거들에 삽입되어 있다는 것이다. 역사적으로 보면 법개념들은 근본적으로 논쟁적 개념들이며 권리를 위한 투쟁이라는 특정한 목적을 추구하기 위해서 깊이 영향을 받아왔다. 그 결과 예링에서 비롯하여 헤크에 의해서 정비되고 오늘날 지배적인 것으로 된 이익법학이 생겨났다. 이 이론에 따르면 입법자는 서로 다투는 생활이익들에 경계를 설정하고자 한다. 그리고 이때에 중요한 것은 법률에 표현된 이익평가에 대해서 효력을 부여하는 것이다. 그럼으로써 법률문언에 대한 수정적 해석뿐만 아니라 창조적 법보충까지도 허용되는 것으로 설명된다.

헤크(P. Heck)는 흠결성에도 불구하고 법제정과 법적용의 분리를 고집할 수 있기 위해서는 법률가들은 입법자들이 그들의 편에서 행한 이익평가에 구속되어야 한다고 한다. 이익평가는 역사적으로 탐구되어야만 하고, 무엇보다도 결정을 필요로 하는 동질의 법문제들을 규율하는,

---

8) R. v. Ihering, *Der Kampf ums Recht*, 1872 ; *Der Zweck im Recht*, 1877 bis 1884.

법률이 점하고 있는 위치에서 추측되어야만 한다. 사람들은 유추가 법적 사고에서 법정책적 요소들을 차단할 수 있으리라고 가정한다.[9)]

이익법학과 개념법학이 특히 차이가 있는 것은 법규범의 흠결에 대한 태도이다. 개념법학에서는 실정법의 논리적 완결성을 주장함으로써 법규범의 흠결을 부정하고 있다. 사실상의 법규의 흠결도 논리적 추구를 통하여 보완할 수 있다고 주장하는 것이다. 반면에 이익법학은 법규범의 흠결의 가능성을 인정하면서, 이는 논리적 추구를 통하여 보충되는 것이 아니라 관련 이익들을 밝혀낸 다음 이를 평가하고 종합하는 가치판단에 따라 보충되어야 한다고 주장한다. 또한 목적법학은 법의 의식적 창조의 측면을 경시하는 역사법학에 대립되는 동시에 일체의 가치목적을 배제하고 법의 순수한 존립을 강조하는 순수법학과도 대치된다.

그러나 목적법학에 대해서는 법의 보편적인 목적을 제시하지 못하여 경우에 따라서는 해석자의 주관적·추상적 목적을 목적으로 내세울 수 있다는 비판이 가해지고 있다.

## 5. 자유법학

'자유법학'(Freirechtsschule)은 프랑스의 제니(Francois Gény 1861~1956), 살레이유, 독일의 에얼리히(Eugen Ehrlich 1862~1922, 칸토로비츠(Hermann Kantorowicz 1877~1940) 등이 주장하였다. 자유법학의 주된 목적은 개념법학의 극복에 있다.

자유법학자들은 법률은 윗구멍에다 사건을 넣으면 아래구멍에서 판결이 저절로 나오는 자동기계라고 생각하는 종래의 사고방식을 없

9) P. Heck, *Das Problem der Rechtsgewinnung*, 1912; Gesetzesauslegung und Interessenjurisprudenz, in : *Archiv f. die civilistische Praxis* Bd. 112(1914), S. 1ff.(174).

애고 법률도 법관에 의한 일반적 지침에 불과하다고 하였으며, 법관은 법률 이외에 과학적 자유탐구에 의하여 '사물의 본성'에 따르는 '살아있는 법'(lebendiges Recht)을 발견하여야 한다고 주장하였다. 특히 에얼리히는 법전에 쓰여 있는 법보다 더 중요한 것은 사회에 관한 '사실'(Tatsachen)이며 이와 같은 사회적 사실은 판결을 내릴 때 법규범보다도 결정적인 요인이 된다는 점을 강조하였다.

따라서 자유법학은 첫째, 고정적인 법문이 유동적인 현실사회에 적응하지 아니한다는 사실을 인정하고 실정법의 절대성을 비판하여 법해석의 형식적 논리주의를 배척한다. 둘째, 법원을 실정법에 한정하지 않고 사회관습이나 정의·공평의 이념이나 조리 등에서 구한다. 셋째, 법관의 자유재량과 학자의 과학적인 법원탐구에 의한 법의 발견을 인정한다. 특히 칸트로비츠는 "사회학 없는 법해석학은 공허하며, 법해석학 없는 사회학은 명목이다"라고 하여 법학과 사회학의 결합을 촉구하여 법사회학의 등장을 촉구하였다.

이와 같이 자유법학이 법의 해석에 신국면을 개척한 결과, 법관은 성문의 용어와 전통적인 법개념으로부터 해방되어 판결에 있어서 생활의 실제와 그 요청을 충분히 참작할 수 있게 되었다. 그리고 물론 역사법학파가 법관에 의한 법의 계속형성을 처음 인정하기는 하였지만, 본래의 법 발견자가 누구였는가 하는 점을 생각한다면 생각해보아야 할 점이 자유법학에는 있다.

그러나 자유법학은 법을 해석함에 있어서 법관의 자유재량권을 강조하여 법관에게 지나친 부담을 부과하였다. 즉 법관의 법률에 대한 구속을 파괴하였고 판결의 예견가능성을 파괴하였다. 또한 자유법학에 대해서는 법적 안정성을 해할 우려가 있으며, 법관의 판단이 주관적·독선적으로 되면 감정법학으로 될 우려가 있다는 비판이 가해지기도 한다.

제10장

# 권리와 의무

제1절 법률관계
제2절 권리
제3절 의무
제4절 권리·의무의 주·객체 및 득실변경
제5절 권리·의무의 발생·변경·소멸의 원인
제6절 권리의 보호

# 제1절
# 법률관계

인간의 생활관계 중에서 법의 규율을 받는 관계를 법률관계라 한다. 법률관계는 구체적으로는 법적인 권리·의무관계로 나타나게 된다. 예컨대 매매라는 법률관계에서 매도인은 목적물인도의무를 부담하지만 대금채권을 가지는 한편, 매수인은 목적물인도청구권을 가지나 대금지급의무를 부담한다. 또한 법률관계는 권리·의무의 발생·변경·소멸(권리·의무의 득실변경)이라는 법률효과를 가져오게 된다. 이러한 법률효과의 원인을 법률요건이라 하고, 법률요건을 구성하는 하나하나의 사실을 법률사실이라고 한다. 예컨대 매도인의 매도의 의사(청약)라는 법률사실과 매수인의 매수의 의사(승락)라는 법률사실이 합치되어 매매라는 법률요건이 성립되면 목적물이전 및 대금지급이라는 매매의 법률효과가 발생하게 된다.

어떠한 생활관계가 법률관계로 되는가는 사회적 요청과 법의 이념에 의하여 정해진다. 근대국가의 성립 이전에는 법률관계는 피치자의 의무본위로 구성되었으나, 근대국가의 성립과 더불어 법률관계는 권리본위로 전환되었다. 그리고 현대에 와서는 권리의 공공성·사회성이 강조되어 권리는 의무를 수반하며, 권리행사에 제약이 가해지고 있다. 이러한 입장을 처음으로 취한 헌법인 바이마르헌법은 제153조에서 이를 "소유권은 의무를 진다"라고 표현한 바 있다. 우리 헌법은 제23조 제2항에서 "재산권의 행사는 공공복리에 적합하도록 하여야 한다"고 규정하고 있고, 우리 민법도 제2조에서 "① 권리의 행사와 의무의 이행은 신의에 좇아 성실히 하여야 한다. ② 권리는 남용하지 못한다"고 하여 신의성실의 원칙과 권리남용의 금지를 규정하고 있다.

# 제2절
# 권 리

## Ⅰ. 권리일반

### 1. 권리의 개념

권리란 법익, 곧 법이 보호하는 이익 또는 가치를 향수하게 하기 위하여 특정인에게 부여되는 법률상의 힘을 말한다.

이처럼 법과 권리는 불가분의 관계에 있으며, 이는 우선 그 용어에서 나타난다. 즉 라틴어의 ius, 독일어의 Recht, 프랑스어의 droit, 이탈리아어의 diritto, 스페인어의 derecho, 슬라브어의 pravo 등은 법과 권리를 뜻한다. 그래서 예컨대 독일어나 프랑스어에서는 이 둘을 개념상 구분하기 위하여 법규범의 총체인 법을 말할 때는 Recht im objektiven Sinne(objektives Recht) 또는 droit objectif, 개개의 주체에게 부여된 권리를 말할 때는 Recht im subjektiven Sinne(subjektives Recht) 또는 droit subjectif로 표시한다. 이는 Recht이라는 말이 권리주체의 입장에서 주관적으로 보면 권리가 되고, 그 권리를 부여하는 질서의 총체를 객관적으로 보면 법이 된다는 것을 의미한다. 그리고 우리나라에서도 이러한 예를 따라 주관적 권리, 객관적 법이라고 부르는 경우를 간혹 볼 수 있다. 그러나 우리의 경우에는 법과 권리라는 상이한 용어가 존재하는 만큼 객관적 법, 주관적 권리라는 표현은 언어경제상 불필요한 것으로 보인다.

## 2. 권리의 본질

권리의 본질과 관련해서는 의사설, 이익설, 법력설 및 권리부인설이 대립되고 있다.

### (1) 의사설

'의사설'(Willenstheorie)은 칸트(Immanuel Kant 1724~1804), 헤겔(Georg Wilhelm Friedrich Hegel 1770~1831), 사비니, 푸흐타(Puchta), 빈트샤이트(Bernhard Windscheid 1817~1892) 등이 주장하였다. 이 설에 따르면 권리를 법에 의하여 인정되는 의사의 힘 또는 의사의 지배라고 한다.

의사설에 따르면 권리주체가 되기 위해서는 의사주체가 되어야 한다. 그러나 의사를 확인하기 어렵거나 자기의 의사를 지배하기 힘든 태아나 유아 또는 정신병자 등이 권리를 가질 수 있음을 설명하지 못하는 결함이 있다. 곧 의사무능력자의 권리를 인정하고 있는 현재에 있어서는 중대한 결함을 가지게 된다.

### (2) 이익설

'이익설'(Interessentheorie)은 목적법학의 창시자인 예링과 데른부르크(Heinrich Dernburg 1829~1907)가 주장하였다. 이익설에 따르면 권리를 법에 의하여 보호되는 이익, 곧 법익이라 한다.

이익설에 따르면 권리주체와 의사주체는 반드시 같을 필요는 없으므로 의사능력을 가지지 않는 유아나 정신병자도 권리주체가 될 수 있다. 그리고 이 점에서 의사설의 결함을 보충하였다.

그러나 이 견해에 따르면 권리주체와 수익주체는 항상 같지 않으면 안 되게 되어 반사적 이익과 같은 것을 설명할 수 없다. 또한 이 견해는 부모가 미성년자인 자녀를 보호·교육하고 그 재산을 관리하는 것을 내용으로 하는 권리·의무를 총칭하는(의무성이 강한) 친권과 같이 권리자에게 아무 이익이 없는 권리도 있고 또 관세법에 의하여 국내생산업자는 이익을 받으나 그것을 주장할 수 있는 권리자라고까지는 말할 수 없는 경우를 설명할 수 없다. 간추린다면 이익이란 권리의 목적 또는 권리행사에 불과한 것이지 권리의 본질 그 자체는 아닌 것이다.

### (3) 법력설

'법력설'(rechtliche Machttheorie, Rechtsmachttheorie)은 메르켈(Adolf Josef Merkel 1836~1896), 레겔스베르거(Ferdinand Regelsberger 1831~1910), 에네케루스(Enneccerus) 등이 주장한 학설로 현재의 통설적 입장이다. 법력설에 따르면 권리를 특정의 이익을 누릴 수 있는 법률상의 힘 또는 가능성이라고 한다. 따라서 권리는 법에 의하여 주어진 힘이므로 법을 떠나서는 존재할 수 없는 동시에 그 내용은 법으로 제한할 수 있는 것이다. 이를 헌법 제23조 제3항 "공공필요에 의한 재산권의 수용·사용 또는 제한 및 그에 대한 보상은 법률로써 하되, 정당한 보상을 지급하여야 한다"와 민법 제211조 "소유자는 법률의 범위 내에서 그 소유물을 수용, 수익, 처분할 권리가 있다"는 분명히 하고 있다. 그리고 이때 이익은 재산적인 이익에만 한정되는 것이 아니라 인간이 사회생활에서 가지는 이익 일반을 가리킨다. 따라서 이익에는 재산적인 이익 외에 생명, 신체, 자유, 명예, 정조, 신용 등은 물론 일조권, 환경권 등과 같은 비재산적인 이익도 포함된다.

### (4) 권리부인설

꽁트(Auguste Comte 1798~1857), 듀기(Léon Duguit 1859~

1928), 켈젠 등은 법의 본질은 의무에 있다 하여 권리를 부인한다.

특히 듀기는 사회연대의 목적을 위하여 법은 의무를 본질로 할 것이지 권리를 본질로 할 것이 아니라고 하여 권리의 개념을 법학상 배제하고 법의 사회적 기능으로서 이에 대신하려고 하였다. 이 학설을 법적 사회연대설이라고 하며, 사회학적·윤리학적 이론으로서는 존중할만하다.

## 3. 권리법력설에 의한 권리의 특징

(1) 권리는 달성할 수 있는 특정한 이익을 내용(목적)으로 하여야 한다. 즉 법은 인간의 생활이익을 보호하는 것이며, 여기서 생활이익은 인간의 사회생활에서 요구되는 재화에 대한 사람의 욕구에 따라서 생기는 관계이며, 그것은 사회적 이익 내지 상황(생명, 신체, 자유, 명예 등의 비재산적 이익이 이에 속한다) 및 물체에 대한 심리관계(일반재산적 이익)를 말한다. 이러한 생활이익이 법의 보호를 받을 때, 그것은 법률이익, 즉 법익이 된다. 그리고 법은 이 법익의 보호 또는 충족을 위하여 권리라는 형식을 인정한다.

(2) 권리는 특정인에게 부여된 것이다. 즉 자연인·법인을 불문하고, 반드시 특정인만이 가질 수 있다. 사람이 아닌 동물이나 또는 특정되지 않은 가공인은 권리를 가질 수 없다.[1)]

(3) 권리는 법률상의 힘이다. 법률이 특정인에게 특정한 이익에 대

1) 그러나 오늘날 환경위기를 해결하기 위한 방편으로서 자연의 권리주체성에 대한 논의가 진행되고 있다. 자연의 권리주체성에 대하여 더 자세한 것은 홍성방, '자연의 권리주체성', 「환경보호의 법적 문제」, 서강대학교출판부, 1999(2001, 2쇄), 6~35쪽 참조.

한 힘을 인정한 때에는 다른 사람에 대하여 그에 대응하는 일정한 행동의 구속, 즉 작위 또는 부작위의 의무를 인정하게 된다. 그리고 권리는 권리자의 자유로운 행동을 다른 사람이 방해하는 것을 금하고(민법 제214조의 소유물방해제거청구권), 또는 다른 사람에 대하여 권리자의 이익을 충족하도록 할 것을 명할 수 있는 것이다(채권자의 채무자에 대한 이행청구). 즉 권리자 자신이 행동을 하거나 또는 다른 사람으로 하여금 행동하게 하는 법률상의 힘이다.

### 4. 권리와 구별되는 개념

권리와 구별되는 개념에는 권한, 권능, 권력, 권원 및 반사적 이익이 있다.

(1) '권한'(Kompetenz, Zuständigkeit)은 타인을 위하여 그 자에 대하여 일정한 법률효과를 발생시키는 행위를 할 수 있는 법률상의 자격을 말한다.[2] 예컨대 공무원의 권한, 대통령의 권한이라든가 회사사장의 권한, 법인의 기관의 권한 등이 그것이다. 국가 또는 지방자치단체의 기관에 대해서는 직권, 직무 등이라고 부르기도 한다. 특히 행정청의 권한은 특정의 행위를 요구하고 그것에 복종하지 않을 경우에는 강제할 수 있는 법적 가능성을 의미한다. 또한 권한은 공법상 또는 사법상의 법인 또는 단체의 기관이 법령·정관 등에 의하여 행할 수 있는 사무의 범위 또는 한계를 말하기도 한다.[3]

---

2) 곽윤직, 민법총칙, 박영사, 1998, 97쪽은 그러나 권한을 가지는 자가 타인을 위하여 그러한 효과를 발생케 하는 데 있어서 이익을 가지는 때에는, 이를 권리라고 하여도 무방하다고 한다.

3) H. Nawiasky, *Allgemeine Rechtslehre*, 1948, S. 163은 기관의 권한을 기관이 활동할 수 있는 사항적 영역과 그 영역에서 활동하는데 대한 정당화의 두 가지

(2) '권능'(Befugnis)은 권한과 같은 뜻으로 사용되는 수도 있으나, 일반적으로는 권리에서 파생되는 개개의 기능 또는 권리의 내용을 이루는 개개의 법률상의 작용을 의미하는 것으로 사용된다. 예컨대 소유권에서 사용・수익・처분의 권능이 나온다(민법 제211조 참조). 그러나 권리의 내용이 하나의 권능으로서 성립하는 경우에는 권리와 권능은 같다.

(3) '권력'(Macht)은 일정한 개인 또는 집단이 공익을 달성할 목적으로 다른 개인 또는 집단을 강제 또는 지배하는 힘을 말한다.

(4) '권원'(Rechtstitel)은 어떤 법률적 또는 사실적 행위를 하는 것을 정당화시키는 법률상의 원인을 말한다. 예컨대 타인의 토지에 물건을 부속시켜 그 부동산을 이용할 수 있는 권원은 지상권・임차권 등이다. 따라서 타인의 권원에 의하여 부동산에 부속된 물건에 대하여는 부합(附合)이 인정되지 않고 그 물건의 소유권은 권원있는 자에 귀속된다(민법 제256조 단서 참조). 다만 점유에 관하여는 점유를 정당화하느냐의 여부를 불문하고, 점유를 하기에 이른 모든 원인을 포함한다. 특히 점유취득을 적법하게 하는 취득원인을 정권원(正權原)이라 한다.

(5) '반사적 이익'(Rechtsreflex, Reflexrecht)은 법률이 특정인 또는 일반인에게 어떤 행위를 명함으로써 다른 특정인 또는 일반인이 그 반사적 효과로서 받는 이익을 말한다. 예컨대 각종의 교통법규에 의하여 일반인이 안전하게 왕래할 수 있는 것, 공중목욕장영업허가로 받는 영업상의 이익(대법원 1963. 8. 31. 63누101 판결) 등이 그 예이

---

의미를 가진다고 한다.

다. 이러한 반사적 이익은 권리와는 달리 그 이익을 향수할 수 있도록 법원에 청구할 수 없다. 과거에는 반사적 이익과 권리를 엄격하게 구별하였으나, 최근에는 공권의 확대 추세에 따라 종래 반사적 이익으로 보던 것이 법률상 보호이익으로 인정되는 경향이 있다.

### 5. 권리의 분류

권리는 여러 가지 방법으로 구별되나 보통 공권과 사권으로 구별된다.

## Ⅱ. 공권

### 1. 공권의 개념과 종류

공권이라 함은 공법상의 권리를 말한다. 공권은 다시 국내법상의 공권과 국제법상의 공권으로 분류된다.

일반적으로 국내법상의 공권은 국가나 기타 공공단체가 가지는 국가적 공권과 국민이 국가나 공공단체에 대하여 가지는 개인적 공권으로 구별된다고 한다. 그리고 국가적 공권은 작용을 기준으로 입법권, 행정권, 사법권, 국제법상의 공권으로 분류된다. 그러나 국가의 대외적 활동을 위하여 국제사회에서 인정되는 국제법상의 공권인 독립권, 평등권, 자위권 등을 제외한 국가적 공권은 권리가 아니라 권한이며, 그러한 한에서 개인적 공권만이 공권의 개념에 속한다. 국내공법에는 헌법과 행정법이 있으므로 개인적 공권에는 헌법상 인정되는 공권인 기본권과 행정법상 인정되는 공권이 있다고 할 수 있다.

## 2. 기본권

헌법상 국민에게 인정되는 공권을 기본권이라 한다. 옐리네크는 국가와 국민간의 관계를 수동적 지위, 소극적 지위, 적극적 지위, 능동적 지위로 나누는 지위론을 주장하였다.

수동적 지위는 개개의 국민이 국가의 구성원으로서 국가의 통치권에 복종하는 지위를 말한다. 이 지위에서 의무가 생겨난다. 이 지위는 이른바 일반권력관계의 기초를 형성한다.

소극적 지위는 국민이 국가생활을 영위함에 있어 국가권력으로부터 자유인 지위를 말한다. 소극적 지위를 근거로 국민은 국가에 대하여 부작위를 요구하는 권리를 가지게 된다. 이렇게 부작위를 요구하는 권리가 전통적인 자유권이며, 그 사상적 기초는 자연법, 개인주의, 자유주의라 할 수 있다.

적극적 지위는 국민이 국가에 대하여 적극적인 청구권을 가지는 지위를 말한다. 이 지위로부터 청원권, 재판을 받을 권리 등 고전적 청구권이 나온다. 그리고 국가에 대하여 물질적·경제적 급부를 청구하는 사회적 기본권도 적극적 지위의 표현이라 할 수 있다.

능동적 지위는 국민이 국가의사의 형성에 참여하는 지위를 말한다. 능동적 지위로부터는 참정권이 생겨난다.

## 3. 행정법상의 개인적 공권

행정법상의 공권은 행정법상 구체적 권리에 관한 것이기 때문에 행정법 차원에서 이야기되는 공권은 구체적이고 기술적 의미의 공권으로 나타난다.

(1) 헌법상 공권인 자유권이 행정법 영역에서 구체적으로 나타난

형태로서, 위법한 행정작용에 의해서 자유의 침해가 있는 경우 그 침해를 배제할 수 있는 권리를 들 수 있다. 예컨대 위법한 처분의 취소청구권, 원상회복청구권, 손해배상청구권, 형사보상청구권 등이 있다.

(2) 헌법상 공권인 청구권이 행정법상 법률관계로서 구체적으로 나타난 경우에 있어서 개인적 공권을 들 수 있다. 예를 들면, 국공립대학·도서관·시립병원 등을 이용할 수 있는 권리로서 영조물이용권, 도로·하천·공유수면을 사용하는 권리로서 공물사용권, 공무원이 봉급·수당 등을 청구하거나 상이군경이 연금을 청구할 수 있는 권리로서 공법상 금전청구권 등이 있다.

(3) 헌법상 공권인 참정권이 행정법 영역에서 구체화되어 나타나는 개인적 공권도 있다. 예를 들면, 대통령·국회의원 선거에서 투표할 수 있는 권리, 선거인명부를 열람할 수 있는 권리, 잘못된 선거에 대해서 쟁송을 할 수 있는 권리, 일정한 요건을 갖춘 경우에 공직에 취임할 수 있는 권리 등이 그것이다.

(4) 그밖에도 공권의 확장과 허가·인가·등록 등을 요구할 수 있는 권리로서 특정행위요구권(행정행위 발급청구권·행정개입청구권, 무하자재량행사청구권) 그리고 행정절차에 참여할 수 있는 권리 등을 들 수 있다.

## Ⅲ. 사권

### 1. 사권의 개념

사권은 사법상의 권리로서 사인 상호간의 법률관계에서 존재하는 권리와 국가나 공공단체가 사경제적 주체로서 사인과 대등한 지위에서 법률관계를 가지는 경우에 존재하는 권리이다.

### 2. 사권의 분류

사권은 내용, 작용, 효력범위, 이전성 여부, 독립성 여부 등에 따라 분류할 수 있다.

#### (1) 내용에 따른 사권의 분류

사권은 내용에 따라 인격권, 신분권, 재산권, 사원권으로 분류된다.

##### 1) 인격권

'인격권'(Persönlichkeitsrecht)은 생명, 신체, 명예, 성명, 정조 등에 관한 권리와 같이 권리자 자신의 인격과 분리할 수 없는 이익을 내용으로 하는 사권을 말한다.

인격권은 금전적 평가를 할 수 없는 것이고, 또한 인격을 떠나서는 의미가 없으므로 거래의 객체가 될 수 없으며, 권리자 자신도 이를 처분할 수 없는 경우가 많다. 다만 타인에 의하여 침해되었을 경우 그 침해의 배제를 청구하거나 침해로 생긴 손해배상을 청구할 수 있다(민법 제751조).

### 2) 신분권

'신분권'(가족권 Statusrecht)은 (부 또는 모가 미성년의 자에 대하여 가지는 신분상 · 재산상의 보호와 감독을 내용으로 하는 권리 · 의무를 말하는) 친권, 징계권, 부부 사이의 동거청구권 · 협력부조권, 친족 사이의 부양청구권, 상속권 등과 같이 신분법상 특정의 지위에 따르는 생활상의 이익을 내용으로 하는 사권을 말한다.

신분권은 일신전속적 권리로서 거래의 객체가 되지 않으며 포기할 수 없다. 또 신분권은 권리라기보다 가족공동체의 유지 · 발전을 위한 의무적 색채가 짙은 권리이다.

### 3) 재산권

① 재산권의 의의

'재산권'(Vermögensrecht)은 경제적 가치가 있는 이익의 향수를 내용으로 하는 사권을 말한다. 재산권은 원칙적으로 양도 · 상속이 가능하며, 물권 · 채권 · 무체재산권(지적 재산권, 지적 소유권)이 이에 속한다.

② 물권

(a) 물권 일반

물권이란 물건을 직접 지배하여 이익을 얻는 것을 내용으로 하는 권리를 말한다. 물권의 객체인 물건은 유체물 또는 관리할 수 있는 자연력으로서 지배가 가능하고 외계의 일부여야 한다. 물권은 권리자가 타인의 행위를 필요로 하지 않고 직접적으로 객체인 물건을 지배하는 것을 본질로 하므로 지배권이다. 또한 물권에는 하나의 물건에 하나의 물권이 성립하면 같은 내용의 물권이 생길 수 없는 배타성이 있어 (저당권은 예외) 누구에게나 주장할 수 있으므로 절대권이라 한다.

물권은 그 완전성 여부에 따라 완전한 권리인 소유권과 제한물권(지상권, 지역권, 전세권, 유치권, 질권, 저당권)으로 나누어진다. 또 제한물권은 용익물권과 담보물권으로 구별된다. 용익물권이란 지상권, 지역권, 전세권과 같이 타인의 물건을 일정한 목적을 위하여 사용·수익하는 것을 내용으로 하는 제한물권을 말하며, 담보물권이란 유치권, 질권, 저당권과 같이 채권을 담보하기 위하여 타인의 물건의 교환가치를 지배하는 권리를 말한다.

이러한 물권은 배타성을 갖는 지배권으로서 타인에게 미치는 영향이 크므로 그 존재를 외부에 나타낼(공시할) 필요가 있다. 그리하여 물권에는 공시의 원칙이 적용된다. 그리고 공시를 용이하게 하기 위하여 물권의 종류와 내용을 법률로 미리 정하여 놓고 이와 다른 종류 및 내용의 물권은 인정하지 않고 있는데 이를 물권법정주의라 한다.

물건에 대한 직접적이고 독점적인 지배를 본질로 하는 권리라는 공통적 성질로부터 나오는 물권의 일반적 효력으로서 우선적 효력과 물권적 청구권이 있다. 우선적 효력이란 물권은 원칙적으로 채권에 우선하고, 물권 상호간에는 앞서 성립한 물권이 뒤에 성립한 물권에 우선한다는 것을 말한다. 그리고 물권적 청구권은 물건에 대한 지배가 방해를 받거나 방해를 받을 염려가 있을 때 목적물의 반환, 기타 방해의 제거 또는 방해의 예방을 청구할 수 있는 효력을 말한다. 점유권에 기한 물권적 청구권을 특히 점유보호청구권이라 한다. 물권과 유사한 것으로 전속적 취득권이 있는데, 예를 들면 광업권·어업권 등이 그것이다. 이들은 제3자의 협력 없이 일방적으로 권리를 취득한다는 특징이 있기 때문에, 물권에 준하는 성질을 가지고 있다고 해서 준물권이라고 한다.

(b) 물권의 종류

가. 물권의 종류

물권법정주의에 따라 "물권은 법률 또는 관습법에 의하는 외에는 임의로 창설하지 못한다"(민법 제185조). 따라서 우리 민법은 점유권, 소유권, 지상권, 지역권, 전세권, 유치권, 질권, 저당권이라는 8가지 물권에 대해서만 규정하고 있다.

나. 점유권

점유권이란 물건을 사실상 지배(점유)하고 있는 자에 대하여 그 물건을 지배할 정당한 권리가 있느냐 없느냐를 불문하고 점유라는 사실상태를 권리로 보호하는 것이다. 점유권자는 점유의 회수(민법 제204조), 점유의 보유(민법 제205조), 점유의 보전(민법 제206조)을 위하여 여러 가지 권리가 있다.

다. 소유권

소유권이란 소유권자가 법률의 범위 내에서 소유물을 자유로이 사용, 수익, 처분할 수 있는 권리이다(민법 제211조 이하). 소유권의 효력으로 소유물 반환청구권(민법 제213조), 소유물 방해제거청구권(민법 제214조), 소유물 방해예방청구권(민법 제214조 후단) 등이 있다. 소유에는 단독소유와 공동소유의 두 형태가 있으며, 후자에는 다시 공유(민법 제262조), 합유(민법 제271조 제1항), 총유(민법 제275조 제1항)의 세 가지 형태가 있다. 이 밖에도 준공동소유가 있다. 준공동소유란 수인이 공동으로 소유권 이외의 재산권을 소유하는 것을 말하며, 이에도 준공유, 준합유, 준총유의 세 가지 유형이 있다.

공유는 물건이 지분에 의하여 수인에게 공동으로 소유된 것을 말한다(제262조 제1항). 공유지분은 균등한 것으로 추정된다(제262조 제2

항). 각 공유자는 지분을 자유롭게 처분할 수 있고 공유물 전부를 지분의 비율로 사용, 수익할 수 있으며(제263조), 언제든지 공유물의 분할을 청구할 수 있다(제268조 제1항).

합유는 공동의 목적을 위하여 결합된 수인이 조합체로서 물건을 소유하는 것을 말한다(제271조 제1항). 합유에도 지분이 있으나, 이 지분은 합유자 전원의 동의가 있어야 처분할 수 있다(제273조 제1항). 합유가 종료하기 전에는 합유물의 분할을 청구하지 못한다(제273조 제2항, 제274조).

총유는 법인격 없는 사단의 사원이 집합체로서 물건을 소유하는 관계를 말한다(제275조 제1항). 총유에는 지분이 없고 물건의 사용·수익은 각 구성원에게 분속하나 관리 및 처분은 구성원의 총체에 속하게 된다(제276조). 물건의 사용·수익에 관한 사항은 정관 기타 규약에서 정하게 된다.

건물의 구분(區分)소유란 1동의 건물을 구조상 독립된 여러 부분으로 나누고 각 부분을 독립된 건물로 하여 소유하는 형태를 말하며, 아파트, 연립주택 등이 좋은 예가 된다. 건물의 구분소유의 경우, 대지의 소유관계 및 전체 건물의 유지·관리 등 특별한 문제가 발생하는데, 「집합건물의 소유, 유지, 관리에 관한 법률」이라는 특별법에서 이 문제를 자세히 규정하고 있다.

라. 지상권

지상권이란 타인 소유의 토지 위에 건물이나 공작물 또는 수목을 소유하기 위하여 비교적 장기간 그 토지를 사용하는 권리를 말한다. 이러한 토지이용권은 당사자의 합의에 의해 발생하는 것이 원칙이나 법률의 규정(법정지상권 제305조, 제366조) 또는 분묘기지권 등 관습(관습법상의 지상권)에 의해 발생하는 경우도 있다. 그리고 공중이나

지하 등 토지의 어느 층만을 객체로 하는 구분지상권도 인정되고 있다(제289조의2).

마. 지역권

지역권이란 자기 토지의 편리와 이익을 위하여 타인의 토지를 이용하는 권리이다. 편익을 받는 토지를 요역지(要役地), 편익을 제공하는 토지를 승역지(承役地)라 한다. 요역지에 들어가기 위하여 승역지를 통행한다든가(통행지역권), 승역지를 통하여 요역지에 인수(引水)한다든가(인수 용익권) 하는 것이 그 예이다. 따라서 지역권은 토지 사이의 이용을 조절하기 위한 권리라 할 수 있고, 이 점에서는 상린관계와 유사하다. 그러나 후자가 이웃하는 토지 사이에 법률상 당연히 발생되어 소유권 내용 자체의 확장 내지 제한인데 대하여, 지역권은 법률행위에 의해 발생되는 제한물권이다.

바. 전세권

전세권이란 전세금을 지급하고 타인의 부동산을 점유하여 전면적으로 사용·수익한 다음 그 부동산을 반환할 때 전세금을 반환받는 권리이다. 관습법상의 전세(곧 전세권 설정등기가 없는)는 채권계약이며, 민법의 전세권(곧 전세권 설정등기가 되어 있는 경우)은 물권이다.

따라서 채권적 전세와 달리 전세권은 물권으로서 당연히 양도성과 상속성을 갖는다. 나아가 전세권자는 전세금의 반환이 지체되면 목적물을 경매할 수 있고(제318조), 다른 채권자는 물론 다른 후순위의 물권자(예컨대 전세권보다 뒤에 설정된 저당권)보다도 우선하여 경매대금으로부터 전세금을 변제받을 수 있다(제303조 참조). 결국 목적부동산이 전세금을 담보하는 것이다. 그리하여 전세권자는 전세금에 해당하는 금액을 부동산소유자(전세권설정자)에게 빌려주고 이자는 부동산의 사용·수익이라는 형식으로 받는 것으로 볼 수 있다. 따라서 전세권은 용익권의 성질과 함께 담보권으로서의 성질도 갖는다고 이해되고 있다.

사. 유치권

유치권은 타인의 물건이나 유가증권, 곧 동산을 점유한 자가 그 물건이나 유가증권에 관하여 생긴 채권이 변제기에 있는 경우에 변제를 받을 때까지 그 물건 또는 유가증권을 유치할 수 있는(유치적 효력) 권리이다. 유치권은 민법이 규정하는 일정한 요건하에 발생하는 담보물권으로 법정 물권이라 한다. 유치권은 계약에 의하여 설정되는 약정 담보물권과는 구별된다.

아. 질권

질권에는 동산질권과 권리질권이 있다. 동산질권은 질권자(채권자)가 채권의 담보로 채무자 또는 제3자(물상보증인)가 제공한 동산을 점유(유치)하고, 그 동산에 대하여 다른 채권자보다 자기 채권의 우선변제를 받을 수 있는 권리이다. 예컨대 시계를 입질한 경우에 채권자인 질권자는 대금의 지급을 받을 때까지 그 시계를 점유하고, 만일 대금의 반환이 늦어질 경우에는 그 시계를 경매하여 그 대금 중에서 자기가 받을 대금을 우선적으로 받아낸다. 따라서 질권은 양도할 수 있는 물건만을 목적으로 할 수 있다. 권리질권의 목적으로서 주요한 것으로는 채권과 주식의 두 가지가 있다.

자. 저당권

저당권은 채권자가 채무자 또는 제3자가 점유를 이전하지 않고 채권의 담보로 제공한 부동산에 대하여 다른 채권자보다 우선적으로 변제를 받는 담보물권이다. 저당권자는 목적물을 점유하지 않으므로 점유 이외의 방법에 의한 공시가 가능한 물건만이 저당권의 객체가 될 수 있다. 반면 점유 이외의 방법에 의한 공시가 가능하면 물건이 아니라도 저당권의 객체로 삼을 수 있다. 그리하여 민법에서는 부동산(제356조)과 함께 지상권 및 전세권(제371조)만을 저당권의 객체로 규정하고 있지만, 등록된 선박(상법 제871조), 자동차, 항공기, 어업권, 광업권 그리고 재단저당법에 따른 재단에 대하여도 저당권이 설정될 수 있다.

차. 양도담보

담보물권은 아니나 담보물권과 유사한 역할을 하는 것에 양도담보가 있다. 양도담보란 담보로 제공하려는 권리 자체를 채권자에게 양도하였다가 일정한 기간 내에 변제를 하면 그것을 다시 반환받을 수 있는 담보제도이다. 예컨대 甲이 乙에게 가옥을 담보로 하고 돈을 빌려줄 때, 甲이 그 집을 산 경우와 같이 甲의 것으로 등기 이전을 하였다가 乙이 채무의 이행을 하면 다시 반환하는 경우이다. 양도담보는 민법에는 규정되어 있지 않으나, 학설과 판례상 인정되어 있다. 양도담보는 질권이나 저당권과는 달리 복잡한 환가절차를 거치지 않기 때문에 특히 채권자에게 유리하여 널리 사용되고 있다.

③ 채권

(a) 채권의 의의

채권은 특정인에 대하여 특정한 급부 또는 행위를 할 것을 청구할 수 있는 권리를 말한다. 물권은 대세권인데 대하여, 채권은 대인권이므로 양자가 경합할 때에는 물권이 채권보다 우선한다.

(b) 채권의 발생원인

채권의 발생원인에는 계약, 사무관리, 부당이득, 불법행위가 있다.

가. 계약

'계약'(Vertrag)이라 함은 광의로는 일정한 법률효과의 발생을 목적으로 하여 2인 이상의 당사자가 서로 대립하는 의사표시를 하여 그 합치로써 성립하는 법률행위를 말한다. 여기에는 협의의 계약인 채권계약을 비롯하여 물권계약, 준물권계약 및 신분계약이 포함된다.

민법은 채권편 제2장 제2절 이하에서 증여, 매매, 교환, 소비대차, 사용대차, 임대차, 고용, 도급, 현상광고, 위임, 임치, 조합, 종신정기금, 화해 등 14종의 계약(이를 전형계약 또는 유명(有名)계약이라 한다)만을 규정하고 있다. 그러나 계약자유의 원칙상 비전형계약(무명계약)도 얼마든지 가능하다.

나. 사무관리

'사무관리'(Geschäftsführung ohne Auftrag)란 법률상의 의무 없이 타인을 위하여 그 사무를 관리하는 행위이다(민법 제734조). 예컨대 이웃 사람이 출타 중 폭풍으로 그 집 지붕이 날아갔을 때 이를 수리해 주는 행위가 사무관리에 속한다. 사무관리는 부탁 없이 임의로 한 행위지만, 본인에게 이익이 되는 행위가 대부분이므로 민법은 본인과 관리자 사이에 채권관계를 생기게 하여 관리자가 본인에게 비용을 청구할 수 있는 채권을 인정하고 있다(민법 제739조). 그러나 관리자가 보수를 청구하지는 못한다.

다. 부당이득

부당이득은 법률상의 원인 없이 타인의 재산 또는 노무로 이익을 얻고 이로 인하여 타인에게 손해를 가하는 것을 말한다(민법 제741조). 이 때 그 이익은 반환하여야 한다. 예컨대 선금을 지급한 매매가 어떤 이유에서 취소되었다면, 매도인은 선급된 대금을 부당하게 이득한 것이 되므로 공평의 원칙에 따라 선금을 지급한 매수인은 매도인에게 부당하게 얻은 이득의 반환을 청구할 수 있는 채권을 가지게 된다(민법 제747조). 그러나 매도인이 반환하여야 할 이익의 범위는 수익자가 선의인가 악의인가에 따라 다르고(제748조), 무능력자는 언제나 취소된 법률행위로 인하여 얻은 이익이 현존하는 한도에서만 반환하면 된다(제141조 단서). 나아가 채무 없음을 알고 변제한 경우(비채변제 非債辨濟 제742조), 채무가 없음을 몰랐다 하더라도 변제가 도의관념에 적합한 경우(제744조), 불법원인급여(제746조) 등의 경우에는 반환의무가 없다.

라. 불법행위

불법행위라 함은 고의 또는 과실로 인한 위법행위로 타인에게 손해를 가하는 것을 말한다. 불법행위자는 그 손해를 배상할 책임이 있다(민법 제750조).

④ 무체재산권

무체재산권(지적 재산권)은 저작권, 특허권, 상표권, 의장권, 실용신안권 등과 같이 사람의 정신적 산물을 직접 지배하는 권리를 말한다.

#### 4) 사원권

'사원권'(Mitgliedschaftsrecht)은 사단법인의 사원(주주)인 자격에서 그 법인에 대하여 가지는 권리를 말한다. 사원권의 내용으로는 의결권, 업무집행 및 감독권(共益權)과 이익배당청구권(私益權)이 있다.

### (2) 작용에 따른 사권의 분류

작용에 따라 사권은 지배권, 청구권, 형성권, 항변권으로 분류된다.

#### 1) 지배권

'지배권'(Herrschaftsrecht)이란 타인의 행위를 개재시키지 않고 권리의 객체를 직접·배타적으로 지배하는 것을 내용으로 하는 사권을 말한다. 이러한 지배권의 직접적 지배를 가능하게 하기 위해서 침해·방해에 대한 손해배상청구권과 배제청구권이 인정되고 있다. 여기서 직접적 배제를 지배권의 1차적 효력이라고 하는데 대하여, 배제청구를 제2차적 효력이라고 한다.

지배권은 권리의 실현을 위하여 타인의 협력이 불필요하고 직접 자기의 의사로써 실현할 수 있는 권리이며 국가공권력의 도움이 필요없는 점에서 청구권과 다르다. 지배권은 대내적으로는 직접 지배권을 행사하고 대외적으로는 배타적 권리를 가진다. 물권, 무체재산권, 친족권이 대부분 이에 속한다.

지배권에 대한 침해는 불법행위를 성립시키고(민법 제750조), 타인의 권리침해를 배제할 수 있는 효력, 곧 배타성이 있다.

#### 2) 청구권

'청구권'(Anspruchsrecht)이란 특정인이 다른 특정인에게 일정한 행위(작위·부작위·인용)를 요구할 수 있는 작용을 하는 사권을 말한다. 따라서 청구권은 상대성을 특질로 한다.

채권은 가장 전형적인 청구권이다. 그밖에도 물권, 무체재산권, 친족권, 상속권 등으로부터 청구권이 발생할 수 있다. 청구권에는 그 청구권발생의 기초(청구권의 기초 Anspruchsgrundlage)가 되는 권리가 물권이냐 채권이냐에 따라 물권적 청구권과 채권적 청구권이 있다. 전자는 누구에게나 주장할 수 있는 것이고, 후자는 특정인에 대해서만 주장할 수 있다.

### 3) 형성권

'형성권'(Gestaltungsrecht)이란 권리자의 일방적 의사 표시에 의하여 법률관계를 발생·변경·소멸시키거나 기타의 법률상의 효과를 발생시키는 권리이다.

형성권은 새로운 법률관계를 형성하는 점에서 지배권과 다르고 또 타인의 행위를 개재시키지 않는 점에서 청구권과 다르다.

형성권에는 권리자의 의사표시만으로써 법률관계의 변동을 가져오는 것과 소송을 제기하여 법원의 판결에 의하여 비로소 법률관계의 변동을 가져오는 것이 있다. 전자의 예로는 동의권(민법 제5조, 제10조), 취소권(민법 제143조 이하 소급무효), 추인권(민법 제143조 이하 -취소할 수 있는 법률행위에 대하여), 계약의 해제·해지(민법 제543조 이하)·상계권(민법 제492조), 약혼해제권(민법 제805조)·상속포기권(민법 제1041조) 등이 있고, 후자의 예로는 채권자취소권(민법 제406조), 재판상이혼권(민법 제840조), 입양취소권(민법 제884조) 등이 있다. 형성권을 소로써 제기할 때 이를 '형성의 소'라고 한다.

### 4) 항변권

'항변권'(Einrederecht)이란 타인의 청구권의 행사에 대하여 그 작용을 저지할 수 있는 권리이다. 항변권은 상대방에게 청구권이 있음을 부인하는 것이 아니라, 오히려 그것을 전제로 하면서, 다만 그 행사를 배척하는 것이다. 보증인의 최고·검색의 항변권(민법 제437조), 동시이행의 항변권(민법 제536조) 등이 그 예이다.

항변권에는 청구권의 행사를 일시적으로 저지할 수 있는 연기적 항변권과 영구적으로 저지할 수 있는 영구적 항변권이 있다. 동시이행의 항변권(민법 제536조), 보증인이 가지는 최고·검색의 항변권(민법 제437조), 쌍무계약에 있어서 동시이행의 항변권(민법 제536조) 등은 연기적 항변권이고, 상속인의 한정승인의 항변권(민법 제1028조)은 영구적 항변권이다.

여기서 말하는 항변권은 실체법상의 항변권으로서 소송절차에 있어서 공격·방어방법으로 주장하는 일체의 항변인 소송법상의 항변과 개념상 구별된다.

### (3) 권리의 효력 범위에 따른 분류

권리의 효력범위에 따라 사권은 절대권(absolutes Recht 대세권, 물권과 인격권)과 상대권(relatives Recht 대인권, 채권)으로 구별된다.

절대권은 누구에 대해서나 주장할 수 있는 권리이고, 상대권은 특정인에게만 주장할 수 있는 권리이다. 전자는 물권과 같이 배타성이 있으며, 후자는 배타성이 없으며 채권이 그 예이다.

### (4) 권리의 이전성에 따른 사권의 분류

권리의 이전성 여부에 따라 사권은 '일신전속권'(höchstpersönliches Recht 인격권, 신분권)과 '비전속권'(übertragbares Recht 재산권)으로 구별된다.

일신전속권은 성질상 권리자에게만 속하여 양도나 상속으로 타인에게 이전할 수 없는 인격권, 신분권과 같은 권리이고, 비전속권은 이전할 수 있는 재산권과 같은 권리이다.

### (5) 독립성에 따른 사권의 분류

독립성 여부에 따라 사권은 '주된 권리'(Hauptrecht)와 '종된 권리'(Nebenrecht)로 분류된다.

다른 권리에 대하여 종속관계에 서는 권리를 종된 권리라 하고, 그 다른 권리를 주된 권리라고 한다. 이자채권은 원본채권의 종된 권리이고, 질권·저당권 등의 담보물권은 피담보채권의 종된 권리이며, 보증인에 대한 채권은 주채무자에 대한 채권의 종된 권리이다.

# 제3절
# 의 무

## Ⅰ. 의무의 의의

'의무'(duty, Pflicht)란 의무자의 의사와는 무관하게 일정한 행위, 곧 작위 또는 부작위를 하여야 하는 법률상의 구속을 말한다.

의무와 구별해야 하는 개념으로 '책임'(Haftung)이 있다. 의무가 자기의 의사와 관계없이 일정한 작위 또는 부작위를 하여야 할 구속인데 대하여, 책임은 의무위반으로 말미암아 형벌·강제집행·손해배상 등의 제재를 받게 되는 기초이다. 곧 의무는 책임을 수반함으로써 그 구속성이 확보되므로 책임은 의무의 담보이다. 그런데 의무가 책임을 수반하지 않는 경우, 즉 책임없는 의무가 존재한다. 예컨대 소멸시효완성 후의 채무에 관하여는 채무는 존재하는데도 불구하고 채권자는 소권을 가지지 않는다. 이러한 채무를 '자연채무'(Schuld ohne Haftung)라고 한다. 또 의무 없는 책임에는 보증채무를 들 수 있다.

## Ⅱ. 의무의 본질

의무의 본질에 관하여는 의사설, 책임설, 법적 구속력설 등 세 가지 견해가 대립되어 있다.

의무의 본질에 관하여 의사설을 취하는 학자는 의무의 본질을 법에 의하여 정하여진 의사의 효력이라고 한다. 그러나 이 설을 따를 경우 의사무능력자가 의무를 지는 것을 설명할 수 없게 된다.

책임설에 따르면 의무를 법률상의 책임이라고 한다. 그러나 이 견해는 책임은 의무위반에 의하여 형벌, 강제집행, 손해배상 등 정한 제재를 받을 수 있는 바탕을 뜻하고 의무 그 자체와는 다르다는 것을 간과하고 있다.

법적 구속력설은 의무를 일정한 행위 또는 부작위를 하여야 할 법적 구속력이라고 한다. 이 설은 권리의 본질에 관한 법력설에 대응하는 견해로서 현재의 다수설이다.

## Ⅲ. 의무의 종류

### 1. 공의무와 사의무

공의무라 함은 공적·정치적 생활관계에서의 일정한 법적 구속을 말한다. 공의무에는 국제법상의 공의무와 국내법상의 공의무가 있다. 국제법상의 공의무는 국가가 다른 국가에 대하여 지는 의무이고, 국내법상의 공의무는 국민이 국가나 공공단체에 대하여 부담하는 의무를 말한다. 헌법에는 납세의 의무, 국토방위의 의무, 교육의 의무, 근로의 의무 등 중요한 의무가 규정되어 있다. 그러나 국가는 필요에 따라 각종의 공의무를 법률로 규정할 수 있다.

사의무는 사권에 대응하는 사법상의 의무이다. 사권에 대한 채무 및 물권에 대한 불가침의무 등이 그 예가 된다.

### 2. 작위의무와 부작위의무

의무는 적극적 의무(작위의무)와 소극적 의무(부작위의무)로 나누어지기도 한다. 작위의무는 어떤 행위를 할 것을 내용으로 하는 의무로서 법의 명령규정에 의하여 발생하고, 부작위의무는 어떤 작위를 하지 않을 것을 내용으로 하는 의무로서 법의 금지규정에 의하여 발생한다.

부작위의무는 예컨대 경업을 하지 않을 것과 같은 단순부작위의무와 예컨대 임대인이 임대물을 수선하는 것을 임차인이 방해하지 않는 것과 같은 인용(忍容)의무(또는 수인의무)가 있다. 인용의무는 단순부작위의무와는 달리 일정한 침해행위의 존재를 그 전제로 한다. 예컨대 매연 등의 방조물이 이웃 토지의 통상의 용도에 적당한 것인 때에는 이웃거주자는 이를 수인할 의무가 있다(민법 제217조 제2항). 부작위의무를 위반하면 그 이행을 소로써 강제하거나 손해배상청구를 할 수 있으며(주로 사법상의 의무의 경우), 경우에 따라서는 형벌도 받게 된다(주로 공법상의 의무의 경우).

## 3. 권리와 의무의 관계

권리와 의무는 표리관계를 이루며 서로 대응한다. 이는 특히 채권관계에서 명백하게 나타난다. 그러나 권리만 있고 의무가 없는 경우가 있는가 하면, 반대로 의무만 있고 권리를 수반하지 않는 경우도 있다. 취소권・추인권・해제권과 같은 형성권은 전자의 예에 속하고, 청산인의 공고의무(민법 제88조, 제93조), 이사 또는 청산인의 등기의무(민법 제50조 내지 제52조, 제85조, 제94조), 헌법상의 납세의무, 국방의 의무 등은 후자의 예에 속한다.

# 제4절
# 권리·의무의 주·객체 및 득실변경

## Ⅰ. 권리·의무의 주체

### 1. 권리능력·행위능력·의사능력

권리·의무의 주체란 권리를 갖거나 의무를 질 수 있는 자를 말한다. 권리·의무의 주체가 될 수 있는 지위를 '권리능력'(Rechtsfähigkeit, 법인격)이라 하고, 권리·의무의 주체가 단독으로 완전히 유효한 법률행위를 할 수 있는 자격을 '행위능력'(Geschäftsfähigkeit)이라 한다. 행위능력은 사물을 판단할 수 있는 정신능력, 좀 더 자세히 말하면 자신의 행위가 권리·의무의 발생, 변경, 소멸이라는 결과를 가져온다는 것을 인식할 수 있는 능력인 '의사능력'(Willensfähigkeit)을 전제로 하여 책임을 질 수 있는 능력을 말한다. 민법은 행위능력이 없는 자, 즉 미성년자, 한정치산자, 금치산자 등을 행위무능력자로 규정하여 이들을 보호하고 있다(민법 제5조-제14조).

권리능력이 있는 자에는 자연인과 법인이 있다.

### 2. 자연인

자연인의 권리능력에 대하여 민법 제3조는 "사람은 생존한 동안 권리와 의무의 주체가 된다"고 규정하고 있다. 따라서 사람은 출생시부터 사망시까지 권리·의무의 주체가 된다.

언제를 출생한 것으로 볼 것인가와 관련해서 진통설, 일부노출설, 전부노출설 등 학설 대립이 있으나 전부노출설이 통설이다. 언제를 사망한 것으로 볼 것인가에 대해서도 심장박동정지설, 뇌사설 등 대립이 있고 심장박동정지설이 다수설의 입장이었으나 자연과학의 발달로 뇌사설도 적지 않게 주장되고 있다.

권리능력은 사망 외에도 실종선고가 있을 때에도 소멸된다. 실종선고에 대하여 관계자의 청구가 있는 경우에 법원이 이에 대하여 실종선고를 하면 그 사람이 사망한 것으로 간주되는 경우가 바로 그것이다(민법 제28조). 그러나 실종선고가 실종자의 권리능력을 박탈하는 제도는 아니므로 만약 그가 종래의 주소지 외에서 살아 있으면 그는 계속 권리능력을 가지며 따라서 유효하게 권리를 취득하고 의무를 부담할 수 있다. 그리고 생환 등으로 실종선고가 사실과 다르다는 것이 드러나면 실종선고는 취소되어야 한다. 실종선고가 취소되면 원칙적으로 종전의 법률관계가 회복된다. 그러나 실종선고 후 그 취소 전에 쌍방의 선의로 이루어진 법률행위의 효력은 이로 인하여 영향을 받지 않는다(제29조).

앞에서도 보았듯이 민법은 행위능력이 없는 자, 즉 미성년자, 한정치산자, 금치산자 등을 행위무능력자로 규정하여 이들을 보호하고 있다. 무능력자제도의 기준으로는 연령, 정신적 능력이나 심신상실 또는 박약, 소비벽, 음주벽 등이 있다. 금치산자는 완전한 행위무능력자이다. 그러나 무의식상태에 있거나 정신활동의 일시적 장애를 받고 있는 자도 이러한 상태에 있는 동안은 유효한 행위를 할 수 없다. 완전한 행위능력은 성년이 되어야 취득된다. 미성년자는 제한된 행위능력만을 가질 뿐이다. 이러한 규정은 한편으로는 미성년자에게 사적 자치에 참여할 수 있는 일종의 이익이 주어지는가 하면, 다른 한편으로는 그의 경솔로 인한 불이익한 결과로부터 미성년자를 보호할 수 있게 된다. 이와 같은 상이한 요청 사이에서 한정능력자의 법적 행위능력에 관한 규정은 절충적인 입장을 취하고 있다. 즉 미성년자는 오로지 법적 이익만을 얻는 의사표시를 단독으로 할 수 있다. 그러므로 예컨대 미성년자는 유효하게 증여를 받을 수 있다. 그러나 그밖의 경우에는 법정대리인이 감독기관으로서 관여한다. 즉 미성년자의 의사표시는 법정대리인이 동의하는 경우에만 유효하다. 물론 이러한 동의는 일정한 한계 내에서 포괄적으로 주어질 수 있다. 그러므로 미성년자에 의하여 체결된 계약은 미성년자가 오로지 일정한 목적을 위하여(예컨대 학비조달을 위하여) 또는 자유로이 처분할 수 있도록(용돈으로서) 법정대리인이(또는 법정대리인의 동의를 얻어) 교부한 돈으로 계약을 이행하는 경우에 유효하다. 이러한 포괄적 동의에 포함되어 있지 않은 행위는 따로 동의를 받아야 한다.

## 3. 법인

일정한 목적을 위한 사람의 단체 또는 재산의 집합체에 법인격이 인정될 때 이를 법인이라고 하며, 자연인과 함께 권리 · 의무의 주체가 된다. 이와 같이 사람의 집단이나 재산의 집합에 권리능력을 인정하는 실질적 계기는 자연인과 마찬가지로 이들도 그 기관을 통하여(이사, 사원총회, 감사 등) 사회생활에 사실상 참여하고 있다는데 있다. 법인은 대표를 통하여 행위한다.

법인은 그 기초가 무엇인가에 따라 사단법인(사람의 단체)과 재단법인(재산의 집합)으로 나누어진다. 그리고 영리의 추구를 목적으로 하는지 여부에 따라 영리법인과 비영리법인으로 나눌 수 있는데, 재단법인은 비영리재단법인만이 인정되며 영리법인에 대하여는 상법이 적용된다. 따라서 민법상의 법인에는 비영리사단법인과 비영리재단법인만이 있다.

모든 사람의 모임이나 재산의 집합이 당연히 법인격을 갖는 것은 아니며 법률이 정한 요건과 절차를 갖추어야 법인이 될 수 있다. 그리하여 법인으로서의 실체는 갖추었으나 법인격을 취득하지 못한 경우가 생기는데 이를 법인격(또는 권리능력) 없는 사단 또는 재단이라고 한다. 이러한 존재는 특별한 법규정(예컨대 민법 제275조)이 있으면 그에 따르나, 그밖에는 권리능력을 전제로 한 사항을 제외하고는 법인에 관한 규정을 유추적용하여야 할 것으로 이해되고 있다.

### 4. 태아

태아는 권리능력을 갖지 못하는 것이 원칙이지만 이를 고수하면 태아가 나중에 살아서 태어난 경우 가혹한 결과가 될 수 있다. 그리하여 민법은 태아의 보호를 위하여 일정한 경우에는 태아인 상태에서 이미 출생한 것으로 보아 권리능력의 취득시기를 앞당기고 있다. 이와 같이 태아의 일반적인 권리능력을 부인하고 특별히 보호되는 예외를 인정하는 것을 개별주의라고 한다. 민법상 특별히 보호되는 사항에는 불법행위로 인한 손해배상의 청구(제762조), 상속(제1000조 제3항), 대습상속(제1001조), 유류분권(제1112조) 및 유증(제1064조)이 있으며 사인(死因)증여에 관하여는 다툼이 있다.

## Ⅱ. 권리 · 의무의 객체

권리 · 의무의 객체란 권리의 목적으로서 지배되는 것을 말한다. 권리의 객체가 될 수 있는 것은 물권의 경우에는 물건, 채권의 경우에는 타인의 행위(급부)이다. 그리고 친족관계에 있어서는 친족법상의 지위, 인격권에 있어서는 생명 · 신체 · 자유 · 정조 등 주체와 분리할 수 없는 이익이 내용이 되므로 권리주체 자신이 동시에 객체로 된다. 의무의 경우에는 의무의 내용이 문제될 수 있으나 의무의 객체라는 것은 문제삼을 수 없다.

## Ⅲ. 권리 · 의무의 득실변경

권리 · 의무의 득실변경은 법률관계의 발생 · 변경 · 소멸을 말한다. 권리 · 의무의 득실변경을 권리 · 의무의 측면에서 보면 권리 · 의무의 취득 · 변경 · 상실로 된다.

### 1. 권리 · 의무의 취득

권리 · 의무의 취득이란 권리 또는 의무가 어떤 사실(법적 원인)에 의하여 특정한 주체에 결합하는 것을 말한다. 권리 · 의무의 취득에는 절대적(원시적) 취득과 상대적(승계적) 취득이 있다.

원시취득이란 종전의 권리 · 의무에 기인됨이 없이 독립적으로 권리 · 의무를 취득하는 것을 말한다. 따라서 전주의 권리 · 의무는 당연히 소멸한다. 예컨대 새 집을 지어 그 소유권을 취득하는 경우 또는 선의취득 · 무주물선점 · 유실물습득과 같은 경우 또는 혼인 등에 의한 친족법상의 권리 · 의무의 발생 등이 타인의 권리에 기함이 없이 권리가 절대적으로 취득되는 예이다.

이와는 달리 승계적 취득은 어떤 법적 원인에 의하여 이미 발생한 권리 · 의무가 본질적 변화 없이 그 주체만을 달리하는 것을 말한다. 즉 전주의 권리 · 의무를 전제로 하여 이를 승계한 2차적 취득이다. 상대적인 권리의 득실은 타인의 권리에 기하여 권리가 이전되는 것으로 그 권리의 발생과 소멸이 상호 연관되어 있다. 예컨대 甲이 매매에 기하여 그의 소유지를 乙에게 이전하면 乙은 권리(소유권)를 취득하는 반면 甲을 중심으로 하여 보면 그의 권리(소유권)는 소멸된다. 권리의 변동에서 주로 문제되는 것은 권리의 상대적인 득실의 경우이다. 상대적 취득에는 이전적 취득(승계), 설정적 취득(창설), 일반적 승계(포괄적 승계)와 특정적 승계가 있다.

## 2. 권리·의무의 변경

권리·의무의 변경이란 권리·의무의 본질을 변경하지 않고 권리·의무의 동일성을 유지하면서 그 주체·내용·작용 등 그 형태를 변경하는 것을 말한다. 주체의 변경은 권리·의무의 승계적 취득에 해당한다. 내용(객체)의 변경은 무이자채권이 이자채권으로 변하는 것과 같은 성질적 변경과 채권의 일부변제에 의하여 채권액이 감소하는 것과 같은 수량적 변경의 구별이 있다. 또한 작용의 변경은 광업권을 등록함으로써 제3자에게 대항할 수 있는 효력을 갖게 되는 경우와 같이 효력상의 변화를 가져오는 것을 말한다.

## 3. 권리·의무의 상실

권리·의무의 상실은 권리·의무가 어떤 사실(법적 원인)에 의하여 그 주체로부터 분리되는 것으로 이에는 절대적 상실과 상대적 상실이 있다.

절대적 상실이란 권리·의무가 그 주체로부터 이탈하여 어느 누구에게도 귀속됨이 없이 완전히 소멸되어 버리는 것을 말한다. 예컨대 목적물의 상실로 인하여 권리자가 행한 면제·법률의 특별규정에 의하여 의무가 소멸하는 경우 등이 이에 속한다.

상대적 상실이란 권리·의무가 완전히 소멸되는 것이 아니라 다만 그 주체만 변경되는 것을 말한다. 즉 전주의 입장에서 보면 권리 · 의무를 상실한 것이기 때문에 상대적 상실이라 부르나, 승계인의 입장에서 보면 취득이 되기 때문에 이를 총칭하여 이전이라 한다.

# 제5절
# 권리·의무의 발생·변경·소멸의 원인

## Ⅰ. 개념

권리·의무의 발생·변경·소멸의 원인을 법률사실이라고 하고, '법률효과'(Rechtserfolg)를 생기게 하는데 필요한 법률사실의 전체를 '법률요건'(juristischer Tatbestand)이라고 한다. 법률요건은 법률효과에 대하여 원인이 되며, 법률효과는 법률요건에 대하여 결과가 된다. 예컨대 계약은 법률요건이고, 청약과 승낙은 법률사실이다. 법률요건은 채무면제(민법 제506조)와 같이 한 개의 법률사실로 이루어지는 경우도 있다. 법률요건에는 인간의 정신작용에 기초를 두고 있는 것과 인간의 출생·사망과 같은 일정한 사실에 기초를 두는 것이 있다. 전자는 적법행위와 위법행위로 구별된다.

## Ⅱ. 적법행위

### 1. 개념

적법행위는 법규에 위반하지 않고 이에 적합함으로써 일정한 효과를 발생하는 행위를 말한다. 적법행위는 법률행위와 '준법률행위'(geschäftsähnliche Handlung)로 나누어진다.

### 2. 법률행위와 준법률행위

법률행위란 일정한 법률효과의 발생을 의욕하는 한 개 또는 수 개의 의사표시를 불가결의 요소로 하는 법률요건이며, 법이 그 의사표시의 내용에 따라 법률(특히 사법)상의 효과를 생기게 하는 것을 말한다. 의사표시는 일정한 법률효과의 발생을 의욕하는 의사, 곧 '효과의사'(Erfolgswille)와 그 의사를 외부에 표현하는 행위인 '표시행위'(Erklärungsakt)로 나뉜다.

의사표시와 유사하나 이와는 구별되어야 할 것으로 의사의 통지(예컨대 각종의 최고)라는 것이 있다. 의사의 통지도 의사를 외부로 나타내는 것이며 일정한 법률효과가 부여된다는 점에서는 의사표시와 동일한 면이 있다. 그러나 그 의사가 일정한 법률효과를 원하는 것이 아니며, 발생되는 법률효과도 당사자가 원하는 바에 따르는 것이 아니라 법률에 의해 정하여진다는 점에서 의사표시와 다르다. 따라서 의사표시를 요소로 하는 법률행위와 구분하여 의사의 통지는 준법률행위라 하는데, 준법률행위에는 의사의 통지 이외에도 관념(사실)의 통지(예컨대 채권양도의 통지)와 감정의 표시(예컨대 용서)가 있다.

## 3. 법률행위의 분류

### (1) 분류방법

법률행위는 여러 가지 방법으로 분류된다. 그 중 중요한 것으로는 법률행위의 요소인 의사표시의 개수와 방향에 따라 분류하는 방법과 발생하는 법률효과의 종류에 의해 분류하는 방법 그리고 그로부터 발생되는 효력에 따라 분류하는 방법이다.

### (2) 의사표시의 개수와 방향에 따른 분류

법률행위를 그 요소인 의사표시의 개수와 방향에 따라 분류하면 단독행위와 계약 그리고 합동행위로 구별할 수 있다.

'단독행위'(einseitige Geschäft)는 당사자 일방의 한 개의 의사표시로 성립하는 법률행위를 말한다. 단독행위는 의사표시가 특정한 상대방에 대하여 이루어져야 하는지 여부에 따라 다시 상대방 있는 단독행위(추인, 취소, 해제, 상계, 채무면제 등)와 상대방 없는 단독행위(유언, 권리의 포기 등)로 나눈다. 재단법인의 설립행위, 유언, 채무의 면제, 무능력자의 법률행위의 취소, 계약의 해제 등이 대표적인 단독행위의 예이다. 단독행위는 일방적 의사표시에 의하여 성립되므로 타인이 자신의 의사와 관계없이 불이익을 받을 염려가 크다. 따라서 법에서 인정되고 있는 경우에만 그 효력이 인정된다.

'계약'(Vertrag)은 2개 이상의 서로 대립적이며 교환적인 의사표시, 곧 청약과 승낙의 합치로 성립하는 법률행위를 말한다. 민법은 증여, 매매, 교환, 소비대차, 사용대차, 임대차, 고용, 도급, 현상광고, 위임, 임치, 조합, 종신정기금, 화해 등 14종의 전형계약(유명계약)을 규정하고 있다. 그러나 계약자유의 원칙상 이러한 전형적인 계약 외에도 당사자의 합의에 의하여 다른 내용의 계약을 체결할 수 있다. 이러한 계약을 무명계약으로 통칭하기도 한다. 보통 계약이라 하면 채권법상의 계약을 말하고, 물권법상의 계약에 대하여는 물권적 합의라는 용어를 사용한다. 때때로 계약과 유사한 법적 관계는 계약 없이도 발생한다. 사무관리가 그 한 예이다. 위임(계약)에 의하지 않고 어떤 사람이 수임인과 마찬가지로 타인을 위하여 사무를 관리하는 경우에는, 보통 위임인과 수임인 사이의 계약이 있을 때에 적용될 수 있는 몇몇 규정들이 여기에 준용된다(민법 제734조 이하, 특히 제738조 참조).

'합동행위'(Gesamtakt)는 예컨대 사단법인의 설립행위와 같이 평행적·구심적으로 방향을 같이하는 2개 이상의 의사표시의 합치로 성립하는 법률행위를 말한다.

### (3) 법률효과의 종류에 따른 분류

법률행위를 발생하는 법률효과의 종류에 따라 분류하면 채권행위와 물권행위 그리고 준물권행위로 구별할 수 있다. 예컨대 매매, 증여, 교환, 임대차 등의 계약과 같은 채권행위는 채권을 발생시키는 법률행위이며, 이행이라는 문제를 남기는 점에서 물권행위나 준물권행위와 구별된다. 물권행위는 예컨대 소유권의 이전, 지상권이나 저당권 등의 설정행위와 같은 물권의 변동을 일어나게 하는 의사표시, 곧 물권적 의사표시를 요소로 하여 성립하는 법률행위이며, 물권변동을 일으키게 할 채무를 발생시킬 뿐인 채권행위와 구별된다. 예컨대 채권양도, 채무면제, 무체재산권의 양도와 같은 준물권행위는 물권 이외의 권리를 종국적으로 변동시키고 이행이라는 문제를 남기지 않는 법률행위를 말한다.

### (4) 발생되는 효력에 따른 분류

법률행위는 그로부터 발생되는 효력에 따라 의무부담행위와 처분행위로 나눌 수 있다. 의무부담행위라 함은 법률행위의 효과로서 일방이 일정한 행위를 하여야 할 의무를 부담하게 되고 이에 대응하여 상대방은 그 행위를 요구할 수 있는 권리를 갖게 되는 법률행위를 말한다. 따라서 의무부담행위에는 의무의 이행이라는 문제가 남는다. 예컨대 어느 물건에 대하여 매매계약이 체결되면 그 효력으로서 매도인은 목적물의 소유권을 매수인에게 이전하여야 할 의무를 부담하게 되고(제563조) 소유권은 이 의무의 이행에 의하여 비로소 매수인에게 이전되므로 매매계약은 하나의 의무부담행위가 되는 것이다. 의무부담행위의 가장 빈번하고 대표적인 예는 채권계약이므로 이를 채권행위라고도 한다.

이에 대하여 직접 권리의 변동을 가져오고 이행이라는 문제를 남기지 않는 법률행위를 처분행위라 한다. 위 매매의 예에서 의무의 이행을 위하여 하는 목적물에 대한 소유권이전의 합의는 하나의 처분행위이다. 처분행위는 소유권의 이전이나 저당권의 설정 등 그 대상이 되는 권리가 물권인 경우에는 물권행위라 하고, 채권의 이전 등 물권 이외의 다른 권리인 때에는 준물권행위라 하여 다시 구분하는 것이 일반적이다. 권리의 포기도 처분행위에 속한다.

## Ⅲ. 불법행위

### 1. 개념 및 종류

불법행위란 법률의 근본목적에 어긋나고 법질서를 깨뜨리는 행위로서 법률상 허용될 수 없는 것으로 평가되는 행위를 말한다. 월권행위, 범죄행위, 채무의 불이행, 부당노동행위 등이 불법행위의 대표적인 예이다.

### 2. 형사책임 · 민사책임

어떤 불법행위가 행하여진 경우에 그 행위로부터 생기는 법적 효과에는 형사상의 형벌과 민사상의 손해배상의 두 가지가 있다. 전자를 형사책임, 후자를 민사책임이라고 한다.

형사책임은 행위자의 교화 내지 재사회화 및 장래에 있어서 해악의 발생을 방지함을 목적으로 행위자의 사회에 대한 책임을 묻는 것이고, 그 책임은 국가에 의하여 추급되며 반사회적 행위를 한 자에 대한 사회전체로부터의 비난 · 제재라는 기능을 한다. 그에 반하여 민사책임은 피해자에게 생긴 손해의 전보를 목적으로 행위자의 피해자 개인에 대한 책임을 묻는 것이고 그 책임은 피해자 자신에 의하여 추급된다.

형사책임에 있어서는 행위자의 악성이 문제시되므로 행위자의 주관적 사정을 중시하고 고의범만을 처벌하는 것이 원칙이며 과실범은 예외적으로만 처벌된다. 그에 반하여 민사책임에 있어서는 피해자가 입은 손해의 전보가 목적이기 때문에 가해자가 고의이든 과실이든 그로 말미암아 생긴 손해는 이를 배상하여야 한다. 그리고 형사책임에 있어서는 이처럼 행위자의 악성이 문제되는 까닭에 미수도 처벌됨에 반하여, 민사책임에 있어서는 현실적으로 손해를 발생케 하지 않는 미수는 문제되지 않는다.

### 3. 불법행위의 성립요건

불법행위가 성립하여 가해자에게 피해자의 손해를 배상하여야 할 책임이 발생하기 위해서는 일정한 요건이 갖추어져야 한다. 일반적으로 불법행위가 성립하기 위해서는 (1) 불법행위의 주체에게 고의나 과실(과실책임주의를 취하는 경우) 및 책임능력이 요구되며, (2) 가해행위의 위법성이 인정되어야 하고, (3) 가해행위와 손해발생 사이에 인과관계가 존재하여야 한다. 우선, 고의나 과실에 대한 입증책임은 원칙적으로 피해자가 진다. 다음으로, 가해자에게 책임능력이 있어야 한다. 책임능력이란 자기 행위의 결과를 변식할 수 있을 만한 정신능력을 말한다. 우리 민법은 미성년자로서 그 행위의 책임을 변식할 지능이 없는 자와 심신상실자의 행위를 책임능력이 없는 자의 행위로 규정하고 있다(제753조 · 제754조). 다만 그 경우에는 감독자가 원칙적으로 배상책임을 질 것으로 하고 있다(제755조).

다음으로, 타인의 법익을 침해하는 경우에도 위법하게 침해하는 경우에만 손해배상책임을 지게 된다. 그런데 타인의 법익에 대한 침해는 원칙적으로 허용될 수 없는 것으로서 위법한 것이다. 그러나 정당방위(민법 제761조 제1항), 긴급피난(민법 제761조 제2항), 정당행위, 피해자의 승낙 등의 위법성조각사유가 있는 때에는 위법성이 조각된다.

마지막으로, 가해행위와 손해의 발생 사이에는 원인·결과의 인과관계가 있어야 한다. 그리고 이러한 인과관계는 사회의 경험칙에 비추어 그와 같은 가해행위가 있으면 보통 일반적으로 발생하리라고 인정되는 손해, 곧 이른바 가해행위와 상당인과관계를 말한다. 우리 민법도 이러한 입장에 입각하여 원칙적으로 '통상의 손해'를 한도로 배상하도록 규정하고 있다(제763조, 제393조 참조).

# 제6절
# 권리의 보호

## Ⅰ. 사력구제에서 국가구제로

옛날에는 권리자가 자기의 힘으로 권리를 보호·구제하는 이른바 사력구제가 인정되었으나, 근대 법치국가에 와서 권리의 보호는 공권력구제 또는 국가구제를 원칙으로 하고 있다. 그러나 국가의 구제에 호소할 경우 너무 늦어 권리의 보호라는 목적을 달성할 수 없는 경우에는 사력구제도 인정되고 있다.

## Ⅱ. 공권력구제

### 1. 공권력구제의 의의

공권력구제 또는 국가구제란 재판기관으로서의 법원을 설치하고 국가의 공권력에 의하여 분쟁을 강제적으로 해결하는 제도를 말한다. 이러한 국가구제는 크게 나누어 재판제도와 강제집행제도가 있다.

### 2. 재판제도

재판제도라 함은 권리자의 보호신청에 의하여 판결로써 의무자에게 권리를 실현하는데 필요한 작위·부작위를 명하는 제도를 말한다.

권리가 침해된 경우에 법이 정하는 절차에 따라 권리자는 국가기관인 법원에 대하여 그 보호를 청구하게 된다. 권리자로부터 권리보호의 청구가 있는 것을 소의 제기라고 말하며, 법원에 의한 소송은 이러한 소의 제기에서 시작하여 판결의 확정으로 끝나는 과정으로 이루어진다. 우선 법원은 사실문제로서 구체적 사건의 내용을 확정하고, 법률문제로서 당해 사건에 관한 법규의 내용을 명확히 하게 된다. 여기서 사실의 확정은 당사자의 공격·방어에 의하여 쌍방이 제출하는 증거를 조사하여 당사자가 주장하는 사실의 진부를 가리는 것을 말한다. 배심제도가 인정되는 나라에서 사실의 확정은 배심원의 심증형성에 의하지만, 배심제도가 없는 우리나라에서는 법관의 자유심증에 의한다. 그 후 법원은 추상적 법규를 대전제로 하고 구체적 사실을 소전제로 하여 판결이라는 결론을 내리게 된다(이른바 판결삼단논법).

그러나 이것은 어디까지나 원칙론이다. 예컨대 민사소송청구의 취지와 원인에 의하여 결정되는 민사소송이나 공소범죄사실에 의하여 결정되는 형사소송에서는 처음부터 사실적인 것과 법적인 것이 함께 섞여 있다. 따라서 법규범 자체가 사실성과 규범성의 양면을 가지고 있는 것과 같이 법의 실현과정으로서 재판과정도 처음부터 이러한 양면을 가지고 있기 때문에 사실인정과 법령적용이 동시에 이루어지는 경우가 많다.

## 3. 강제집행제도

강제집행제도란 판결에 의하여 확정된 권리의 내용을 국가의 강제력에 의하여 사실적으로 실현하는 제도를 말한다. 이러한 강제집행제도는 결국 사법상의 청구권의 만족을 얻기 위하여 채무자에게 국가권력에 의한 강제력을 가하여 급여청구권의 실현을 목적으로 하는 민사소송절차의 하나이다. 그런데 강제집행절차가 민사소송절차의 하나라고 하더라도 판결절차와 강제집행절차는 별개의 기관이 관장하는 독립된 절차이며 판결절차의 필연적 연장으로서 강제집행절차가 있는 것은 아니다.

### 4. 판결절차와 강제집행절차의 차이

강제집행절차와 판결절차는 서로 분리·독립되어 있기 때문에, 양자는 절차진행상 근본이념의 차이가 있다. 판결절차는 심리의 정밀·정확·신속을 요한다. 그러나 강제집행절차에 있어서는 채권자의 신속하고도 확실한 집행의 이익과 채무자에 대한 집행으로 인한 불필요하고도 과대한 경제적 손해 및 개인적 자유에 대한 침해를 고려하여야 하며 채권자·채무자의 이익을 공평하게 조화시킬 것을 이념으로 한다.

## Ⅲ. 사력구제

오늘날 예외적으로 인정되고 있는 사력구제에는 정당방위와 긴급피난 그리고 자력구제가 있다.

### 1. 정당방위

예컨대 외딴 골목에서 강도가 칼로 위협하는 경우에 경찰이 그 피해자의 생명과 신체 및 재산을 보호하는 것은 시간적·공간적으로 불가능하다. 이러한 경우 강도를 만난 자는 스스로 강도의 생명·신체를 훼손해서라도 자신을 지킬 수밖에 없다. 이러한 경우를 정당방위라 한다. 이처럼 정당방위란 타인의 불법행위에 대하여 자기 또는 제3자의 이익을 방위하기 위하여 가해행위를 하는 것을 말한다.

민법 제761조 제1항에 의하면, 정당방위에 의한 가해행위는 그 위법성이 조각되어 불법행위가 되지 않고, 따라서 가해자는 손해배상책임을 지지 않게 된다. 여기서 타인의 불법행위는 객관적으로 위법한 행위이면 족하고, 행위자의 고의·과실 및 책임능력을 필요로 하지 않는다. 그리고 이익이란 법률상 보호할 가치 있는 이익을 의미한다. 또한 정당방위는 부득이한 경우에 행하는 행위이기 때문에, 타인의 불법행위가 급박하여 그것을 방어하기 위해서는 자신도 타인에게 손해를 가할 수밖에 다른 적당한 방법이 없는 경우이다. 뿐만 아니라 방위되는 이익에 비하여 방위를 위하여 가한 손해가 객관적으로 균형을 잃지 않아야 한다.

정당방위에 대하여 형법 제21조는 "① 자기 또는 타인의 법익에 대한 현재의 부당한 침해를 방위하기 위한 행위는 상당한 이유가 있는 때에는 벌하지 아니한다. ② 방위행위가 그 정도를 초과한 때에는 정황에 의하여 그 형을 감경 또는 면제할 수 있다. ③ 전항의 경우에 그 행위가 야간 기타 불안스러운 상태 하에서 공포, 경악, 흥분 또는 당황으로 인한 때에는 벌하지 아니한다"고 규정하고 있다.

## 2. 긴급피난

예컨대 광견(狂犬)이 달려들 경우 경찰에 도움을 요청할 여유가 없으면 광견을 만난 자는 자신을 지키기 위해 바로 옆집의 문을 부수고라도 들어가서 피신할 수밖에 없다. 이를 긴급피난이라 한다. 이처럼 긴급피난이란 급박한 위난을 피하기 위하여 부득이 타인에게 가해행위를 하는 것을 말한다.[4)]

---

4) 긴급피난을 처음으로 문제삼은 것은 키레네의 카르네아데스(Carneades, 214~129 B.C.)로 알려져 있다. 그는 회의주의자로 법과 정의란 있을 수 없다고 하였다. 그는 이러한 명제를 증명하기 위해 '카르네아데스의 판자'로 알려져 있는 케이스를 문제로 삼았다. 즉 바다에서 수영할 줄 모르는 두 사람이 동시에 떠 올라온 판자에

이러한 긴급피난에 대해서 민법 제761조 제2항은 위법성이 조각되어 불법행위를 구성하지 않는다고 규정하고 있다. 긴급피난에서 인정되는 급박은 반드시 위법한 것일 필요가 없다는 점에서 정당방위와 근본적으로 차이가 있다. 따라서 정당방위는 不正 대 正의 관계이고, 긴급피난은 正 대 正의 관계로 표현할 수 있다. 그리고 이러한 급박한 위난의 원인은 사람이든 물건이든 상관없으며, 가해행위로 인한 손해는 위난의 원인이 된 사람이나 물건뿐만 아니라 제3자에 대하여 가해진 경우도 무방하다.

긴급피난에 대하여 형법 제22조 제1항은 "자기 또는 타인의 법익에 대한 현재의 위난을 피하기 위한 행위는 상당한 이유가 있는 때에는 벌하지 아니한다"고 규정하고 있다.

## 3. 자력구제

자력구제란 권리를 실현하기 위하여 국가기관의 협력을 기다릴 여유가 없는 경우에 권리자가 자력으로 실현하는 구제방법을 말한다. 정당방위나 긴급피난은 현재의 침해에 대한 방위수단인 데 반하여, 자력구제는 주로 과거의 침해에 대한 회복이라는 차이가 있다.

이러한 자력구제는 이를 인정하지 않으면 국가의 보호가 불가능 또는 현저히 곤란하게 되는 경우가 아니면 허용되지 아니한다. 민법은 점유침탈의 경우에 자력구제를 인정하고 있다(제209조). 그러나 점유침탈 이외의 경우에도 그 수단이나 정도가 상당한 것이면 자력구제를 일반적으로 인정하게 된다.

---

몸을 실으면 두 사람 모두 바다에 빠져 죽게 되는데, 한 사람만 그 판자에 타면 살아남을 수 있는 경우에 상대방을 밀어내도 되는가라는 문제이다. 이 특수한 긴급피난의 문제는 현대의 형법학자들에게는 '법에서 자유로운 영역'(rechtsfreier Raum)이라는 문제로 논의되고 있다.

# 제11장

# 법 계

제1절 법계의 의의
제2절 로마법, 게르만법, 카논법, 보통법
제3절 대륙법계
제4절 영미법계
제5절 그 밖의 법계

# 제1절 법계의 의의

## Ⅰ. 법계의 개념

법계(法系, Rechtskreisen)란 동일 계통에 속하는 법질서, 달리 말한다면 각국의 법을 계통적으로 분류한 것을 말한다. 법계는 츠바이게르트(Zweigert)의 용어이다. 사람에 따라서는 법계를 법가족(David-Grasmann, Wiacker의 표현) 또는 법문화(Radbruch의 표현)로 표현하기도 한다.

## Ⅱ. 법계의 종류

얼마나 많은 법계가 있을 수 있는지, 그것들은 어떻게 경계지워지는 지에 대해서는 비교법학자들 사이에 대단한 의견의 상이를 보이고 있다. 법계는 법원(法源)을 기준으로 하면 대륙법계, 영어사용권법계, 이슬람법계(Lévy-Ullmann의 분류)로, 인종을 기준으로 하면 인도유럽법계, 유대법계, 몽고법계, 비문명법계(Sauser-Hall의 분류)로, 법규범의 내용을 기준으로 하면 독일법계, 프랑스법계, 스칸디나비아법계, 영국법계, 러시아법계, 이슬람법계, 힌두법계, 극동법계(Arminjon/Nolde/Wolff의 분류)로, 이데올로기와 법기술적 방법을 기준으로 하면 로마게르만법계, 보통법계, 사회주의법계, 기타 이슬람법계, 유대법계, 힌두법계, 극동법계(René David의 분류)로 분류할 수 있다. 이 밖에도 여러 가지 분류방법이 존재한다.

## Ⅲ. 양대법계

그러나 최소한 '대륙법계'(kontinental-europäischer Rechtskreis 또는 로마·게르만법계 römisch-germanischer Rechtskreis)와 '영미법계'(anglo-amerikanischer Rechtskreis 또는 보통법계)가 있다는 데에는 학자들은 의견의 합치를 보이고 있다.

'대륙법'(civil Law)은 독일·프랑스를 중심으로 한 서유럽에서 로마법, 게르만법, 카논법(교회법)의 전통을 토대로 형성·발전되어 온 법이고, '보통법'(common Law)은 영국법 질서의 전체와 영국법의 영향을 받은 미국과 영연방 국가의 법을 이야기한다.

영미법과 대륙법은 부분적으로는 서구 열강들의 식민지 지배를 통하여 아시아와 아프리카에, 부분적으로는 자발적인 계수를 통하여 전산업국적 생활 형태가 산업화·도시화·문화적으로 서구화함에 따라 세계 각국에 전파되었다. 따라서 오늘날 세계의 모든 국가는 비록 자신의 종교적인 법과 국부적 법 관습에 의하여 수정·보완되고 있기는 하지만, 이들 양 법계의 영향을 받고 있다고 할 수 있다.

# 제2절
# 로마법, 게르만법, 카논법, 보통법

## Ⅰ. 로마법

로마법은 B.C. 753년 도시국가형태로 시작한 로마의 초기부터 12표법의 편찬, 시민법과 만민법, 유스티니아누스 황제의 이른바 로마법대전이 완성되기까지의 1300년에 걸쳐 생성·발전된 법이다. 로마법대전은 12세기에 이탈리아의 볼료나 대학에서 일어난 주석학파나 후기주석학파에 의하여 대륙법계의 제국에 계수되어 당시 유럽제국의 실정법으로 적용되다가, 그 후 각국의 고유법과 융합되어 점차적으로 보편화된 대륙법으로 발전하였다. 이와 같이 로마법은 대륙법의 기초가 되었다. 특히 로마법이 '독일보통법'(Gemeines Recht)으로 계수되어 적용되고 보통법학이라는 것이 생기게 되고, 각 '지방의 고유법'(Landsrecht)이 보충적으로 적용되었다. 그러나 로마계수법은 너무나 개념적·추상적인 경향으로 기울어 로마법의 실제적인 정신과는 상당히 거리가 있었다. 그것은 로마법의 계수가 민중의 여망에 의한 것이 아니라 당시 지배계급의 이익을 위하여 이루어졌다는 점과도 관련이 있다. 그 후 1900년에 독일민법의 시행과 더불어 로마계수법은 사라졌다. 로마법은 로마제국의 멸망 후에도 유럽의 법질서를 지배하였을 뿐만 아니라 아직도 유럽법사상의 뿌리를 이루고 있다. 예링은 "로마법을 통하여 로마법 위에"라고 말하여 법학에 있어서 로마법연구의 중요성을 강조한 바 있다.

## Ⅱ. 게르만법

게르만법은 게르만민족의 고법을 말한다. 게르만인은 그 기원과 언어의 계통에 따라 북·동·서 게르만인으로 나누어지며, 그에 따라 게르만법도 북·동·서 게르만법의 3종이 있다. 북게르만법은 북구게르만 여러 종족의 고법이며, 비교적 로마법과 그리스도교의 영향을 받지 않고 고래의 전통을 후대까지 유지하였다. 동게르만법은 게르만민족의 대이동을 계기로 하여 고전문화의 세례를 가장 먼저, 그리고 크게 받고 있었다. 서게르만법은 고전문화의 영향을 받는 동시에, 게르만 고래의 전통도 유지하면서 로마법과 더불어 후대의 영국·독일·프랑스의 여러 국법의 핵심이 되었으며, 나아가서 이들 여러 국법의 발전을 통하여 유럽 내의 여러 국법에 큰 영향을 미치고 있었다.

게르만법의 존재형식을 보면 초기에는 관습법의 형태로서 도덕규범 등과 분화되지 못하였다. 분화된 과정의 초기에는 사회생활규범에 관하여 구체적인 문답형식으로 구전되어 오다가 점차 추상적인 격언 또는 법언(法諺)의 형식으로 요약되어 그들의 사회에 유포되어 왔다. 이러한 형식의 관습법이 로마 기타의 국가들에 비하여 오랫동안 계속되어 각 부족들의 비교적 포괄적인 법전이 나타나기 시작한 5세기 중엽에 이르기까지 그들의 생활을 지배하였다. 법전이 생긴 후에도 많은 관습법이 병존하였으며, 13세기까지는 오히려 각 부족의 고전이나 칙령은 제대로 시행되지 못하고 다시 관습법이 지배하는 상태로 돌아갔다. 13세기에 접어들어 관습법을 바탕으로 한 사선(私選)에 의한 법률문서가 편찬되기 시작하였다. 그 대표적인 것이 렙고브(Eike von Repgow 1180~1233) 개인이 저술한 법률문서인 작센슈피겔(Sachsenspiegel)이다. 작센슈피겔은 작센지방에서는 법전과 같은 효력을 가졌고, 이것이 독일의 다른 법전편찬의 기초가 되었다. 그 후 1495년부터 로마법을 계수함으로써 외국법계수시대가 되면서 게르만법의 로마법화현상이 나타나 게르만민법은 큰 변혁을 가져왔다. 유럽 최초의 체계적인 법전인 1794년의 프로이센 일반란트법, 1804년의 프랑스 민법전(나폴레옹법전) 및 1896년의 독일민법전 등이 그 영향 하에 제정된 것이다.

## Ⅲ. 카논법

카논법, 즉 교회법은 신약성서의 정신에서 자연스럽게 관습법과 같은 것으로서 생성되었다. 그 후 또는 동시에 갖가지 신앙에 관한 문제가 발생했기 때문에 이에 관한 로마교황이나 주교나 공의회의 결정도 교회법의 내용이 되었다. 그러나 이것은 몇 세기 전의 일로서 근대적인 의미에서의 법전화가 행해진 것은 20세기에 들어와서였다. 그리고 이러한 교회법은 당시의 사회에 영향을 미쳤을 뿐만 아니라 국가법에도 강한 충격을 주었다.

현재 교회법이라 할 때는 특히 가톨릭교회의 법을 말하며, 그것은 주로 1918년에 효력을 발생한 '교회법전'(codex iuris canonici)에 법전화되어 있다. 교회법전은 총칙규범(효력범위), 인(人)에 대한 규범(사제, 교단, 속인), 물권법, 절차법, 형법의 5편 2414개조로 구성되어 있다. 교회법은 교회법전 이외에도 예컨대 교황선거규범(constitution vacantis vacantis apostolicac scdis) 및 이른바 '교회외부법'(국가와 교회와의 관계에 대한 법, 예컨대 교회와 국가 사이의 협약인 Konkordat)을 포함한다.

## Ⅳ. 보통법

'보통법'(Common Law 일반법, 공통법)은 네 가지 의미로 사용된다.

1. 이전의 지역적인 법 관습에 대하여 재판소에 의하여 통일적으로 발전된 법의 총체를 가리키는 경우가 있다. 이러한 의미에서의 보통법은 전국에 걸쳐 적용되는 법을 말한다.

2. '제정법'(Statute Law)에 대한 '판례법'(Case Law)을 의미하는 경우가 있다.

3. '형평법'(Equity Law)에 대하여 '보통법'(Common Law) 법원에 의하여 발전된 법을 가리키는 경우가 있다. 형평법이란 정치적 영향력이나 소송기술부족, 매수당한 배심원 때문에 소송에서 졌다고 생각하는 사람들이 15세기부터 Common Law의 내용에는 합치되지 않으나 도덕이나 양심에 비추어 억울하다는 점을 국왕에게 직접 탄원서의 형식으로 호소하는 경우가 생겨났다. 국왕은 이러한 탄원서를 '재상'(Chancellor)에게 넘겨 심사하도록 하였다가 나중에는 일반인들이 직접 재상에게 제출하였다. 형평법이란 이러한 관행의 축적물을 일컫는다. 형평법원은 보통법법원과 별개로 존재하였는데 Star Chamber, Court of Chancery 등이 형평법을 발전시킨 법원들이다. 형평법원은 Common Law의 지나친 엄격성을 완화하고 선례에 구애됨이 없이 구체적 타당성을 존중하였으며, 법관의 재량의 범위를 넓게 인정하였다.

4. 넓은 의미로는 Civil Law에 대하여 Common Law는 영미법 전체를 대표하는 개념으로 사용되나, 좁은 의미로는 제정법 및 형평법과 구별하는 개념으로 사용된다.

# 제3절 대륙법계

## Ⅰ. 대륙법계의 의의

대륙법계란 영미학자들의 용어로, 대륙법계 학자들은 사용하지 않는다. 대륙법계는 라틴법계, 게르만법계, 북구법계, 사회주의 법계로 나누어진다.

## Ⅱ. 대륙법계의 특징

대륙법계의 특징으로는 성문법주의, 법규범의 추상성, 법질서의 무흠결성 및 체계의 정비와 논리적 조작으로 간추릴 수 있다.

### 1. 성문법주의

대륙법계에서는 성문법이 법원의 주류를 이루며, 관습법과 조리는 보조적 역할을 하고 있다.

대륙법계 국가들은 1794년의 프로이센 란트법전을 효시로 하여 각기 법전을 가지고 있다. 일반적인 법전편찬의 동기를 보면, (1) 법의 분열을 지양하고 통일된 법체계를 가지려는 국민적 여망을 실현하고자 하는 것이다. 특히 불문의 관습법이 주요법원을 이루고 있는 점을 고려한다면 확실하고 통일된 법을 원하는 국민적 여망은 이해할 수 있으며, 이 여망에 응해주는 것은 바로 법전의 편찬이었던 것이다. (2) 혁명의 영향도 들 수 있다. 즉 성공적 혁명가들은 그들이 수행한

혁명을 법전 속에 각인함으로써 그들의 승리를 견고히 하려고 한다. (3) 후진국은 선진국과 어깨를 나란히 하기 위하여는 선진국의 문물을 빨리 흡수할 필요가 있었다. 이러한 동기에서 탄생한 법전들은 거의가 모방에 불과하다.

## 2. 법규범의 추상성

대륙법계의 특징은 법규범이 추상적이라는 데 있다. 그 이유는 로마법을 중세사회에 적용하기 위하여 로마의 사회적·경제적 관계와 분리되는 과정에서 일반조항(신의성실, 사회질서, 조리, 권리남용)을 많이 사용하였기 때문이다.

## 3. 법질서의 무흠결성

대륙법은 법전이 그 근간을 이루고 있으며, 법전은 그 성격상 체계적이어야 하고, 또한 완전무결하여야 한다. 대륙법의 모든 영역과 부분은 빠짐없이 과학적인 연구와 음미를 받았으며 공식화되어 있다. 연마된 법학적 일반 제 개념을 조직적·논리적으로 쌓아 올라감으로써 훌륭한 체계를 이루고 있는 것이 대륙법의 큰 특징이다. 이러한 체계적 방법을 완성한 것은 19세기 후반의 보통법학이었다.

## 4. 체계의 정비와 논리적 조작

대륙법계의 체계는 '판덱텐체계'(Pandektensystem)와 '법학제요식체계'(Institutionsystem)로 크게 구별된다. 전자는 19세기 독일의 보통법학에 의하여 수립되었으며, 민법전의 맨 앞부분에 총칙을 위치시킨다. 그에 반하여 후자는 로마의 법학자 가이우스(Gaius)의 법학교과서 법학제요(Institutiones)의 예에 따라 민법을 '인법'(Persona), '물법'(Res), '소송법'(Actio)의 3편으로 구성하는 방법으로 1804년 프랑스 민법전이 그 대표적 예이다.

우리 민법전은 총칙을 맨 앞에 위치시킨 점에서는 판덱텐체계를 채택하였으나, 그 총칙의 구성은 권리주체, 권리객체, 권리변동의 순으로 구성되어 있기 때문에 법학제요식체계도 병행하고 있는 것으로 이해된다.

대륙법은 세련된 일반개념들로 세워진 법체계이다. 대륙에서의 개념의 발달은 실정법학의 공적이다. 수세기 동안의 로마법에 관한 연구를 통하여 대륙의 법학자들은 그들의 도구인 개념들을 연마하고, 이들 개념을 상호조직적으로 연결함으로써 일관되고 정서(淨書)된 체계를 이루었다. 여기서 생각할 수 있는 모든 법률사건을 이론적 조작에 의하여 해결한다는 것이 원리적으로 가능하게 된다. 이리하여 개념법학이 성립하였던 것이다.

## Ⅲ. 대륙법의 역사적 전개

현재의 대륙법은 그 대강에 있어서 역사적 발전에 커다란 영향을 받았다. 가장 기본적인 의미를 갖는 것은 동로마제국(비잔틴제국)의 황제 유스티니아누스 1세(527~565)가 533년에서 565년에 걸쳐 12표법 이래 약 천년에 걸친 로마의 법률문서를 집대성시켜 편찬하고 고토프레두스(Dionysius Gothofredus 1549~1622)에 의하여 '로마법대전'(corpus juris civilis)으로 명명된 법전이다. 그렇기 때문에 예링은 로마는 세계를 세 번이나 지배하였는데, 처음에는 무력, 두 번째는 종교, 세 번째는 법률에 의하여 지배하였다고 하여 로마법을 극구 찬양하였다. 이 법전은 법의 근본원칙을 기술한 '법학제요'(Institutiones),

학설을 집대성한 '학설휘찬'(Digesta, Pandectae), 칙법을 집대성한 '칙법휘찬'(Codex), 앞의 세 가지 법전을 만든 후 유스티니아누스황제가 사망할 때까지 공포된 칙법을 수록한 '신칙법'(Novellae) 등 4부 약 900종으로 구성되어 있는 바, 이 법전의 제2편(학설휘찬)은 2, 3세기 로마법학자들의 저작에 대한 개요를 담고 있다.

기원 후 395년 테오도시우스 대제의 사후 로마 제국은 동·서 양제국으로 나누어진다. 서로마 제국은 476년 아우구스툴루스(Romulus Augustulus)의 폐위와 더불어 여러 부분으로 해체된다. 서로마 제국의 해체 후 서유럽에서는 로마적 전통과 게르만적 관습법이 지배하게 된다. 이러한 양 요소는 중세에 봉건주의, 도시, 상업과 일반적 문화발전의 필요에 따라 세공되고, 11세기 말에 동로마제국의 로마법전(corpus juris)이 알려지게 되어 12세기와 13세기에 설립되기 시작한 볼로냐와 파두아 등지의 대학에서 그것을 법학교재로 삼게 된다(주석학파의 성립).

이러한 법학 연구를 통해서 로마법은 전 유럽에 퍼지게 되고, 특히 독일법에 영향력을 미친다. 그리고 이곳에서는 그것이 황제의 법, 결국에는 제국 전체의 공통법으로 발전하였다. 로마법은 계약법, 허용되지 않는 행위에 관한 법, 소유권법, 상속법에 영향을 주고, 교회법은 혼인법을 규율한다. 프랑스에서는 이러한 정도로 영향이 행해지지는 않았으나, 학문적으로는 로마법을 공부하였기 때문에 그것이 유럽 법문화의 통일을 가져왔다.

교황의 세력이 약해지면서 민족 국가가 성립되기 시작하였고, 이러한 국가들이 유럽에서 주도권을 차지하기 위하여 투쟁하기 시작하였기 때문에 유럽 법문화의 통일성은 해체되었다. 그와 동시에 입법자들은 민족 내부에서 법을 통일시키는 한편, 다른 한편으로는 그 법을 다른 국가의 법과는 고립시켰다. 예컨대 1683년에는 덴마크에서,

1687년에는 노르웨이에서, 1734년에는 스웨덴과 핀란드에서, 1791/94년에는 프로이센에서 법전이 편찬되었으며, 1804년의 프랑스입법은 가장 커다란 영향력을 행사하였다.

나폴레옹의 승리로 독일, 폴란드, 이탈리아, 네덜란드, 벨기에, 룩셈부르크에 프랑스법이 도입되었다. 특히 벨기에와 룩셈부르크에서는 여러 번 개정되기는 하였으나 아직도 그대로 사용되고 있다. 네덜란드는 1959년에 새로운 입법으로 독일법의 영향을 받게 되었다. 프랑스 법전의 영향은 1864년의 루마니아 법전편찬에, 1865년의 이탈리아 법전편찬에, 1867년의 포르투갈 법전편찬에, 1888년의 스페인 법전편찬에 커다란 영향을 미쳤다. 또한 프랑스 모델은 직접 또는 스페인을 통하여 라틴 아메리카(하이티, 볼리비아, 도미니카공화국)에도 영향을 주었다. 그러나 칠레(1855), 아르헨티나(1869), 브라질(1916) 등은 독립된 길을 간 것으로 이해된다.

독일에서는 1871년 민족의 정치적 통일이 이루어진 후 입법을 시작하여 법원조직법, 헌법, 절차법은 입법 후 바로 효력을 발생하였고, 실질적 사법, 즉 민법은 1896년에 제정되어 1900년 1월 1일부터 효력을 발생하였다. 이렇게 독일의 민법제정작업은 프랑스나 오스트리아보다 거의 100년 후에 행해졌기 때문에 독일민법전에는 독일법학이 수십년간 연구해 온 법의 체계화와 근대화 및 외국의 경험을 집적할 수 있었다는 장점이 있었다. 따라서 독일민법전은 구성이 체계적이고, 개념이 정확할 뿐 아니라 개념사용에 있어서도 일관되어 있어 총체적으로 법학도를 위한 법전이라는 평가를 받는다. 독일민법전은 1898년 일본에 계수되고, 그 후 한국에 계수되었다.

후버(Eugen Huber)가 기초한 1912년의 스위스민법전은 대가적(大家的) 기술성으로 인하여 1916년에 브라질에, 1926년에 터어키에 그리고 1929/31년에는 중국에 각각 계수되었다.

## Ⅳ. 대륙법계의 개별적 법계

### 1. 라틴법계

라틴법계는 프랑스 나폴레옹민법전의 영향을 받은 법계이다. 현재 라틴법계에 속하는 나라로는 벨기에, 룩셈부르크, 모나코, 하이티, 이탈리아, 스페인, 포르투갈, 네덜란드 및 캐나다의 퀘벡주와 과거 프랑스의 식민지였던 자이레, 네덜란드령 인도네시아, 모로코, 튀니지아, 알제리, 이집트, 레바논, 시리아를 들 수 있다.

### 2. 게르만법계

게르만법계는 독일법학의 영향을 받은 법계를 말한다. 게르만법계에 속하는 나라로는 독일, 오스트리아, 리히텐슈타인, 스위스, 터이키, 그리스, 일본, 한국, 태국, 1949년 이전의 중국을 들 수 있다.

### 3. 북구법계

북구법계는 독일법의 영향을 받았으나, 그 지역의 특성을 부분적으로 유지하고 있는 법계를 말한다. 북구법계에 속하는 나라로는 스웨덴, 핀란드, 덴마크, 노르웨이, 아이슬란드를 들 수 있다.

### 4. 사회주의법계

사회주의법계에 속하는 나라들은 구 동구권의 나라들이라 할 수 있다. 사회주의 국가 붕괴 이전에 그들 스스로는 다른 법질서와 다르다고 주장하였으나, 비마르크스주의자들은 대륙법계로 분류한 바 있다.

# 제4절
# 영미법계

## Ⅰ. 영미법계의 의의

### 1. 영국법과 영국법에서 파생된 미국법

영미법계란 영국과 미국을 중심으로 하는 법계로 대륙법계에 대립되는 법계이다. 따라서 영미법은 영국법과 미국법이 그 근간을 이루고 있다. 중세에 영국으로 건너간 게르만법의 1분파가 오늘날 세계적 양대법계의 하나로 등장한 것은 하나의 경이라 할 수 있다. 보통법은 대륙법과는 달리 법학자들이 아니라 법관들이 법실무에서 개인들간의 분쟁을 해결하는 판결을 통하여 형성된 것이 특징이다. 따라서 오늘날에도 보통법은 대륙법계처럼 추상적인 일반 법규칙을 제정하기보다는 구체적인 분쟁소송에서 해결책을 제시하는 데 중점을 두고 있다. 그러므로 보통법에서는 소송절차, 증거절차 등에 관련된 절차법규가 법률관계의 내용을 규정하는 실제법규 이상으로 중시되고 있다.

### 2. 영국법

영국에서는 윌리엄 1세가 노르만왕조를 수립하여 강력한 중앙집권적 봉건제도를 갖기 위한 정책으로 법을 통일하기까지는 게르만부족법의 영향을 받았다. 영국법의 통일은 보통법재판소와 판례법의 보급에 공헌한 일종의 법률학교인 '법조원'(Inns of Court) 및 순회재판소의 활동에 의하여 강화되었으며, 보통재판소에서 취급된 보통법은 오늘날에 이르기까지 영국법의 주요부분이 되고 있다. 보통법은 영국

고래의 관습을 기초로 삼아 수세기에 걸친 판결에 의하여 성립·전개된 법체계로서 재판관이 만든 법, 곧 판례법이다. 보통법은 사회적 관행의 계속성을 중요시하고 또 판례법주의, 법의 지배, 배심재판 등을 내용으로 성립·발전하였다.

이와 같이 보통법은 판례법 체계형식을 취하였기 때문에 판례집인 '연서'(年書 Year Books)가 영국의 가장 중요한 법원이다. 특히 보통법은 법의 강인성 때문에 로마법의 영향을 배제하였다.

그러나 보통법이 시대의 요청에 적응하지 못하고 점차 탄력성을 잃게 되자 보통법재판소와 대립하는 형평법재판소가 생기게 되었다. 형평법재판소는 권리개념보다는 양심에 중점을 두고 도덕적 색채가 농후하며, 지나친 엄격성을 완화하고 선례에 구애됨이 없이 구체적 타당성을 존중하고, 재판관의 자유재량권이 인정되어 공정하다고 믿어지는 원칙을 적용하여 재판이 행해졌다. 이 형평법재판소에서 수립한 법과 그로부터 발달한 법을 '형평법'(equity)이라고 하며, 보통법과 더불어 법원이 되었다. 형평법재판소는 보통법의 결함을 보정하였으나 그 후 보통법재판소와 대립하게 되었다. 이와 같은 두 재판소 사이에 분쟁이 발생하게 되자 1873년에 재판소법(Judicature Act)을 제정하여 통일된 재판소가 설립되었다. 이로써 보통법과 형평법은 통일된 재판소에 의하여 적용되었으며, 양자가 저촉될 경우에는 형평법을 우선하여 적용하였다. 오늘날 영국에서는 상당수의 성문법이 제정되어 있으나 아직도 보통법이 영국법의 근간을 이루고 있다.

### 3. 미국법

미국은 보통법과 형평법 등의 영국법을 계수하였으나, 1861~1865년의 남북전쟁에 이르는 미국법의 형성기에 반영감정으로, 특히 루이

지애나 주 등 많은 주에서는 프랑스법을 계수하여, 결국 대륙법도 미국법에 영향을 주었다. 대륙법계의 성문법의 영향으로 법전편찬이 활발해지고, 미국인의 진취적인 성격과 정치·경제적 여건에 따라 미국법은 독자적인 법을 서서히 발전시켜 나갔다. 미국에서는 입법부우위의 영국에 비하여 사법부우위의 전통이 세워짐과 함께 판례법의 확립과 정비가 촉진되었으며, 19세기 후반에는 연방과 각주 법원의 수많은 판례를 조직화한 판례집이 발간되었다. 이와 같이 판례법을 중요시함에 따라 제정법에 대한 판례법우위의 법사상이 생기게 되었다. 특히 사법부의 위헌법률심사라든가, 법조인양성의 특이성, 실용주의 철학에 의한 법철학의 발전 등은 미국법의 특색을 이루는 동시에 미국법계의 기반이 되고 있다. 그리하여 법의 연구에서도 이념적·관념적인 것보다 실용적·분석적 방법을 쓰고 있다.

## Ⅱ. 영미법계의 특징

영미법계의 특징은 판례법주의, 법의 지배 및 배심심판의 세 가지로 간추릴 수 있다.

### 1. 판례법주의

'판례법주의'(principle of precedent)란 구체적 사건에 대하여 내린 법원판결에 대하여 법적 구속력을 인정하고 그것을 제1차적인 법원으로 하는 법체제이다. 즉 구체적 사건을 판결함에 있어 판결의 근거가 된 법규범이 곧 법이라는 원칙이다. 따라서 장래 법원(하급법원 또는 동급법원)이 이와 동일한 내용을 가진 사건을 재판할 경우에는 이에 따라야 한다는 것이다. 이와 같이 판례법주의는 필연적으로 선례

구속의 법리를 수반하게 된다.

홈즈(Holmes)는 자신의 저서 『보통법』(The Common Law, 1881)에서 "법의 생명은 논리가 아니라 경험에 있다"(The life of the law has not been logic; it has been experience)라고 표현한 바 있다. 즉 영국법에서는 법조문이나, 법개념의 체계화가 아니라 '선결례구속의 원칙'(doctrine of stare decisis)과 개별사안을 중심으로, 그리고 추상적이고 체계적인 논리를 구성하는 것이 아니라 구체적이고 역사적인 측면에서 결론을 도출하고자 하는 것이 특징이다.

## 2. 법의 지배

'법의 지배'(rule of law)의 원리 또는 법지상주의란 누구든지(그것이 비록 국가기관이라 하더라도) 모두 사법재판소에 의해서 확립된 통상의 법에 의하여 지배되고 또 법의 위반에 대해서도 통상의 법에 의해서만 처벌될 수 있다는 주의이다. 바꾸어 말하면 사람에 따라 법의 적용을 달리하지 아니하고 또한 누구도 법 이외의 지배, 즉 사람의 지배나 권력의 지배를 받지 아니하며, 무엇이 법이냐 하는 판정권은 오직 행정부로부터 독립된 사법재판소만이 가진다는 것이다.

영국에서는 법의 지배라는 원칙과 함께 국회주권이라는 또 하나의 공법상의 대원칙이 명예혁명을 계기로 하여 확립됨으로써 국회가 제정한 법은 모든 것을 구속하도록 되었으며, 비록 사법재판소라 하더라도 국회제정법의 적용을 거부할 수 없게 되어 있다. 따라서 영국에서의 사법권의 우위란 다만 행정부에 대한 우위에 그친다. 그러나 미국의 경우에는 법의 지배 내지 사법권우위의 사상이 철저하여 입법부가 제정한 법에 대해서도 법원은 그것이 헌법에 위반된 것인가 아닌가를 심사할 수 있다. 그러한 한에서 미국에서의 사법권의 우위는 행정권에 대한 우위일 뿐만 아니라 입법권에 대한 우위이기도 하다.

### 3. 배심재판

대륙법계에서와는 달리 영미법계에서는 보통법재판소의 재판방법으로서 '배심재판'(trial by jury)제도가 채택되고 있다. 이는 재판관과 일반시민으로부터 선출된 배심원들이 협력하여 재판하는 제도이며, 영미에서는 배심에 의하여 재판을 받을 권리가 국민의 기본적 인권의 하나로 되어 있다. 이러한 배심제도는 일반적으로 법률문제는 법률전문가인 법관이 판단하고, 사실문제는 비법률전문가인 배심원이 결정하도록 하는 방식으로 운용된다.

## Ⅲ. 영미법계의 개별법계

영국법계에 속하는 나라로는 웨일즈, 북아일랜드, 에이레, (퀘벡 제외) 캐나다, 오스트레일리아, 뉴질랜드 및 과거의 영연방이었던 인도, 파키스탄, 방글라데시, 미얀마, 말레이지아, 쟈마이카, 서인도제도, 가나, 나이지리아, 우간다, 케냐, 탄자니아, 잠비아가 있다. 미국법은 미국에서 적용되고 있다.

그러나 스코틀란드, 남아프리카, 로디지아, 스리랑카, 필리핀 등에서는 영미법과 대륙법이 혼재하여 사용되고 있다.

# 제5절
## 그 밖의 법계

이슬람교, 유태교, 힌두교, 불교가 지배하는 국가들을 종교법계에 속하는 나라로 분류할 수 있다. 이러한 곳에서는 서구의 생활양식과 사고방식이 영향을 미쳐서 친족법과 상속법에만 종교법이 지배하고 있다.

그밖에도 아프리카, 아시아, 오세아니아, 라틴 아메리카의 국부적(局部的) 법은 인종학적 측면과 국가와 법의 성립 및 공동체에 있어서의 법의 역할을 이해하는데 도움이 되는 것으로 이해되고 있다.

## 찾아보기

[ㄱ]

가족권 247
간접법 162
간주(또는 의제) 211
감봉 56
강제규범 80
강제이행 45
강제집행제도 278
강행법 176
개괄조항 121
개념 25
개념법학 120, 230
개별적 승인설 189
개인가치 113
개인적 공권 243
개인주의 114
개폐적 효력 149
거동범 53
거래상의 정의 101
게르만법 287
게르만법계 295
견책 56
결과범 53
결과책임 48
경과규정 201
경성헌법 123
계속범 53
계수법 173
계약 254, 272
계약자유의 원칙 272
고유법 173
공·사법 구별부인설 167
공권 243
공권력구제 277
공권해석 213
공동선 41
공동소유 249
공시의 원칙 248
공유 249
공의무 261
과료 52
과실책임 48
관념 26
관습 70
관습법 71, 146
관습법의 효력 149
관습형법의 금지 50
광의의 법학 22
광의의 해석 212
구류 51
구성요건 78
구성요건 해당성 53
구술주의 111
구주체설 166
규범적 근본규범 192
국가 42
국가3요소설 42
국가적 공권 243
국내법 161
국내법상의 공권 243
국제법 142, 161
국제법상의 공권 243
국제불문법 143
국제사법 162
국제성문법 143
국제평화주의 144
권능 242
권력 242
권력분립원칙 154
권력설 165
권리 237
권리·의무의 변경 268
권리·의무의 상실 268
권리·의무의 취득 267

권리능력 263
권리부인설 239
권리질권 252
권원 242
권한 241
귀납법 28
귀속설 166
규범적 근본규범 192
규칙 140, 142
근본규범 84, 185, 192
금고 51
금치산자 264
기본권 244
긴급피난 55, 280

[ㄴ]

내재적 타당성론 189
논리해석 218
능력규정 177

[ㄷ]

단독소유 249
단독행위 272
단속규정 177
단체가치 113
담보물권 248
당위 25
대륙법 285
대륙법계 290
대집행 46
대체적 46
대통령령 139
독회제 136
동산질권 252

[ㄹ]

라드브루흐 196
라틴법계 295
로마법 286

[ㅁ]

명령 138
명령규정 177
명확성의 원칙 51
모법 173
목적론적 해석 224
목적법학 232
몰수 52
무권해석 216
무능력자제도 264
무명계약 272
무체재산권 255
문리해석 216
문법적 해석 216
물권 247
물권법정주의 248, 249
물권의 일반적 효력 248
물권적 청구권 248, 256
물권행위 273
물론해석 221
미국법 297
미성년자 264
민법상의 강제이행 45
민사책임 274
민주주의 115

[ㅂ]

반대해석 220
반사적 이익 242
배분적 정의 99
배심재판 300
벌금형 51
법계 284
법과 관습 70
법과 도덕 62
법과 종교 73
법규 58, 76
법규명령 140
법규명령으로서의 규칙 141

법규사항 58
법규해석 214
법내재적 정의 103
법단계설 83, 132, 185
법력설 239
법령 58
법률 57, 135
법률관계 236
법률관계설 165
법률대위명령 138
법률문제 208
법률불소급의 원칙 121, 200
법률사실 236, 270
법률사항 135
법률요건 78, 236, 270
법률의 성립과정 136
법률적 효력론 185
법률행위 78, 270
법률효과 78, 236, 270
법문 77
법변경의 곤란성 123
법시행령 139
법실력설 189
법실증주의 230
법실증주의적 법개념 36
법원(法源) 132
법의 개념 35
법의 규범적 타당성 182, 183
법의 기능 129
법의 기원 58
법의 대인적 효력 203
법의 명시적 폐지 199
법의 묵시적 폐지 200
법의 시간적 효력 198
법의 시행 198
법의 시행기간 198
법의 실질적 효력 182
법의 실행성 124
법의 실효성 182, 195
법의 어원 32
법의 장소적 효력 202
법의 적용 208
법의 적합성 124
법의 주지(周知)기간 198
법의 지배 299
법의 폐지 199
법의 해석 212
법의 형식적 효력 182, 198
법의 확정성 120
법의 효력 182
법의 흠결 226
법의지 112
법이념 92
법인 265
법인격(또는 권리능력) 없는 사단 또는 재단 266
법적 구속력설 261
법적 안정성 95, 119
법정해석 214
법초월적 정의 103
법학의 대상 25
법학의 목적 30
법학의 방법 25
법학의 학문성 22
법학제요식체계 291
변경적 효력 149
변경해석 222
보안처분 49
보정해석 222
보증채무 260
보충성의 원칙 106
보충적 효력 149
보통법 285, 289
보호주의 202
복지국가 106
본칙 87
볼로냐 학파 228
부가형벌 52

부당이득 254
부령 139
부작위의무 261, 262
부진정소급입법 122
부칙 87
북구법계 295
분석적 근본규범 192
불문법 146
불문법원 146
불문헌법 134
불법행위 255, 274
불확정개념 121
비대체적 작위의무 46
비실증주의적 법개념 36
비영리법인 265
비전속권 258

[ㅅ]

사권 246
사단법인 265
사력구제 277, 279
사무관리 254
사법해석 215
사실문제 208
사실의 규범력설 188
사실의 입증 209
사실의 확정 209
사실인 관습 71
사원권 255
사의무 261
사회 계약설 189
사회국가 106
사회적 정의 104
사회주의국가 106
사회주의법계 295
사회학적 효력론 186
사후법 201
살아있는 법 234
삼단논법 28
상대권 258
상대적 상실 268
상대적(승계적) 취득 267
상태범 53
생명형 51
생활관계설 167
선결례구속의 원칙 299
선례구속의 원칙 151
성문법 134
성문법원 134
성문헌법 134
성질설 165
세계주의 202
소급입법 121
소멸시효 78
소유권 248, 249
속인주의 202
속지주의 202
속지주의 우선의 원칙 203
손해배상 48
손해배상책임 276
승역지 251
승인설 189
시민불복종 124, 196
시행세칙 139
시효 78
식별규칙 193
신분권 247
신분범 54
신정법 184
신주체설 166
실종선고 264
실체법 169

[ㅇ]

악법 195
양도담보 253
여론설 191
역사법학 228

역사법학파 70
역사적 해석 223
연기적 항변권 257
연성헌법 123
연역법 28
연혁해석 223
영구법 184
영구적 항변권 258
영국법 296
영리법인 265
영미법계 296
예외법 179
외교관특권(치외법권) 204
요역지 251
용익물권 248
우선적 효력 248
원상회복 48
원시적 흠결 226
원칙법 179
위법성 54
위원회주의 136
위임명령 139
위험범 53
위험책임 48
유권해석 213
유추 225
유추해석 225
유추해석금지의 원칙 50
유치권 252
의무 260
의무부담행위 273
의사능력 263
의사설 238, 260
의사의 통지 271
의사표시 78, 271
의의 26
의회유보 58
이익법학 232
이익설 164, 238
인간상 39
인격권 246
인정법 184
일반국제법 143
일반규정 172
일반범 54
일반법 171
일반예방적 효과 49
일반적 승인설 190
일반적 정의 99
일반조항 121
일신전속권 258
임의법 176
입법사항 58, 135
입법해석 214
입법형성권 122

[ㅈ]

자격상실 52
자격정지 52
자격형 51
자구행위 55
자법 173
자연법 184
자연인 263
자연채무 260
자유민주적 기본질서 117
자유민주주의 115
자유법학 154, 233
자유형 51
작위의무 46, 261
작품가치 113
재단법인 265
재산권 247
재산형 51
재판규범 80
재판제도 277
저당권 252
저항권 124, 197

적법행위 270
전문 87
전세권 251
전속적 취득권 248
전형계약(유명계약) 272
절대권 258
절대적 부정기형의 금지 50
절대적 상실 268
절대적(원시적) 취득 267
절차법 169
절차상의 정의 102
점유권 249
정당방위 54, 279
정당행위 54
정의 26, 94, 97
정의의 여신상 108
정직 56
제재 44
제정법 134
제척기간 79
제한규정 177
제한물권 248
제한해석 219
조례 142
조리 152
조법 169
조약 143
조직규범 81
조직법 175
조직상의 정의 102
종된 권리 259
종속설 165
죄형법정주의 50
주권자명령설 187
주된 권리 259
주법 169
주석법학 227
주석학파 228
주형 52
준공동소유 249
준물권 248
준물권행위 273
준법률행위 78, 271
증거 209
증거재판주의 210
지방자치법규 142
지배권 256
지배자권리설 186
지배자의사설 187
지상권 250
지적 재산권 255
직권명령 139, 140
직접강제 46
직접주의 111
진정소급입법 122
질권 252
집행명령 139
집행벌 46
징계벌 56
징벌적 제제 49
징역 51

[ㅊ]

채권 253
채권적 청구권 256
채권행위 273
책임 260
책임능력 55
책임설 260
책임없는 의무 260
처분적 법률 135
처분행위 274
철학적 효력론 183
철호 222
청구권 256
체계적 해석 224
초개인주의 114
초인격주의 114

총리령 139
총유 250
축소해석 219
취득시효 78
취소 222
침해범 53

[ㅋ]

카논법 288

[ㅌ]

탈리오의 법칙 59
태아 266
특별권력관계 141
특별규정 172
특별명령 141
특별법 171
특별법 우선의 원칙 171
특별예방적 효과 49
특수국제법 143

[ㅍ]

파면 56
판덱텐체계 291
판례법 150
평균적 정의 99
표시행위 271
피해자의 승낙 55

[ㅎ]

학리해석 215
학문 24
한시법 199
한정해석 219
함무라비 법전 22
합동행위 272
합목적성 94, 113
합유 250
항변권 257
해임 56
행위규범 79
행위능력 263
행위법 175
행정강제 45
행정규칙 140
행정벌 57
행정법상의 강제이행 45
행정법상의 공권 244
행정상 강제징수 47
행정상의 즉시강제 47
행정질서벌 57
행정해석 215
행정협정 145
행정형벌 57
허용규범 80
헌법 134
협의의 법학 22
협의의 해석 212
협의의 행정명령 140
형벌 49
형(벌)법의 법률주의 50
형벌불소급의 원칙 50
형벌상의 정의 103
형사책임 274
형성권 257
형성의 소 257
형평 107
확장해석 219
효과의사 271
효력규정 177
후기주석학파 228
후발적 흠결 226
훈시규정 44

## □ 인명편

[ㄱ]

가이우스 291
고토프레두스 292
괴테 39, 119
그로티우스 40, 142
기이르케 39, 164
꽁트 230, 239

[ㄴ]

나폴레옹 212, 294
네로 98

[ㄷ]

다이시 191
데른부르크 238
듀기 167, 239, 240

[ㄹ]

라드브루흐 64, 65, 67, 94~97, 100, 101, 113~115, 119, 126, 127, 150, 163, 168
라반트 147
라손 147
라운 190
레겔스베르거 239
렙고브 287
로델 23
로스 133
로크 116
루소 93, 116
룸프 23
링컨 116

[ㅁ]

마이어 190
마이호퍼 36
머르켈 65, 83, 186, 190, 239
모세 65
몽테스큐 116
밀 28

[ㅂ]

바하 217
베끼오 65, 69
베이컨 28
벤담 93, 119, 169
벨커 189
볼프 166
부륵하르트 165
불링거 167
브란트 110
비노그라도프 39
비얼링 189, 190
비토리아 40, 142
빈딩 147, 217
빈트샤이트 230, 238

[ㅅ]

사비니 70, 147, 216, 228, 238
사이델 187
살레이유 233
세네카 98
쇼플로 189
수아레즈 142
순자 39
슈믈러 64
슈디트 40
슈타믈러 71, 94
스피노자 186

[ㅇ]

아리스토텔레스 24, 39, 63, 93, 98,

100, 107, 108, 156
아우구스툴루스 293
아우구스티누스 184
아퀴나스 184
에네케루스 239
에얼리히 233, 234
예링 39, 43, 64, 68, 93, 230~232, 238, 286, 292
옐리네크 64, 166, 188, 190, 244
오스틴 65, 147, 187
오펜하이머 186
욤파르트 86
울피아누스 65, 98, 164
윌리엄 1세 296
유스티니아누스 212, 226, 227, 286, 292

[ㅈ]
제니 233

[ㅊ]
츠바이게르트 284
치체로 98, 142, 183
치텔만 146
치펠리우스 101

[ㅋ]
카르네아데스 280
카우프만 101
칸토로비츠 233
칸트 35, 41, 43, 63, 65, 67, 77, 93, 142, 193, 238
칸트로비치 234
켈젠 36, 65, 77, 80, 83~86, 132, 161, 167, 182, 185, 186, 192, 193, 240
코잉 94
크로포트킨 186
키르히만 23

[ㅌ]
테오도시우스 293
투오르 156
티보 228

[ㅍ]
파스칼 112
파운드 93
페렐만 100, 101
포르스트호프 165
푸흐타 70, 147, 228, 230, 231, 238
프리드리히 대제 213
플라톤 92, 93, 98, 183
피타고라스 97
피히테 93

[ㅎ]
하이네 23
하이데거 39
하트 81, 192, 193
헤겔 36, 62, 65, 238
헤크 232
홈즈 299
홉스 40
후버 156, 294

## | 저자소개 |

1952년 제주 출생
고려대학교 법과대학 및 동대학원 석사·박사과정 수료
독일 Köln대학교에서 법학박사학위 취득(1986)
한림대학교 교수(1988~1997)
독일 Köln대학교 '국가철학및법정책연구소' 객원교수(1994~1995)
제7회 한국헌법학회 학술상 수상(2005)
사법시험 및 각종국가시험위원, 한국가톨릭사회과학연구회회장, 한국공법학회부회장, 한국헌법학회부회장, 한독법률학회부회장, 안암법학회부회장, 한국환경법학회부회장 역임
1998년~2017년 서강대학교 법학전문대학원 교수

### 저서 · 역서 · 논문

1. *Soziale Rechte auf der Verfassungsebene und auf der gesetzlichen Ebene*, Diss. Köln(1986)
2. 해방과 정치계몽주의, 도서출판 새남, 1988(개정초판, 1997, M. Kriele, Befreiung und politische Aufklärung, 1980)
3. 민주주의 세계혁명, 도서출판 새남, 1990(재판, 1996, M. Kriele, *Die demokratische Weltrevolution*, 1987)
4. 법과 실천이성, 한림대학교출판부, 1992(재판, 1994, M. Kriele, Recht und praktische Vernunft, 1979)
5. 법발견론, 한림대학교출판부, 1995(M. Kriele, *Theorie der Rechtsgewinnung*, 2. Aufl. 1976)
6. 마르크스주의와 수정사회주의, 도서출판 새남, 1995(B. Gustaffson, *Marxismus und Revisionismus*, 1972)
7. 국가론, 민음사, 1997(H. Heller, *Staatslehre*, 6. Aufl. 1983)
8. 헌법 I, 현암사, 1999.
9. 헌법정해, 신영사, 1999.
10. 헌법요론, 신영사, 1999(제4판 2005).
11. 환경보호의 법적 문제, 서강대학교출판부, 1999.
12. 헌법 II, 현암사, 2000.
13. 객관식헌법, 신영사, 2000(제4판 2005).
14. 헌법재판소결정례요지(편), 법문사, 2002.
15. 헌법학, 현암사, 2002(개정4판, 2007).
16. 헌법과 미래(공저), 인간사랑, 2007.
17. '사회국가 해석모델에 관한 비판적 검토', '자연의 권리주체성', '독일의 헌법과 행정법에 있어서의 환경보호' 등 논문 다수.

**법학입문** 값23,000원

2007년 5월 30일 초판발행
2011년 8월 25일 초판 4쇄
2016년 3월 18일 초판 5쇄
2021년 2월 25일 초판 6쇄

지은이 홍 성 방
발행인 김 혜 숙
발행처 **새문사**
등록번호 제2018-000259호(1977. 9. 19)

주소 : 서울시 서초구 강남대로 309, 코리아비지니스센터 1715호
전화 : (02)715-7232 Fax : (02)715-7235
E-mail : hmgbp@hanmail.net
website : www.saemoonbook.com
ISBN : 89-7411-182-9 93360

* 저자와의 협의하에 인지를 붙이지 않습니다.